E
F
G
H
20
40
50
b
c
d
Finnen
Aldajgjuborg (Ladoga)
Ilmen-Slawen
Nowgorod
Esten
Sigtuna
Rostow
Wolga
Pskow (Pleskau)
Kriwitschen
Murom
Mordwinen
Bulgar
Wolga-(Kama-)Bulgaren
Gotland
Liven
Lett-gallen
Sem-gallen
Selonen
Düna
Kuren
Baltische
Litauer
Stämme
Memel
Polotschanen
Polozk
KIEWER
REICH
Smolensk
Radimitschen
Wjatitschen
Dregowitschen
Sewerjanen
Prußen
Masowier
Plozk
Kujawier
Lentschizanen
Sieradzanen
POLEN
Krakau
Wislanen
Tscherwen
Belz
Przemysl
Ljubetsch
Turow
Tschernigow
Drewljanen
Don
Wolga
Kiew
Poljanen
Wolhynier
Donez
Sarkel
Dnjepr
Ulitschen
Bug
Weiße Chorwaten
Petschenegen
Chazaren
Dnjestr
Tiwerzen
Pruth
Erlau
Theiß
Gran
KGR. UNGARN
Fünfkirchen
Theodosia (Kaffa)
Tmutarakan
Cherson
Belgrad
Donau
Durostor (Silistria)
Schwarzes Meer
Widin
Pliska
Warna
Sinope
Trapezunt
Kars
Ani
Rascien
Nisch
Nikopolis
Tirnowo
Preslaw
Paristrion
Sofia (Triaditza)
BULGARIEN
Paphla-gonien
Armeniakon
Chaldia
Dioclea
Skoplje
Philippopel
Adrianopel
Herakleia
Koloneia
Mantzikert
1071
Skutari
Makedonien
Thrakien
Nikomedia
Bukella-rion
Halys
Sebasteia
Mesopo-tamien
Durazzo
Dyrrhachion
Ochrida
Strymon
Konstantinopel
Optimaton
Charsianon
Thessalonike
Nikaia
Ankyra
Kaisareia
Melitene
Tigris
Kastoria
Opsikion
BYZANTINISCHES REICH
Lykandos
Larissa
Adramyttion
Kappado-kien
Nisib
Edessa
Nikopolis
Hellas
Ägäische
Thrakesion
Anatolikon
Ikonion
Kilikien
Aleppo
Smyrna
Sardes
Tarsos
Antiocheia
REICH DER HAMDANIDEN 929–1003
Kephalonia
Athen
Ephesos
Samos
Kibyraioton
Seleukeia
Seleukeia
Antiocheia
Euphrat
Korinth
Attaleia
Peloponnes
Inseln
Myra
Homs
Zypern
965 zurückerobert
Paphos
Tripolis
Chandax (Kandia)
Baalbek
Damaskus
Kreta
961 zurückerobert
SYRIEN
969/1004 an Fatimiden
Akkon
Nazareth
Jerusalem
MEER
Barka
Alexandria
Kairo
FATIMIDEN-KALIFAT
969

Redaktion: Dr. Barbara Hammerschmitt, Johannes Völker
Umschlaggestaltung: Klein & Halm, Berlin
Layoutkonzept: Simone Siegel, Mike Mielitz
Technische Umsetzung: L101 Mediengestaltung, Berlin

Das Umschlagbild zeigt die Burgruine von Krukenburg bei Helmarshausen.

www.cornelsen.de

1. Auflage, 5. Druck 2012

Alle Drucke dieser Auflage sind inhaltlich unverändert und können im Unterricht nebeneinander verwendet werden.

Druck: Stürtz GmbH, Würzburg

ISBN 978-3-06-064507-7

Inhalt gedruckt auf säurefreiem Papier aus nachhaltiger Forstwirtschaft.

Liebe Schülerinnen und Schüler!
Im ersten Band eures Schulbuchs habt ihr etwas erfahren können über die frühe Geschichte der Menschheit. Dieser Band zeigt euch, wie die Menschen im Mittelalter und zu Beginn der Neuzeit gelebt haben, mit welchen Schwierigkeiten sie sich abmühen mussten, was ihnen wichtig war, für was sie gekämpft haben und wie sich ihr Leben auch immer wieder verändert hat.

Lernen macht natürlich mehr Spaß, wenn man etwas selber herausfinden kann. Ihr findet daher in diesem Buch neben den Texten auch zahlreiche Bilder und Berichte der damals lebenden Menschen. Wir bezeichnen sie als Quellen. Ihr erkennt sie an einem „Q" und einem Farbstreifen. Texte von Geschichtsforschern haben ein „M" und ebenfalls den Farbstreifen.
Außerdem gibt es noch viele spannende Seiten, z. B.:

Zum Weiterlesen: In 300 Jahren vielleicht

Eggebusch im Oktober 1641: Hunger, Elend und Furcht bestimmen das Leben in dem kleinen Ort. Nur wenige Menschen können sich noch an die Zeit vor dem Krieg erinnern.

Wie eine schwarze Wunde klaffte das geöffnete Portal in dem gelblich verwitterten Mauerwerk der Kirche. „Seid ihr so weit?", fragte eine Stimme gedämpft aus dem dunklen In-

„Den Sack. Schnell, Junge, schnell!", keuchte Elsa Hobe. Benommen zog Tobias den Beutel aus der Tasche seines grauen Leinenkittels. Die Mutter zerrte die Öffnung auseinander und stopfte die blutenden Federkörper hinein. Vom Boden las sie die Köpfe auf und legte sie dazu. „Wie viele sind es?" Mathias Hobe trat mit dem Gewehr in der Hand aus der Kirche ins Freie.

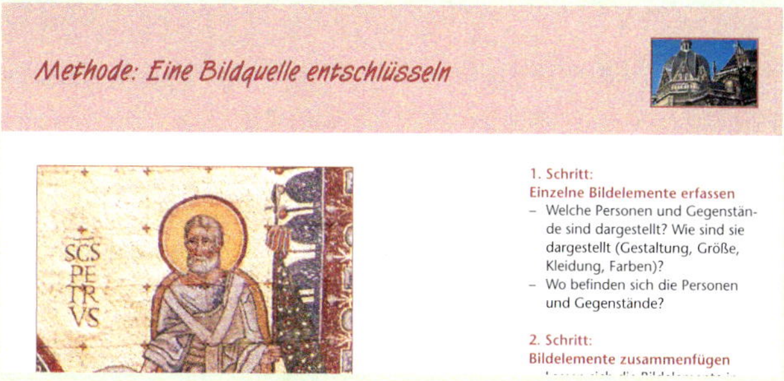
Methode: Eine Bildquelle entschlüsseln

1. Schritt:
Einzelne Bildelemente erfassen
- Welche Personen und Gegenstände sind dargestellt? Wie sind sie dargestellt (Gestaltung, Größe, Kleidung, Farben)?
- Wo befinden sich die Personen und Gegenstände?

2. Schritt:
Bildelemente zusammenfügen

Werkstatt Geschichte: Paradies Karibik?

1 Die Routen der vier Reisen des Kolumbus (links); Bildnis des Kolumbus, das dem Maler Ghirlandajo (1483–1561) zugeschrie-

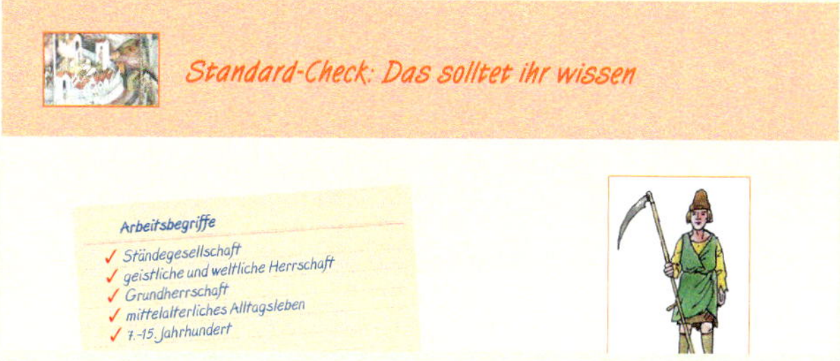
Standard-Check: Das solltet ihr wissen

Arbeitsbegriffe
- ✓ Ständegesellschaft
- ✓ geistliche und weltliche Herrschaft
- ✓ Grundherrschaft
- ✓ mittelalterliches Alltagsleben
- ✓ 7.–15. Jahrhundert

Und jetzt – viel Spaß beim Lesen und Lernen mit eurem neuen Geschichtsbuch.

Inhaltsverzeichnis

Inhaltsverzeichnis

1. Judentum, Christentum, Islam – Religionen entstehen und breiten sich aus

1800 v. Chr.

ISRAELITISCHE NOMADENVÖLKER ZIEHEN NACH KANAAN

1000 v. Chr.

GRÜNDUNG DES KÖNIGREICHS ISRAEL

70 v. Chr.

VERTREIBUNG DER JUDEN AUS ISRAEL

Jerusalem ist eine heilige Stadt für Juden, Christen und Muslime. Der Blick vom Südwesten auf die Altstadt fällt im Vordergrund rechts von dem freien Platz auf die Klagemauer, einen Teil des jüdischen Tempels aus der Zeit von König Herodes. Damals wurde Jesus von Nazareth geboren, dessen Einzug in die Hauptstadt mit seiner Kreuzigung endete. Dieses Kreuz wurde zum Symbol des christlichen Glaubens. Wandert der Blick weiter, fällt er auf den achteckigen Bau mit der Goldkuppel, den Felsendom. Dies ist ein Heiligtum der Muslime. Er wurde Ende des 7. Jahrhunderts erbaut. Von hier soll der Prophet Mohammed in den Himmel aufgestiegen sein, um den Koran zu empfangen.
Diese drei Religionen sind vor langer Zeit entstanden und haben über Jahrhunderte die Geschichte geprägt – und prägen sie bis heute. Wie sie entstanden sind und sich in der Welt verbreitet haben, erfahrt ihr in diesem Kapitel.

7 v. Chr. – GEBURT VON JESUS

391 n. Chr. – CHRISTENTUM WIRD STAATSRELIGION IM RÖMISCHEN REICH

570 n. Chr. – GEBURT MOHAMMEDS

632–715 – AUSBREITUNG DES ISLAM

Judentum

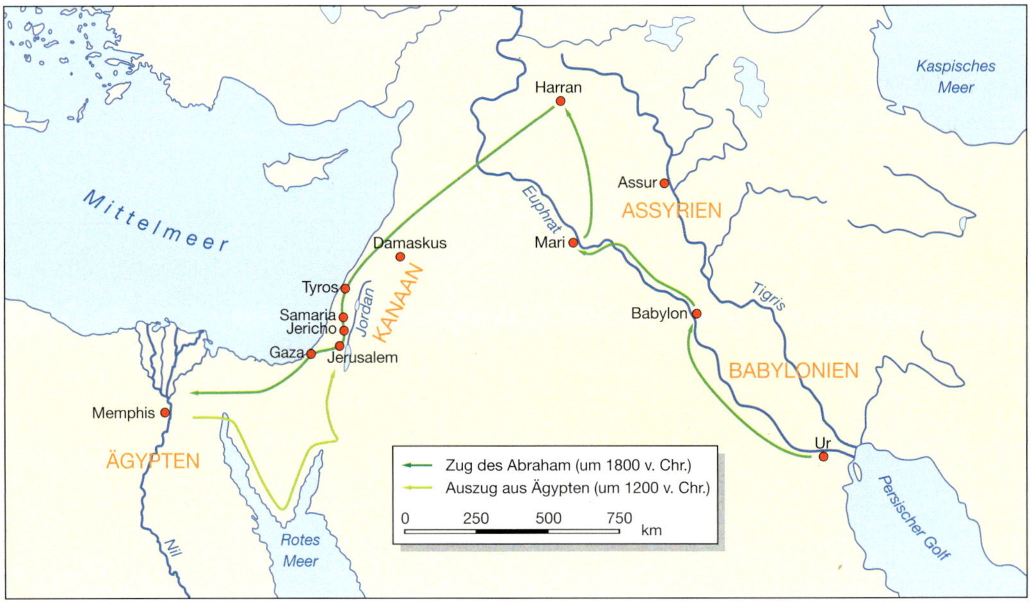

1 **Der Zug des Volkes Israel.**

Um 1800 v. Chr.:
Israelitische Nomadenvölker verlassen ihre Heimat in Mesopotamien. Sie ziehen nach Kanaan und von dort nach Ägypten.

Viehzüchter und Hirten

Östlich von Ägypten, im Gebiet der beiden Flüsse Euphrat und Tigris (Mesopotamien = Zweistromland genannt), waren schon früh Staaten mit einer Hochkultur entstanden.
In diesem Gebiet lebten neben den Babyloniern und den Sumerern auch Nomadenvölker. Als Viehzüchter und Hirten zogen sie in Familien- und Stammesverbänden durch das Land, stets auf der Suche nach neuen Weidegründen. Zu ihnen gehörten die Vorfahren des Volkes Israel und einer seiner Stämme, der Stamm Juda.

Bibel*:
(griech. biblia = Bücher); die Heilige Schrift, gegliedert in das Alte und das Neue Testament.

Auf der Suche nach einer neuen Heimat

Berichte über die Anfänge des jüdischen Volkes finden wir vor allem in der Bibel*, der heiligen Schrift der Juden und der Christen. Nach der Erzählung der Bibel verließen die israelitischen Nomadenvölker um 1800 v. Chr. Mesopotamien. Geführt von den Stammesvätern Abraham, Isaak und Jakob zogen sie von Ur im südlichen Mesopotamien nach Harran im Norden; von dort wanderten sie weiter in das Land Kanaan, dem heutigen Israel. Obwohl sie viele Jahre unterwegs gewesen waren, konnten die Vorfahren des Volkes Israel dort nicht bleiben. Wegen Trockenheit und Hungersnöten suchten sie, wie viele andere Völker, Zuflucht im fruchtbaren Niltal. Der ägyptische Pharao nahm die Fremden auf und setzte sie zunächst zum Schutz der Grenzen ein.
Um 1250 v. Chr. aber versklavte Pharao Ramses II. die Israeliten. Als Zwangsarbeiter wurden sie in Ziegeleien und beim Bau von Städten und Tempeln eingesetzt. Man vermutet deshalb, dass während der Regierungszeit von Ramses II. der Auszug des Volkes Israel aus Ägypten stattfand, von dem die Bibel berichtet. Um 1200 v. Chr. gelang es den israelitischen Stämmen unter ihrem Anführer Moses, Ägypten zu verlassen (Exodus*). Sie wollten zurück nach Kanaan, die Heimat ihrer Vorväter. Listenreich soll Moses im Auftrag von Jahwe, ihrem Gott, die Israeliten auf dem gefährlichen Weg durch die Wüste geführt haben.

Exodus*:
(griechisch-lateinisch; übersetzt: Auszug); Begriff für den Auszug des Volkes Israel aus der Sklaverei in Ägypten um 1200 v. Chr.

Anfänge der jüdischen Geschichte

2 **Die Thora.** Das Buch der Gesetze. Sie ist ein Teil der heiligen Schrift der Juden. Der Text der Thora steht handgeschrieben auf Pergament. Es wird auf zwei verzierten Stäben aufgerollt. Inhalt der Thora sind die auf Hebräisch geschriebenen fünf Bücher Mose.

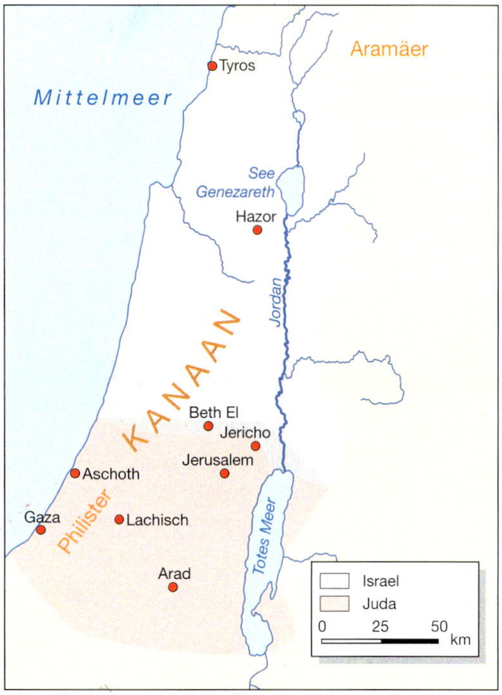

3 **Siedlungsraum des Volkes Israel zwischen 1800 und 1200 v. Chr.**

Glaubensbekenntnis der Juden, wie es noch heute gebetet wird:
„Ein umherirrender Aramäer war mein Vater. Nach Ägypten zog er und war ein Fremdling und seine Familie war gering an Zahl. Aber sie wurde ein großes und mächtiges Volk. Die Ägypter bedrängten und quälten uns und legten uns harte Arbeit auf. Da schrien wir zu Gott, dem Gott unserer Väter. Er führte uns aus Ägypten heraus mit starker Hand und ausgestrecktem Arm, unter Schrecknissen, Zeichen und Wundern. Er brachte uns an diesen Ort und gab uns dieses Land, das von Milch und Honig überfließt." (5. Buch Mose, Kapitel 26, 5–9)

Begründung des jüdischen Glaubens

Um Verfolgern und Feinden zu entgehen, zogen die israelitischen Stämme quer durch die Wüste. Auf dieser Wanderung erhielt das Volk Israel auch seine Gesetze. Sie bilden die Grundlage der jüdischen und später auch der christlichen Religion.

Die Thora erzählt, dass Moses persönlich die Zehn Gebote von Gott entgegengenommen habe. Gott selbst habe mit seinem Finger diese Gebote in Steintafeln geschrieben. Diese Tafeln wurden in einer hölzernen Truhe aufbewahrt, „Bundeslade" genannt. Die Israeliten betrachteten diese Truhe auch als Thron Gottes. Auf der Wanderung wurde sie mitgetragen und in einem Zelt aufbewahrt. Auf diese Weise glaubten sie, dass Gott immer bei ihnen sei.

Im Unterschied zu den Ägyptern und zu den benachbarten Stämmen glaubten die Juden nur an einen Gott, den sie Jahwe nannten, das heißt übersetzt der „Seiende".

Eroberung Kanaans

Vierzig Jahre dauerte es, bis die Israeliten Kanaan erreichten und sich im Bergland niederließen. Erst nach heftigen Kämpfen mit der einheimischen Bevölkerung fanden sie dort ihre neue Heimat und errichteten das Königreich Israel.

Der Auszug aus Ägypten und die Rückkehr nach Kanaan sind im Glauben der Juden das Werk ihres Gottes (siehe Randspalte). Alle Leiden, die das jüdische Volk erdulden musste, sind danach Prüfungen, die es mithilfe seines Gottes besteht, weil es von ihm auserwählt wurde.

1 *Beschreibt mithilfe des Textes und der Abbildung 1 die Wanderung des Volkes Israel.*

2 *Führt aus, warum sich die Juden in schwierigen Zeiten bis heute auf ihren Glauben und ihre Geschichte berufen. Lest dazu auch den Text in der Randspalte.*

Lesetipp:
Marek Halter, Alles beginnt mit Abraham. dtv, München 2002. – Eine spannend erzählte Einführung in die Geschichte des Judentums.

Israels Aufstieg und Niedergang

Prophet:*
Ein Mensch, der sich von Gott dazu berufen fühlt, den göttlichen Willen zu verkünden und zukünftige Ereignisse vorauszusagen. Propheten gibt es in allen Religionen.

Um 1200 v. Chr.:
König Saul vereinigt die israelitischen Stämme im Kampf gegen ihre Nachbarn. Der Staat Israel entsteht.

Das Königreich Israel

Der Krieg um Kanaan zwischen den Israeliten, der einheimischen Bevölkerung und Nomadenstämmen wurde fast zum Dauerzustand. Schließlich schlossen sich die israelitischen Stämme enger zusammen und wählten einen gemeinsamen König. Um 1200 v. Chr. wurde Saul vom Propheten* Samuel zum ersten König gesalbt.
Unter seinem Nachfolger König David (1006–966 v. Chr.) gelang es den Israeliten um 1000 v. Chr., die Philister und die Kanaanäer zu besiegen. Die Festung Jerusalem wurde eingenommen und David erklärte sie zur Hauptstadt seines Reiches. Er ließ die Bundeslade in die Stadt bringen und so wurde Jerusalem auch zum religiösen Zentrum des jüdischen Volkes.

1 Juden beten an der Klagemauer in Jerusalem. Die Klagemauer ist ein Rest des im Jahr 70 n. Chr. von den Römern zerstörten Tempels. Modell des zweiten Tempels (kleine Abbildung). Fotos.

Prachtvolles Jerusalem

König Salomo (966–926 v. Chr.), der Nachfolger Davids, ließ Jerusalem prachtvoll ausbauen. Tempel und Paläste wurden errichtet. Über diese Zeit heißt es in der Bibel: „Es gab in Jerusalem so viel Silber wie Steine." Über den Reichtum Salomos berichtet die Bibel im ersten Buch der Könige weiter:

Q1 ... Salomos Hof erhielt täglich 30 Kor (12 000 Liter) Feinmehl, 60 Kor gewöhnliches Mehl, zehn Mastrinder, hundert Schafe, ohne die Hirsche, Gazellen, Rehe und das gemästete Geflügel. Und Salomo hatte 4000 Gespanne für seine Kriegswagen und 12 000 Leute für seine Pferde. ...

Israel unter fremder Herrschaft:

722 v. Chr.:
Untergang des Nordreiches Israel: Herrschaft der Assyrer.

597 v. Chr.:
Untergang des Südreiches Juda: Herrschaft der Babylonier.

539 v. Chr.:
Herrschaft der Perser nach ihrem Sieg über Babylon.

333/332 v. Chr.:
Alexander der Große tritt die Nachfolge der Perser an.

326 v. Chr.:
Tod Alexanders: Herrschaft der Seleukiden.

63 v. Chr.:
Rom übernimmt die Oberherrschaft.

70 n. Chr.:
Jerusalem wird zerstört.

Fremde Herren erobern Israel

Die Kosten für die königliche Hofhaltung belastete die Bevölkerung. Als Salomo gestorben war, trennten sich zehn Stämme aus dem Norden Israels vom Königshaus. Sie gründeten ein eigenes Königreich Israel mit der Hauptstadt Samaria. Jerusalem war nur noch die Hauptstadt des Königreiches Juda.
Im 8. Jahrhundert v. Chr. wurde der Nordstaat Israel von der neuen Großmacht Assyrien erobert. 30 000 Angehörige der Oberschicht des israelischen Volkes wurden verschleppt und kehrten nie zurück. Danach gab es nur noch den Staat Juda.

Die Babylonische Gefangenschaft

Am Anfang des 6. Jahrhunderts v. Chr. wurde auch dieser ein Opfer fremder Eroberung. Die Babylonier eroberten Juda und zerstörten Jerusalem. Etwa 45 000 Männer, Frauen und Kinder wurden nach Babylonien in die Gefangenschaft verschleppt. Erst 50 Jahre später durften sie in ihre Heimat zurückkehren.
In dieser Zeit wurden große Teile des Alten Testaments von jüdischen Priestern aufgeschrieben. Durch die Erinnerung an die Taten ihres Gottes sollte der Glaube der Juden an sich als das auserwählte Volk gestärkt werden. Durch ihren Glauben bewahrten sie ihre eigenen Sitten und Gebräuche. Sonst hätten die Juden als eigenständiges Volk nicht weiter bestehen können.
Die Juden kamen frei, als das Babylonische Reich seinerseits von den Persern eingenommen wurde. In Jerusalem wurde der Tempel wieder aufgebaut. Juda blieb aber unter persischer Verwaltung. Die Perser wurden abgelöst vom Griechenkönig Alexander dem Großen und seinen Nachfolgern.

1 *Begründet, warum die Zeit unter David und Salomo als „Goldenes Zeitalter" galt.*

2 *Erklärt, welche Zeit mit dem Ausdruck „Babylonische Gefangenschaft" gemeint ist.*

Von Jerusalem nach Köln

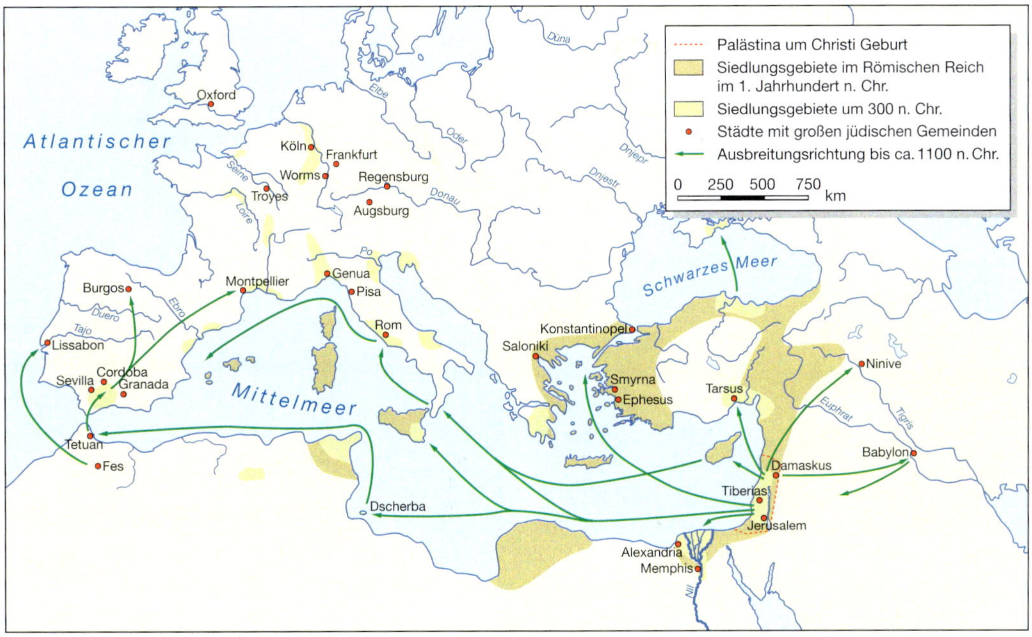

2 **Wichtige jüdische Gemeinden und Siedlungsgebiete 100–1100 n. Chr.**

Rom übernimmt die Herrschaft

Im 1. Jahrhundert v. Chr. übernahmen dann die Römer die Oberherrschaft. Juda gehörte damit zum Römischen Reich, einem der mächtigsten Reiche des Altertums. Die Menschen in Juda litten unter den hohen Steuern und der römischen Besatzung. Als sich die Judäer um 70 n. Chr. gegen die ungerechte Behandlung wehrten, gab der römische Befehlshaber die Stadt Jerusalem zur Plünderung frei. Der Aufstand wurde niedergeschlagen und der Feldherr Titus ließ Jerusalem und den Tempel zerstören. Das Land wurde an römische Soldaten verteilt. Die meisten Juden flüchteten oder wurden von den Römern vertrieben und über das ganze Imperium verstreut angesiedelt. Sie durften aber ihre Religion weiter ausüben. Diese Zerstreuung der Juden wird Diaspora* genannt. In der Römerzeit kamen die ersten Juden als Händler auch nach Germanien. Ein Erlass des römischen Kaisers Konstantin aus dem Jahr 321 belegt, dass sich damals bereits Juden in Köln niedergelassen hatten und ein Leben als angesehene Mitbürger führten.

3 *Beschreibt Abbildung 1. Erklärt, warum dieser Ort von Jüdinnen und Juden verehrt wird.*

3 **Triumphzug der Römer nach dem Sieg über die Juden, 70 n. Chr.** Ausschnitt aus dem Triumphbogen auf dem Forum Romanum in Rom.

4 *Wertet die Karte aus. Nehmt dazu eine heutige Staatenkarte zu Hilfe: In welchen Gebieten siedelten sich die Juden im 1. Jahrhundert n. Chr. an? Welche Gebiete kamen bis 300 n. Chr. hinzu? In welchen deutschen Städten fand die Gründung jüdischer Gemeinden statt?*

Diaspora*:
Der Begriff kommt aus dem Griechischen und bedeutet „zerstreuen". Auf die Juden bezogen bedeutet dies die Zerstreuung durch Krieg und Verfolgung.

Exkursionstipp:
Jüdisches Museum Westfalen, Dorsten, Internet: ***www.jmw-dorsten.de***

Grundzüge des jüdischen Glaubens

1 **Amtseinführung der ersten Rabbinerin* in Israel. Rabbiner sind jüdische Schriftgelehrte und Vorsteher einer Gemeinde.** Foto, 1994.

2 **Thorarollen im Schrein der neuen Synagoge in Essen.** Foto, 1994.

Der Glaube an einen einzigen Gott

Das Glaubensbekenntnis der Juden beginnt mit den Worten:

Q1 Höre Israel, der Herr ist unser Gott, der Ewige ist einzig! Liebe den Ewigen, deinen Gott, mit deinem ganzen Herzen, mit deiner ganzen Seele und mit deiner ganzen Kraft.

Die Gläubigen sprechen das Glaubensbekenntnis gewöhnlich mit geschlossenen Augen, um sich ganz darauf konzentrieren zu können. Aus diesem ersten Abschnitt des Glaubensbekenntnisses lassen sich bereits die Grundzüge des jüdischen Glaubens ableiten:

- Glaube an einen Gott und Anerkennung seiner Einzigartigkeit und Absolutheit.
- Gott mit ganzem Herzen zu lieben. Diese Liebe zeigt der Gläubige im Gebet. Jeder Jude zeigt durch sein Verhalten im täglichen Leben, wie er zu Gott steht.

Thora

Thora, die Lehre oder Unterweisung, bedeutet zweierlei: Zunächst meint Thora die allen Juden auferlegten Gesetze. Dann versteht man darunter aber auch die fünf Bücher Mose im Alten Testament. Die Thora ist für Juden die direkt von Gott geoffenbarte heilige Schrift. Sie ist damit das wichtigste schriftliche Zeugnis des jüdischen Glaubens. Ihren Inhalt müssen alle Juden auswendig lernen.

In jedem jüdischen Gottesdienst wird aus der Thora, die auf einer Pergamentrolle steht, vorgelesen. Die Thorarollen werden in einem besonderen Schrein* aufbewahrt (vgl. Abbildung 2).

Talmud

Neben der Thora ist der Talmud* das wichtigste Buch im Judentum. Im Talmud wird genau vorgeschrieben, wie das religiöse Leben aussehen soll. So kann man hier z.B. nachlesen, wie die jüdischen Festtage gefeiert werden müssen und welche Bräuche dabei zu beachten sind.

1 *Erkundigt euch, ob es in eurem Wohnort eine jüdische Gemeinde gibt und wie sie ihre religiösen Feste feiert.*

Rabbinerin*:
In modernen jüdischen Gemeinden können Frauen Rabbinerinnen werden und gleichberechtigt am Gottesdienst teilnehmen. Dieses Recht mussten sich die Frauen erst erkämpfen, denn bislang war ihnen dies nicht möglich. In den orthodoxen (strenggläubigen) Gemeinden werden Rabbinerinnen nicht anerkannt.

Schrein*:
Ein Behälter aus Holz, ähnlich einer Truhe oder einem Schrank, zum Aufbewahren von kostbaren Dingen.

Talmud*:
Sammlung von Gesetzen und religiösen Überlieferungen des Judentums aus der Zeit nach der Babylonischen Gefangenschaft.

Grundzüge des jüdischen Glaubens

3 **Schabbat in einer jüdischen Familie.** Foto, 2004.

Schabbat – der höchste jüdische Feiertag

Der Schabbat soll an den Schöpfungstag erinnern, an dem sich Gott nach der Erschaffung der Welt ausruhte. Der Schabbat beginnt am Freitagabend vor Eintritt der Nacht und endet am Samstagabend, etwa 50 Minuten nach Sonnenuntergang, wenn die ersten drei Sterne am Himmel zu sehen sind. An diesem Tag ist jegliche Arbeit verboten, aber auch Reisen, Schreiben, Kochen, Fernsehen, Telefonieren und vieles andere mehr.

2 *Versetzt euch in die Lage einer Jüdin oder eines Juden, der sich an die Gebote seines Glaubens halten will: Auf was müsstet ihr am Samstag verzichten, wenn ihr diese Gebote einhalten würdet?*
Mit welchen Problemen hättet ihr dabei in Deutschland zu kämpfen? Wie würden eure Freundinnen und Freunde reagieren?

Der Schabbat hat aber nicht nur eine religiöse Bedeutung, sondern er dient auch dem Familienleben. Gemeinsam begeht die ganze Familie eine feierliche Mahlzeit. Zu Beginn des Schabbats zündet die Ehefrau eine Kerze an und spricht einen Segen aus. Danach vollzieht ihr Ehemann den Kiddusch*, d.h. er segnet einen mit Wein gefüllten Becher, aus dem dann alle Familienmitglieder trinken. Eingeleitet wird die Mahlzeit mit dem Verteilen der „Challot", einem besonderen Schabbatbrot.

3 *Betrachtet Abbildung 3 und beschreibt die einzelnen Personen. Erklärt das Bild mithilfe des Textes.*

Koschere Küche

Von großer Bedeutung für das jüdische Alltagsleben ist die Einhaltung strenger Speisegesetze. Die Speisen müssen koscher (tauglich) sein. Diese Regeln gehen in ihren Grundzügen auf Hygienevorschriften zurück, die im Klima Israels sinnvoll waren. Andere Vorschriften haben ursprünglich damit zu tun, dass man sich von anderen Religionen unterscheiden wollte.
Als koscher gilt das Fleisch von Rindern oder Schafen. Die meisten Geflügelsorten gelten als rein. Schweine dagegen werden als unrein abgelehnt. Streng untersagt ist der Genuss von Blut. Deshalb müssen Tiere nach genauen Vorschriften geschlachtet und verarbeitet werden. Ein Grundprinzip der jüdischen Küche ist die Trennung von Fleisch- und Milchprodukten. Man benutzt auch getrenntes Geschirr und Besteck. Nach dem Fleischverzehr muss erst gewartet werden, bis das Fleisch verdaut ist. Erst dann dürfen Milchprodukte (z. B. Käse) gegessen werden.

4 *Macht eine Liste mit euren Lieblingsspeisen und den in eurer Familie üblichen Gerichten und ermittelt, welche Speisen oder Gerichte nach den jüdischen Speisevorschriften erlaubt sind oder was ihr bei der Zubereitung besonders beachten müsstet.*

4 **Lebensmittelgeschäft für israelische Spezialitäten in Berlin.** Foto, 2003.

Challot, das Schabbatbrot. *Foto.*

Kippa:
Bezeichnung für eine im Judentum gebräuchliche Kopfbedeckung. Ein kleines kreisförmiges Stück Stoff bedeckt den Hinterkopf. Getragen wird die Kippa von Männern, üblicherweise beim Gebet, beim Synagogenbesuch und auf Friedhöfen.

Kiddusch*:
Das Wort kommt von dem hebräischen Wort kadosch = heilig. Gemeint ist damit: Segen, Segensspruch. Der Kiddusch am Schabbat heißt: „Gedenke des Schabbattages, dass du ihn heiligst."

Christentum

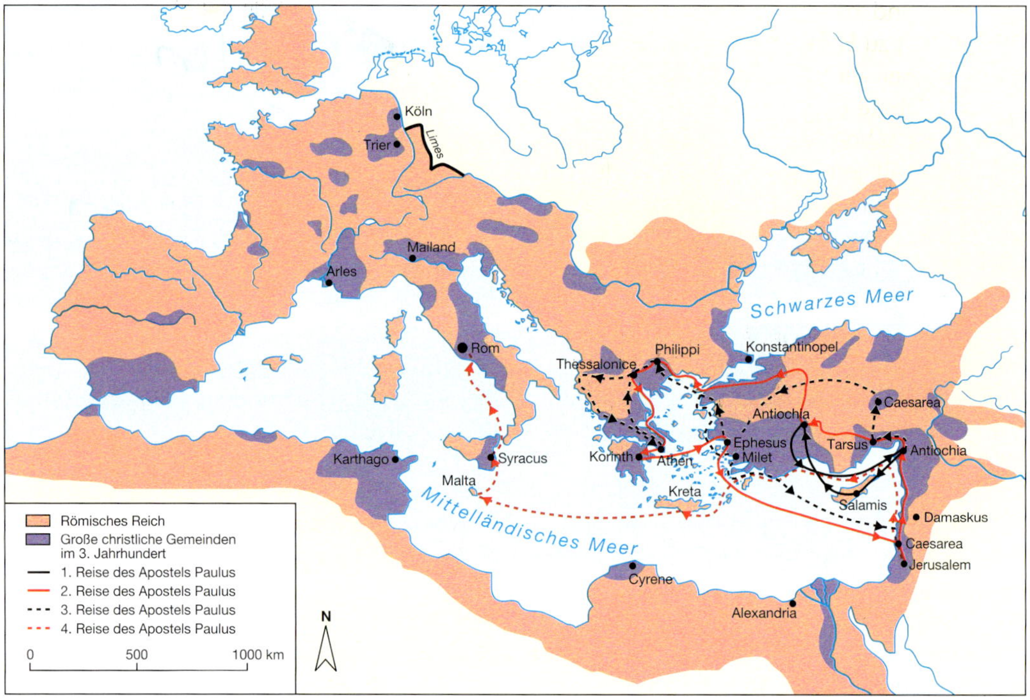

1 **Ausbreitung des Christentums im 3. Jahrhundert n. Chr.**

Um 6 v. Chr.:
Es wird angenommen, dass Jesus in Palästina geboren wurde und 30 n. Chr. auf dem Berg Golgatha starb.

Apostel*:
(griechisch = Sendbote); Bezeichnung der von Jesus zur Verkündung des Christentums ausgewählten zwölf Jünger, zu denen nach Meinung vieler Theologen auch eine Frau gehörte.

Evangelium*:
(griech. = gute Botschaft). Die christliche Bezeichnung für die Botschaft, die Jesus Christus verkündet hat. Da in den ersten vier Büchern des Neuen Testaments das Leben und die Lehre Jesu Christi aufgezeichnet sind, werden sie Evangelien genannt.

Anfänge des Christentums

Im Neuen Testament (Matthäus 28, 16–20) wird davon berichtet, wie Jesus den Aposteln* den Auftrag gab, in der ganzen Welt das Evangelium* zu verkünden. Unterstützt wurden sie dabei, wie das Neue Testament berichtet, von gläubigen Frauen; diese konnten in der Urkirche auch wichtige Ämter ausüben. Es war vor allem der Apostel Paulus, der – in Begleitung einer gläubigen Frau (1 Kor 9,5) – viele Reisen unternahm, um den neuen Glauben zu verkünden. Schon bald gab es auch in Rom eine kleine christliche Gemeinde.

Eindringlich ermahnte Paulus die Christen:

Q1 ... Liebt einander in brüderlicher Liebe und habt Achtung voreinander. Seid gastfreundlich. Segnet eure Verfolger, segnet sie, verflucht sie nicht! ... Vergeltet niemand Böses mit Bösem. Soweit es euch möglich ist, haltet mit allen Menschen Frieden! ...

Das waren für die Römer ungewohnte Worte. Kämpfen, erobern und herrschen – hießen ihre eigentlichen Ziele. Paulus aber forderte von ihnen die Nächsten- und Feindesliebe. Brüderlich sollten sie miteinander umgehen, seien sie arm oder reich. Viele Römer wurden Christen, als sie sahen, wie die Christen selbst nach dieser Lehre lebten.

1 *Beschreibt mithilfe der Karte 1 die Reisen des Apostels Paulus. Welche heutigen Länder hat er besucht?*

Ausbreitung des Christentums

Überall entstanden kleine christliche Gemeinschaften. Besonders die ärmeren Schichten fühlten sich von dem christlichen Glauben angezogen.

Der römische Philosoph Justin, ein Christ, berichtete im 2. Jahrhundert n. Chr.:

Q2 ... An dem Tag, den man Sonntag nennt, findet eine Versammlung aller statt, die in Städten oder auf dem Land wohnen. Dabei werden die Evangelien oder die Schriften vorgelesen. Hat der Vorleser aufgehört, so gibt der Vorsteher in einer Ansprache eine Ermahnung und Aufforderung zur Nachahmung all dieses Guten. Darauf erheben wir uns alle zu-

sammen und beten. ... Und wenn wir mit dem Gebet zu Ende sind, werden Brot, Wein und Wasser herbeigeholt, der Vorsteher spricht Gebete und Danksagungen mit aller Kraft und das Volk stimmt ein und sagt Amen. Darauf erhält jeder seinen Teil von den geweihten Gaben. Wer aber die Mittel und den guten Willen hat, gibt nach seinem Ermessen, was er will (Sammlung für die Waisen und Witwen, Gefangenen, Fremdlinge und Arme) ...

2 *Begründet anhand der Quelle 2, warum sich besonders die ärmeren Schichten für den christlichen Glauben begeisterten.*

Sklaven als Brüder

Aus der gleichen Zeit stammt eine Beobachtung des Philosophen Aristides:

Q3 ... Die Sklaven und Sklavinnen und deren Kinder bereden sie, aus Liebe Christen zu werden. Und sind sie es geworden, so nennen sie dieselben ohne Unterschied Brüder ...

3 *Eine Sklavin, die zum ersten Mal an einer Feier der christlichen Gemeinde teilnahm, berichtet davon ihrem Mann oder ihren Freundinnen. Wovon war sie vielleicht besonders beeindruckt?*

Eine Minderheit wird verfolgt

Die Christen waren im Römischen Reich zunächst nur eine Minderheit. Sie gingen ihren Berufen nach, zahlten pünktlich ihre Steuern und beteten auf ihren Zusammenkünften für das Wohl des Kaisers.

Sie lehnten es aber ab, die Kaiser als Götter zu verehren. Das führte bald zu allerlei Verdächtigungen: War nicht derjenige, der die göttliche Verehrung der Kaiser ablehnte, ein Gegner des Römischen Reiches? Warum trafen sich die Christen so oft? Wurden hier vielleicht heimlich Verbrechen vorbereitet? Es dauerte nicht lange, da galten die Christen als Staatsfeinde und Kriminelle, die man streng verfolgen musste.

Die erste große Verfolgung der Christen fand unter Kaiser Nero im Jahr 64 n. Chr. statt. Dabei wurden wahrscheinlich auch die Apostel Petrus und Paulus getötet. Immer wieder kam es in den folgenden Jahrhunderten zu Christenverfolgungen.

2 **Hinrichtung eines Christen, der zum Tod durch Raubtiere verurteilt wurde.** Schale, 4. Jahrhundert.

Tertullian (etwa 150–225), ein Christ und Rechtsanwalt in Karthago, schrieb im Jahr 197 an den römischen Statthalter:

Q4 ... Unsere Gegner schreien laut nach dem Blut Unschuldiger, wobei sie freilich ihren Hass mit dem sinnlosen Vorwand begründen, dass nach ihrer Überzeugung an jeder Katastrophe des Staates ... die Christen die Schuld trügen. Wenn der Tiber die Mauern überflutet, wenn der Nil die Felder nicht überflutet, wenn der Himmel sich nicht rührt, wenn die Erde sich bewegt, wenn eine Hungersnot, eine Seuche wütet, gleich schreit man: „Die Christen vor die Löwen" ...

4 *Zählt die Anschuldigungen gegen die Christen auf und nennt Gründe für die Vorwürfe.*

5 *Findet Beispiele aus der Gegenwart für Vorurteile gegen bestimmte Bevölkerungsgruppen. – Könnt ihr euch erklären, warum solche Vorurteile entstehen?*

*Der **Fisch** war ein Geheimzeichen für die Zugehörigkeit zur christlichen Glaubensgemeinschaft. Hinter dem griechischen Wort für Fisch („ICHTYS") verbargen sich die Anfangsbuchstaben eines Glaubensbekenntnisses:*

I CH TH Y S

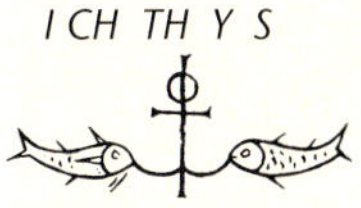

ΙΧΘΥΣ

Iesous Christos Theou Yios Soter = Jesus Christus, Gottes Sohn, Retter.

Der christliche Glaube wird anerkannt

1 **Prozession der Märtyrer* zu Christus am Tag des Jüngsten Gerichts. In den Händen tragen sie Kronen als Zeichen des Sieges.** Mosaik aus dem 5./6. Jahrhundert in der Kirche San Apollinare Nuovo in Ravenna. Foto.

Märtyrer*:
(griech. = Zeuge); ein Mensch, der für seine Glaubensüberzeugung sein Leben geopfert hat.

313 n. Chr.:
Im Mailänder Edikt sichert Kaiser Konstantin den Christen die freie Religionsausübung zu.

Bischöfe*:
(griech. episkopos = Aufseher); nach katholischer Lehre die Nachfolger der Apostel und Gesandte Jesu Christi. In ihren Gemeindebereichen (Diözesen) sind sie für Gesetzgebung, Verwaltung und Rechtsprechung zuständig.

Staatsreligion*:
Eine Staatsreligion gilt als offizielle Religion eines Staates. Dies kann bedeuten, dass andere Religionen benachteiligt werden.

Konstantin der Große fördert das Christentum

Über 200 Jahre lang wurden die Christen immer wieder verfolgt, doch ihre Zahl nahm dennoch ständig zu. Allmählich änderte sich die Haltung der römischen Kaiser gegenüber den Christen. Zu einer entscheidenden Wende kam es unter Kaiser Konstantin (306–337 n. Chr.). Er duldete das Christentum nicht nur, sondern förderte es auch. Auf seinen Befehl hin wurden in Rom große Gotteshäuser gebaut. Im ganzen Reich galt der Sonntag von nun an als staatlicher Feiertag.
Unter Kaiser Theodosius (379–395) wurden die heidnischen Kulte verboten, das Christentum wurde zur einzigen erlaubten Religion im Römischen Reich erklärt. Sie wurde damit Staatsreligion*.

Die Kirche organisiert sich

Nachdem das Christentum im 4. Jahrhundert Staatsreligion geworden war, nahm die Zahl der christlichen Gemeinden schnell zu. An der Spitze einer Gemeinde stand der Bischof*. Sein Gemeindebereich deckte sich mit dem Verwaltungsbezirk seiner Stadt. Eine besondere Stellung unter den Bischöfen nahm der Bischof von Rom ein. Er galt als Nachfolger des Apostels Petrus, der in Rom während der ersten Christenverfolgung wahrscheinlich hingerichtet worden war. Seit dem 5. Jahrhundert nannte man den Bischof von Rom Papst.
Rom wurde unter den Päpsten bald zum Mittelpunkt der christlichen Kirche im Westen des Römischen Reichs. Somit gab es neben dem Kaisertum als weltlicher Macht auch die Kirche mit einem geistlichen Oberhaupt.

1 *Beschreibt Abbildung 1 und überlegt, weshalb die Märtyrer als Sieger dargestellt werden.*

2 *Schildert in einem kurzen Bericht die Entwicklung des Christentums im Römischen Reich seit den Zeiten der ersten Gemeinden.*

Frauen in der Kirche

2 **Maria Jepsen, Bischöfin der nordelbischen Landeskirche in Hamburg.** Foto, 2004.

Frauen und Christentum

Im Neuen Testament zeigen viele Berichte, dass Frauen und Männer den christlichen Glauben verkündeten. In seinem Brief an die Römer (16, 1 ff.) nennt der Apostel Paulus Frauen und Männer, die sich um diese Verkündigung verdient gemacht haben; sein Dank gilt dabei auch „Junia". In der frühen Kirche war es unbestritten, dass es sich hierbei um eine Frau gehandelt haben müsse. So schrieb am Ende des 4. Jahrhunderts der christliche Gelehrte Johannes Chrysostomus:

Q1 ... Es ist schon etwas Großes, ein Apostel zu sein; aber erst unter den Aposteln hervorragend zu sein, bedenke, was das für ein Lob ist! Hervorragend waren sie aufgrund ihrer Arbeit und ihrer rechtschaffenen Taten. Wie groß muss doch die Weisheit dieser Frau (Junia) gewesen sein, dass sie sogar für würdig gehalten wurde den Aposteltitel zu tragen. ...

Erst im frühen Mittelalter und besonders seit der Reformation hat sich die Ansicht durchgesetzt, es müsse sich hier um einen Mann namens Junias gehandelt haben, obwohl es diese Namensform in der ganzen Antike sonst nicht gibt. In einem 1977 erschienenen Aufsatz heißt es dazu:

M1 Welche Gründe haben diesen Wandel verursacht? Die Antwort ist einfach: Eine Frau kann kein Apostel gewesen sein. Und weil eine Frau kein Apostel gewesen sein kann, kann die Frau, die hier Apostel genannt wird, keine Frau gewesen sein.

Unter Berufung auf Paulus, der in einem Brief an die Korinther schrieb, dass Frauen in der Gemeinde zu schweigen hätten, gab es schon in den ersten Jahrhunderten großen Widerstand gegen die Tätigkeit von Frauen im Gottesdienst. Im 3. Jahrhundert wurde Frauen jede priesterliche Tätigkeit untersagt. Man übertrug ihnen soziale Tätigkeiten: Krankenpflege oder die Betreuung von Armen und Waisen.

Seit einigen Jahrzehnten kämpfen immer mehr Frauen um die Gleichberechtigung auch in den Kirchen. Am 30. August 1992 wurde erstmals in der evangelisch-lutherischen Kirche eine Bischöfin in ihr Amt eingeführt (s. Abbildung 2). Pfarrerinnen gibt es in den evangelischen Kirchen bereits seit bald 30 Jahren. Die katholische Kirche lehnt bislang die priesterliche Tätigkeit von Frauen ab, aber der Weihbischof von Schwerin, Norbert Werbs, sagte 1991 auf einer Kirchenversammlung in Rom:

M2 ... Wir erleben heute einen gewaltigen Schub der Frauenemanzipation. Er erfasst auch die Frauen in der Kirche. Sie nehmen zunehmend mit Unverständnis wahr, dass die Leitung der Kirche auf allen Ebenen in den Händen von Männern liegt. Stellen wir uns tatsächlich genügend ernst die Frage, ob dieses Ärgernis ... erhalten bleiben muss? ...

3 *Sprecht darüber, wie ihr über Frauen als Pfarrerinnen oder Bischöfinnen denkt.*

4 *Ausländische Schülerinnen und Schüler können berichten, was man in ihrem Heimatland davon halten würde, wenn Frauen innerhalb ihrer Religionsgemeinschaft Ämter übernehmen würden.*

Grundzüge des christlichen Glaubens

Kreuz mit griechischer Inschrift. *Das Kreuz ist das Zeichen des Christentums. Es erinnert an den Tod Jesu.*

1 **Geburt Jesu.** Gemälde von Andrea Previtali, 1480–1528.

Maria*:
*In der katholischen Kirche wird Maria, die Mutter von Jesus, sehr verehrt. Ihr zu Ehren gibt es viele kirchliche Feste. (Mehr Informationen zu Maria findet ihr z. B. auf der Homepage: **www.heiligenlexikon.de/start.html?BiographienM/Maria.htm**)*

Der Auftrag Jesu

Im Neuen Testament wird davon berichtet, dass Jesus seinen Jüngern den Auftrag gab, in der ganzen Welt das Evangelium zu verkünden. Wer war dieser Jesus? Im Neuen Testament heißt es, dass Maria*, eine Jungfrau, ihn in einem Stall in Bethlehem gebar. Das muss einige Jahre vor unserer Zeitrechnung gewesen sein. Sein Vater sei Zimmermann gewesen. Jesus stammt also aus einer Handwerkerfamilie. Über seine Kindheit und Jugend erfährt man sonst nicht sehr viel.

Im Alter von etwa 30 Jahren begann Jesus, seine Botschaft vom Reich Gottes öffentlich zu verkünden. Wahrscheinlich dauerte sein öffentliches Auftreten nur ein Jahr, vielleicht auch etwas länger, aber in dieser kurzen Zeit erregte er in seiner Heimat ein ungeheures Aufsehen.

Jesus war ein begnadeter Redner, der seinen Zuhörern in einfachen Worten erklären konnte, worauf es ankam. Gottes Liebe, so sagte er, gilt den Armen, den Schwachen, den Außenseitern, die von niemandem geachtet werden. Für sie alle ist Gott der Vater. Und so lehrte er seine Zuhörer auch das „Vater unser" zu beten.

Warum Jesus sterben musste

Durch seine aufrüttelnden Predigten und seine Wundertaten entstand bei vielen Juden die Hoffnung, Jesus sei vielleicht der Messias, der das jüdische Volk von der römischen Herrschaft befreien werde. Der römische Statthalter Pontius Pilatus verurteilte Jesus zum Tode am Kreuz. Am Abend zuvor hatte Jesus noch mit seinen Jüngern das Abendmahl gefeiert. Dabei brach er das Brot und gab es seinen Jüngern mit den Worten: „Das ist mein Leib." Danach reichte er ihnen den Wein mit den Worten: „Das ist mein Blut."

Im Gottesdienst vollziehen die Christen diese Handlung nach „zu seinem Gedächtnis." Nach seinem Tod erschien Jesus zunächst einigen Frauen, die sein Grab besuchten, und danach vielen seiner Jünger. Jesus, so glauben die Christen, ist am dritten Tag nach der Kreuzigung von den Toten auferstanden. Wie Jesus, so werden alle Menschen wieder auferstehen. Im Jüngsten Gericht werden sie Rechenschaft ablegen müssen über ihr Leben.

Im Gottesdienst wird das letzte Abendmahl nachvollzogen. Der Wein befindet sich meist in einem ***Kelch*** *aus edlem Metall. Kelch aus dem 16. Jahrhundert.*

Grundzüge des christlichen Glaubens

2 **Auferstehung Christi.** Gemälde von Raffaello Santi, um 1499.

3 **Jüngstes Gericht.** Gemälde von Hans Memling, 1471/73.

Das Neue Testament

Nach Auffassung der Christen wird schon in den heiligen Schriften der Juden auf Jesus und sein Wirken hingewiesen. Deshalb hat man diese Schriften weiterhin hoch geachtet, nannte sie aber jetzt das „Alte Testament". Ergänzt und vollendet wird es durch das „Neue Testament".

Jesus selber hat keinerlei Schriften hinterlassen. Auch die Augenzeugen gaben ihre Erlebnisse nur mündlich weiter. Als sie starben, beschlossen einige christliche Gemeindevorsteher, die Nachrichten über Jesus aufzuschreiben.

So schrieb Lukas im Vorwort seines Evangeliums:

Q1 ... Schon viele haben es unternommen, einen Bericht über all das abzufassen, was sich unter uns ereignet und erfüllt hat. Dabei hielten sie sich an die Überlieferung derer, die von Anfang an Augenzeugen und Diener des Wortes waren. Nun habe auch ich mich entschlossen, allem von Grund auf sorgfältig nachzugehen, um es ... der Reihe nach aufzuschreiben.
So kannst du dich von der Zuverlässigkeit der Lehre überzeugen. ...

Neben dem Evangelium des Lukas gibt es noch drei weitere (Markus, Matthäus und Johannes). Sie beschreiben das Leben von Jesus, seinen Tod und seine Auferstehung. Außerdem gibt es noch eine Apostelgeschichte, die Offenbarung des Johannes und verschiedene Briefe von herausragenden Christen an christliche Gemeinden. Alle diese Schriften entstanden zwischen 70 und 120 n.Chr. Sie gehören alle zum „Neuen Testament".

Christliche Gottesdienste

Jeden Sonntag wird in den christlichen Kirchen ein Gottesdienst gefeiert, bei dem die Christen ihren Glauben bekennen. Zu den höchsten Festen der Kirche gehören das Weihnachtsfest als Erinnerung an die Geburt Christi, der Karfreitag, bei dem man des Kreuzigungstodes gedenkt, und vor allem der Ostersonntag als Fest der Auferstehung von den Toten.

1 *Wenn ihr einer der christlichen Kirchen angehört, berichtet in der Klasse darüber, wie bei euch der Gottesdienst gefeiert wird.*

2 *Beschreibt die Bilder auf dieser Doppelseite. Welche Ereignisse sind dargestellt?*

***Taufbecken**, Ende 13. Jahrhundert. Durch die Taufe wird der Täufling in die Gemeinschaft der Christen aufgenommen.*

Islam*

Islam:*
(arabisch = heil, unversehrt sein); die von Mohammed begründete Weltreligion.

Allah:*
Das Wort kommt aus dem Arabischen und heißt Gott.

Mohammeds Name in arabischer Schrift. ***Mohammed*** *wurde um 570 in Mekka geboren. Er begründete im 7. Jahrhundert die Lehre des Islam.*

Muslime:
Angehörige des islamischen Glaubens.

Koran:*
(arabisch = Lesung, Vortrag); die heilige Schrift des Islam. Sie enthält Glaubenssätze und Verhaltensregeln für Muslime.

1 **Mohammed auf einem Kamel und Jesus auf einem Esel reiten nebeneinander.** Buchmalerei aus dem 13. Jahrhundert.

Der Prophet Mohammed

In Arabien lebten im 6. Jahrhundert hauptsächlich Nomaden. Sie gehörten verschiedenen Stämmen an. Diese Stämme waren untereinander verfeindet. Ständig gab es zwischen ihnen Kämpfe um gutes Weideland und fruchtbare Oasen.

Jeder Stamm verehrte neben vielen anderen Göttern seinen eigenen Hauptgott. Nur die Kaaba (sprich: Ka-a-ba) in der Stadt Mekka verehrten alle Araber gemeinsam. Die Kaaba ist ein würfelförmiger Bau (siehe S. 24). In seiner Ostwand befindet sich der heilige schwarze Stein, ein Meteorit. In Mekka wurde um 570 n. Chr. Mohammed geboren. Er stammte aus einer armen Händlerfamilie. Seine Eltern starben früh. Mohammed wurde Hirte, dann Kameltreiber, schließlich Leiter der Handelskarawane einer reichen Witwe, die er später heiratete.

Auf seinen langen Reisen kam Mohammed mit Juden und Christen zusammen. Von ihnen hörte er, dass es nur einen einzigen Gott gebe.

Mohammed und Erzengel Gabriel

Als Mohammed 40 Jahre alt war, erschien ihm nach der Legende der Erzengel Gabriel in einer Höhle in der Nähe Mekkas. Er befahl ihm, den Menschen den wahren Glauben zu bringen. Und so verkündete Mohammed, was Gott ihm durch den Engel aufgetragen hatte:

Q1 … Es gibt keinen Gott außer Allah*. Er ist der Lebendige und der Beständige. Alles, was im Himmel und auf Erden ist, gehört ihm. Gott ist der Freund aller, die glauben. Seid gut zu euren Eltern; seid ehrerbietig gegen sie, auch wenn sie alt und schwach geworden sind. Alle Gläubigen sind Brüder; haltet Frieden untereinander und fürchtet Gott. …
Nicht das ist Frömmigkeit, dass ihr [beim Beten] euer Gesicht nach Osten wendet oder Westen. Frömmigkeit übt vielmehr, wer an Gott glaubt, an den jüngsten Tag, an die Engel, an das Buch [Koran*] und an die Propheten, seinen Besitz mit Liebe hingibt an Anverwandte, Waisen, Arme, Wanderer, Bittende und Gefangene. …

In Arabien hatten Frauen fast keine Rechte. Bei der Eheschließung ging die Frau als Sache in den Besitz des Mannes über. Töchter waren häufig unerwünscht und wurden dann getötet. Der Islam brachte hier viele Verbesserungen für Frauen und Mädchen. Zur islamischen Ehe gehörte ein Vertrag, der Rechte und Pflichten der Eheleute genau festlegte. Mohammed sagte:

Q2 … Unter den Gläubigen zeigen diejenigen den vollkommensten Glauben, die den besten Charakter besitzen. Und die Besten von euch sind diejenigen, die ihre Frauen am besten behandeln …

1 *Beschreibt die Abbildung 1. Überlegt, was damit über das Verhältnis von Christus und Mohammed ausgesagt werden soll.*

2 *Der Koran enthält Glaubenssätze und Verhaltensregeln. Nennt die entsprechenden Sätze in Q1 und Q2.*

3 *Muslimische Schülerinnen Schüler in eurer Klasse können von ihrem Glauben und von ihrem religiösen Leben berichten. – Wie ist die Stellung von Mädchen und Frauen im Islam heute?*

Ausbreitung des Islam

2 **Erzengel Gabriel verkündet Mohammed, dass er der letzte Prophet des einen Gottes sei.** Buchmalerei, 16. Jahrhundert.

3 **Mohammed predigt seinen ersten Anhängern.** Türkische Miniatur aus dem 14. Jahrhundert.

Der Islam verbietet bildliche Darstellungen von Gott. Sein Name wird aber überall in den Moscheen und Gebetsbüchern mit ***Schriftzeichen*** *gemalt.*

Auswanderung nach Medina

Mohammed predigte, dass vor Gott alle Menschen gleich seien und die Reichen mit ihrem Besitz die Armen und Notleidenden unterstützen sollten. Die reichen Kaufleute aus Mekka wollten von dieser Botschaft nichts wissen. Sie versuchten Mohammed lächerlich zu machen und verfolgten ihn sogar. Mohammed floh daher im Jahr 622 mit seinen Anhängern in die 400 Kilometer entfernte Stadt Medina. Mit dieser Flucht, der Hedschra*, beginnt der eigentliche Siegeszug des Islam. Für die Muslime ist dies ein so wichtiger Abschnitt in ihrer Geschichte, dass sie ihre Zeitrechnung mit dem Sommer 622 beginnen.

Der Araber Ibn Ishâg (704–768) berichtete in seiner Lebensgeschichte des Propheten Mohammed:

Q3 … Nachdem sich der Prophet mit seinen ausgewanderten Brüdern in Medina eingerichtet hatte, verfestigte sich der Islam bei ihnen. Das Gebet war eingesetzt, die Armensteuer und das Fasten zur Pflicht gemacht, die gesetzlichen Strafen festgelegt und das Erlaubte und Verbotene vorgeschrieben. …

Siegeszug des Islam

In Medina wurde Mohammed nicht nur als religiöser Führer, sondern auch als Schiedsrichter bei Stammesfehden anerkannt. Er wurde Gemeindeoberhaupt und damit der politische Führer Medinas.

Innerhalb von zehn Jahren gelang es ihm, teils mit Waffengewalt, die umliegenden Stämme und Sippen zu bekehren. Im Jahr 630 eroberte er Mekka und erklärte es zur heiligen Stadt. Das alte heidnische Heiligtum, die Kaaba, ließ er bestehen. Den schwarzen Stein, so erklärte er, habe Gott auf die Erde geworfen als Zeichen seines Bundes mit den Menschen. Als Mohammed im Jahr 632 starb, bekannte sich schon fast ganz Arabien zum Islam.

4 *Beschreibt, wie die Maler der Bilder die besondere Bedeutung Mohammeds hervorgehoben haben (Abbildung 2 und 3).*

5 *Sammelt aktuelle Meldungen aus Zeitung, Rundfunk und Fernsehen über Muslime und den Islam heute.*

Hedschra*: *(arabisch = Auswanderung); bezeichnet die Flucht Mohammeds und seiner Anhänger aus Mekka (622).*

Das islamische Weltreich

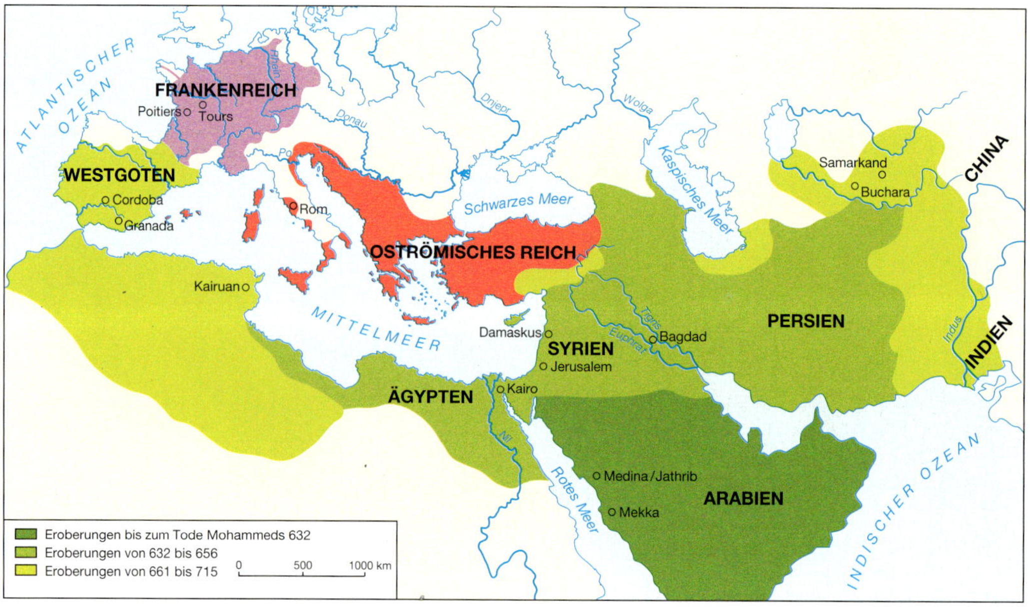

1 **Ausbreitung des Islam bis zum 8. Jahrhundert.**

Kalif*:
(arabisch chalifa = Stellvertreter); Bezeichnung der Nachfolger und Stellvertreter des Propheten Mohammed. Der Kalif war geistliches Oberhaupt aller Muslime und zugleich weltlicher Herrscher des arabischen Weltreiches.

Aufruf der Kalifen*

Nachfolger Mohammeds als religiöser und politischer Führer wurde ein enger Vertrauter des Propheten. Er nahm den Titel „Kalif" an, was Stellvertreter (des Propheten) bedeutet. Die Kalifen riefen die Muslime dazu auf, für den Islam weitere Gebiete zu erobern.
Sie verwiesen dabei auf den Koran:

Q1 … Euch ist befohlen zu kämpfen, obwohl es euch widerstrebt. Aber vielleicht ist das schlecht für euch, was ihr gern habt. Allah allein weiß es.
Diejenigen, die im Glauben und in Allahs Namen ausgezogen sind und in seinem Namen Krieg geführt haben, dürfen auf seine Gnade hoffen. Diejenigen, die in Allahs Namen ihr Leben lassen müssen, führt er in das Paradies, das er ihnen versprochen hat. …

In weniger als einhundert Jahren errichteten die Araber ein Weltreich, das im Osten bis an die Grenzen Indiens und Chinas reichte. Im Jahr 711 überschritten arabische Truppen die Meerenge von Gibraltar: Spanien und Portugal gerieten unter ihre Herrschaft.
Wie man mit den unterworfenen Städten verfuhr, zeigt ein Vertrag zwischen dem muslimischen Feldherrn Amr und dem Stadtkommandanten von Alexandria in Ägypten aus dem Jahr 642:

Q2 … Dieser Vertrag schließt alle christlichen Untertanen, Priester, Mönche und Nonnen mit ein. Er gewährt ihnen Sicherheit und Schutz. Auch ihre Kirchen, Wohnungen und Wallfahrtsplätze sollen geschützt werden und ebenso alle, die diese Wallfahrtsorte besuchen. Sie verdienen Rücksicht, weil sie den Propheten Jesus anerkennen und weil Mohammed uns eine Ermahnung hinterließ, barmherzig zu sein und ihnen Sicherheit zu garantieren. …

Ein weiteres Vordringen der arabischen Truppen wurde durch Siege der Franken im Jahr 732 bei Tours und Poitiers verhindert.

1 *Beschreibt die Ausbreitung des Islam anhand der Karte.*

2 *Erläutert das Verhalten der Muslime gegenüber den unterworfenen Völkern.*

Seit 711 n. Chr.:
Arabische Truppen landen in Spanien und dringen in das Frankenreich ein.

Begegnung mit dem anderen: Europa lernt vom Islam

2 Blick in das Innere der großen Mesquita-Moschee von Cordoba in Spanien. 780 n. Chr. wurde mit dem Bau begonnen. Zweihundert Jahre später war die Moschee fertig gestellt. Sie war eine der größten der Welt. Foto.

Anatomie*: *Wissenschaft, die sich mit dem Bau und der Form des menschlichen Körpers befasst.*

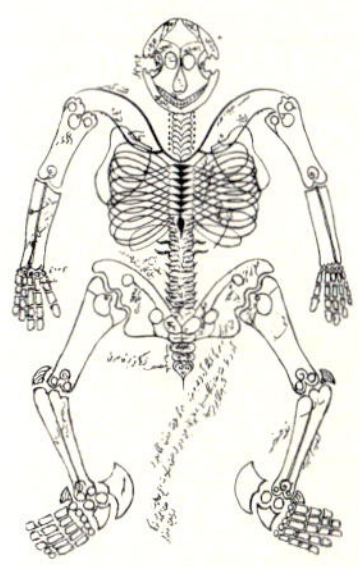

Anatomische Zeichnung *eines arabischen Mediziners aus dem 15. Jahrhundert. Die Skizze enthält Hinweise auf Verletzungen, die Bedeutung einzelner Gliedmaßen und Behandlungshinweise.*

Islamische Kultur – das Beispiel Cordoba

Im islamischen Weltreich gab es im 10. Jahrhundert fünfzehn große Städte mit mehr als 100 000 Einwohnern. Neben Bagdad, Kairo und Damaskus gehörte dazu auch Cordoba in Spanien.

Ein heutiger Wissenschaftler schreibt:

M1 ... Mit ihren 28 Vorstädten war Cordoba um die Mitte des 10. Jahrhunderts die größte Stadt in ganz Europa.

Außer den Wohnungen der Wesire (oberste Staatsbeamte) und Beamten besaß Cordoba 113 000 Wohnhäuser. Es gab 600 Moscheen, 300 Bäder, 50 Hospitäler, 80 öffentliche Schulen, 17 Hochschulen und 20 öffentliche Bibliotheken, die Hunderttausende von Büchern enthielten. Zur selben Zeit gab es in Europa außer Konstantinopel keine Stadt mit mehr als 30 000 Einwohnern. Keine Gemeinde besaß ein Krankenhaus oder eine höhere Schule. Es gab nirgends eine nennenswerte Bibliothek oder ein öffentliches Bad. ...

Die Baukunst der muslimischen Baumeister war zu dieser Zeit unerreicht und z. B. die Mesquita-Moschee von Cordoba (siehe Abbildung 2) erregte in der damaligen Welt große Bewunderung.

Der Islam und die Wissenschaft

Die arabischen Wissenschaftler schufen das Zehnersystem, mit dem wir heute noch rechnen; sie erfanden das Schießpulver und wussten um die Kugelgestalt der Erde. Der Erdumfang wurde von ihnen auf einen Kilometer genau errechnet. Arabische Mediziner beschäftigten sich mit dem Blutkreislauf, der Anatomie* und komplizierten Operationstechniken. Das Handbuch eines arabischen Arztes über Pocken und Masern wurde in Europa bis zum vorigen Jahrhundert nachgedruckt. Der Einfluss der arabischen Wissenschaft und Kultur wird auch in vielen Wörtern deutlich, die arabischen Ursprungs sind (siehe Randspalte).

3 *Schlagt die unbekannten Begriffe im Lexikon nach. Stellt fest, welchen Bereichen des Lebens diese Begriffe entstammen.*

4 *Sprecht über die Beschreibung Cordobas. – Erkundigt euch in eurer Stadtbibliothek, über wie viele Bücher sie verfügt.*

Folgende Wörter sind arabischen Ursprungs:

Algebra	*Laute*
Alkohol	*Marzipan*
Arsenal	*Matratze*
Basar	*Natron*
Damast	*Pflaster*
Gitarre	*Sirup*
Kaffee	*Sofa*
Kampfer	*Teppich*
Kattun	*Ziffer*
Kittel	*Zucker*

Grundzüge des islamischen Glaubens

1 **Im Innenhof der Haram-Moschee in Mekka mit der Kaaba.** Foto.

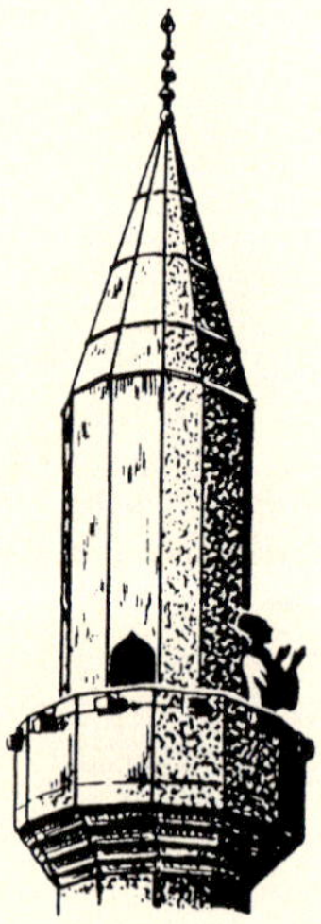

Minarett.
Eine Moschee besitzt eine oder mehrere Minarette.

Muezzin*:
Ausrufer, der die Muslime vom Minarett aus zum Gebet aufruft.

Gebetsteppich.
Die meisten Muslime beten auf einem Gebetsteppich oder einer Matte. Diese sind oft sehr schön und wertvoll. Man kann aber auch auf dem nackten Boden beten, wenn er sauber ist. Foto, 2003.

Die fünf Grundpflichten

Das arabische Wort „Islam" bedeutet so viel wie Unterwerfung oder Hingabe an den einen und einzigen Gott. Schon früher haben die Propheten, zu denen im Islam auch Moses und Jesus gehören, diesen Glauben verkündet. Seine endgültig letzten und wichtigsten Botschaften aber teilte Gott seinem Propheten Mohammed mit. Diese Botschaften werden im Koran festgehalten.

Nach dem Koran sollten alle Muslime fünf Grundpflichten erfüllen, die man auch als die fünf Säulen des Islam bezeichnet:

- Die erste Grundpflicht ist das Bekenntnis zum Glauben an den einen Gott, Allah, und Mohammed als seinem Propheten.
- Die zweite Grundpflicht ist das tägliche Gebet. Fünfmal am Tag ruft der Muezzin* vom Turm (Minarett) der Moschee zum Gebet auf: vor Sonnenaufgang, am Mittag, nachmittags, zurzeit des Sonnenuntergangs und vor dem Schlafen. Das Gebet wird in Richtung Mekka gesprochen.
- Die dritte Grundpflicht besteht in einer Abgabe für Arme und Notleidende. Die Höhe dieser Abgabe richtet sich nach dem Einkommen. Sie beträgt etwa 2,5 % des jährlichen Verdienstes.
- Die vierte Grundpflicht ist die Einhaltung des Fastenmonats Ramadan. Im Monat Ramadan hatte Mohammed seine erste Offenbarung Gottes erlebt. In diesem Monat trinken und essen gläubige Muslime nichts von Sonnenaufgang bis zum Sonnenuntergang. Ausgenommen von der Pflicht zum Fasten sind Kranke, Reisende, Schwangere und kleine Kinder.
- Die fünfte Grundpflicht ist eine Wallfahrt nach Mekka. Alle Muslime sollten mindestens einmal in ihrem Leben eine Wallfahrt nach Mekka unternehmen. In Mekka gehen die Pilger siebenmal um die Kaaba herum (siehe Abbildung 1).

1 *Lasst euch von muslimischen Schülerinnen und Schülern erklären, welche Glaubenspflichten für sie im Alltag besonders schwer zu erfüllen sind.*

Grundzüge des islamischen Glaubens

2 **Muslime in Ankara in der Türkei bei der rituellen Reinigung vor dem Moscheebesuch.** Foto, 2002.

3 **Die Blaue Moschee in Istanbul.** Foto, 2005.

Muslimisches Mädchen. *Viele muslimische Frauen tragen aus religiösen Gründen ein Kopftuch, da im Koran steht, Frauen sollen ihre Reize vor Männern, mit denen sie nicht verheiratet oder verwandt sind, verbergen. Vom Tragen eines Kopftuchs ist aber nicht die Rede. Nicht alle Musliminnen sehen daher eine Pflicht, ein Kopftuch zu tragen. Foto, 2005.*

Koran und Alltagsleben

Nach Mohammeds Tod im Jahr 632 n. Chr. sammelten muslimische Gelehrte Erzählungen über den Lebensweg des Propheten sowie Reden und Sprüche von ihm selbst. Sie wurden zusammengefasst und in der „Sunna"* aufgeschrieben. Aus Koran und Sunna leiten auch heute noch die Muslime die Regeln ab, nach denen sie ihr Leben führen. Dazu gehört beispielsweise, dass Alkoholgenuss, Glücksspiel oder das Essen von Schweinefleisch verboten sind. Auch die streng islamische Rechtsprechung (Scharia*) beruft sich auf diese beiden Quellen. Danach kann z. B. Ehebruch oder Gotteslästerung mit dem Tod bestraft werden. Einem Dieb kann für sein Vergehen eine Hand abgeschlagen werden. Dieses strenge islamische Recht gilt heute im Iran, im Jemen, in Mauretanien, Pakistan, Saudi-Arabien und im Sudan.

Im Koran heißt es, dass Männer den Frauen überlegen seien. Daher haben Frauen in islamischen Staaten fast immer eine untergeordnete Rolle. Ihr Leben spielt sich vorwiegend im häuslichen Bereich ab; das Leben außerhalb des Hauses wird von den Männern bestimmt. Welche Auswirkungen dies im alltäglichen Leben haben kann, kann man einem Zeitungsbericht aus dem Jahr 2005 über Saudi-Arabien entnehmen:

M1 … Frauen fast am Steuer:

Frauen dürfen nicht ohne Erlaubnis eines männlichen Familienangehörigen reisen, nicht allein in einem Restaurant essen und auch nicht Auto fahren. Theologisch gibt es kein Fahrverbot für Frauen. [Aber] ein Mitglied des Obersten Rates der Schriftgelehrten unterstützt diese Auslegung. „Aber wir sagen, es ist zum Besten unserer Töchter, wenn sie nicht fahren." Als ein Politiker das Thema zur Diskussion stellen wollte, erhielt er Todesdrohungen.

… Zeichen für Bewegung gibt es dennoch. Im November 2005 wurden erstmals zwei Frauen in den Vorstand der Handelskammer gewählt. Sogar eine saudische Pilotin gibt es. Allerdings muss sie von Männern zum Flugplatz mit Dienstwagen oder Taxi gefahren werden. …

2 *Sprecht mit muslimischen Schülerinnen und Schülern darüber, wie sie es beurteilen, dass in manchen Staaten die Religion so starken Einfluss auf Staat und Recht hat.*

3 *Versucht zu erklären, warum es in islamischen Staaten so viele Widerstände gegen die Gleichberechtigung der Frauen gibt.*

Sunna*:
Sammlung von Berichten über das Leben Mohammeds und Aufzeichnungen seiner Reden.

Scharia*:
Sammlung von religiösen Gesetzen des Islam für alle Lebensbereiche.

Standard-Check: Das solltet ihr wissen

Arbeitsbegriffe

- ✓ Bibel
- ✓ Prophet
- ✓ Diaspora
- ✓ Thora
- ✓ Islam
- ✓ Staatsreligion
- ✓ Märtyrer
- ✓ Apostel
- ✓ Koran
- ✓ Papst
- ✓ Konfession
- ✓ Kalif

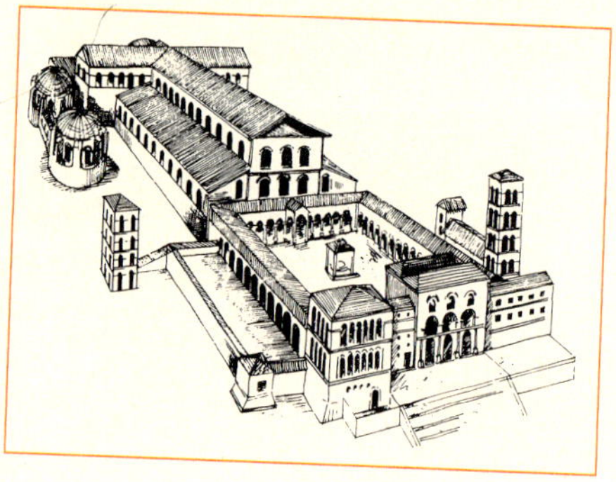

Was wisst ihr noch?

1 Berichtet über die Begründung des jüdischen Glaubens.
2 Wie kam es zur Diaspora?
3 Warum wurde Jesus hingerichtet?
4 Wer waren die Apostel und welche Aufgabe hatten sie?
5 Was bedeutet „Staatsreligion"?
6 Warum ist der Koran so wichtig für die Muslime?
7 Welche Bedeutung haben die Kalifen für den Islam?
8 Nenne mindestens fünf Wörter arabischen Ursprungs.

Tipps zum Weiterlesen

Friedrich Ani: Als ich unsterblich war. dtv, München 2003

Lutz van Dijk: Die Geschichte der Juden. Campus, Frankfurt 2004

Georg Schwikart: Julia und Ibrahim. Christen und Muslime lernen einander kennen. Patmos, Düsseldorf 1995

Naomi Staszewski: Mona und der alte Mann. Patmos, Düsseldorf 1997

Dilek Zaptcioglu: Die Geschichte des Islam. Campus, Frankfurt 2002

Arnulf Zitelmann: Die Geschichte der Christen. Campus, Frankfurt 2004

Arnulf Zitelmann: Unterwegs nach Bigorra. Beltz & Gelberg, Weinheim 2001

Standard-Check: Das solltet ihr wissen

1 *Hier sind die Buchstaben von Begriffen durcheinander geraten. Bildet daraus die richtigen Wörter und erklärt sie.*

- KOMKABENTA
- HERADSCH
- ERGEKLAMAU
- CHRITUMSTEN
- AGOGESYN
- HEDAMMMO
- NACHTENWEIH
- XUDOSE

2 *Wie heißt das Heiligtum, das hier abgebildet ist und wo steht es?*

Kaaba

3 *Findet die gesuchten Begriffe und tragt anschließend die Buchstaben in den farbigen Kästchen in der richtigen Reihenfolge unten in das Lösungswort ein. Aber bevor ihr das Rätsel löst, müsst ihr euch zuerst eine Kopie dieser Buchseite machen, erst dann die Begriffe auf der kopierten Seite eintragen.*

M O S [2] E führte das Volk Israel aus Ägypten nach K a n a a n.

Die Steinplatten, auf denen die Zehn Gebote standen, wurden in der B U N D E S [3] A D E aufbewahrt.

In der Zeit von König S A L [7] M O wurde Jerusalem prachtvoll ausgebaut.

Die jüdische Gemeinde versammelt sich in der S Y N A [5] O G E.

Der T A L M U D ist neben der Thora das wichtigste Buch im Judentum.

Besonders durch die Reisen des Apostels P A U L U S verbreitete sich das Christentum.

Vor allem A R M E Menschen und S K L A V E N fühlten sich vom christlichen Glauben angezogen.

An der Spitze der christlichen Gemeinde stand der B [4] S C H O F.

O S T E R [8] ist der höchste Feiertag des Christentums.

Jeder Muslim soll ein Mal im Leben nach M [9] K K A pilgern.

Arabische Wissenschaftler erfanden das S C H [6] E S S P I E L ... R.

Im Fastenmonat R A M A D A [10] fasten Muslime von Sonnenaufgang bis Sonnenuntergang.

Lösung: [1] [2] [3] [4] [5] [6] [7] [8] [9] [10]

R E L I G I O N E N

2. Von der Völkerwanderung zum Deutschen Reich

300–800	476	482–511
WANDERUNG GERMANISCHER STÄMME	ENDE DES WEST-RÖMISCHEN REICHES	ENTSTEHUNG DES FRANKENREICHES

Machtvoll ragen der Turm und die Kuppel des Aachener Doms in den Himmel. Die achtseitige Kapelle in der Mitte steht hier schon seit dem Jahre 800. Erbauen ließ sie der König der Franken, Karl, der schon zu Lebzeiten „der Große“ genannt wurde. Weite Teile Westeuropas gehörten zu seinem Reich, aus dem später Deutschland und Frankreich hervorgehen sollten. Als „Vater Europas“ wird der Frankenkönig bis heute verehrt und noch immer steht sein Thron im Dom zu Aachen. Wie das Frankenreich entstand und wie sich daraus das Deutsche Reich entwickelte, davon handeln die nächsten Seiten.

768–814 — HERRSCHAFT KARLS DES GROSSEN

919 — DAS DEUTSCHE REICH ENTSTEHT

1075 — BEGINN DES INVESTITURSTREITS

Die Völkerwanderung*

Völkerwanderung*: *Stämme und Völker verlassen ihre ursprüngliche Heimat auf der Suche nach neuen Siedlungsgebieten.*

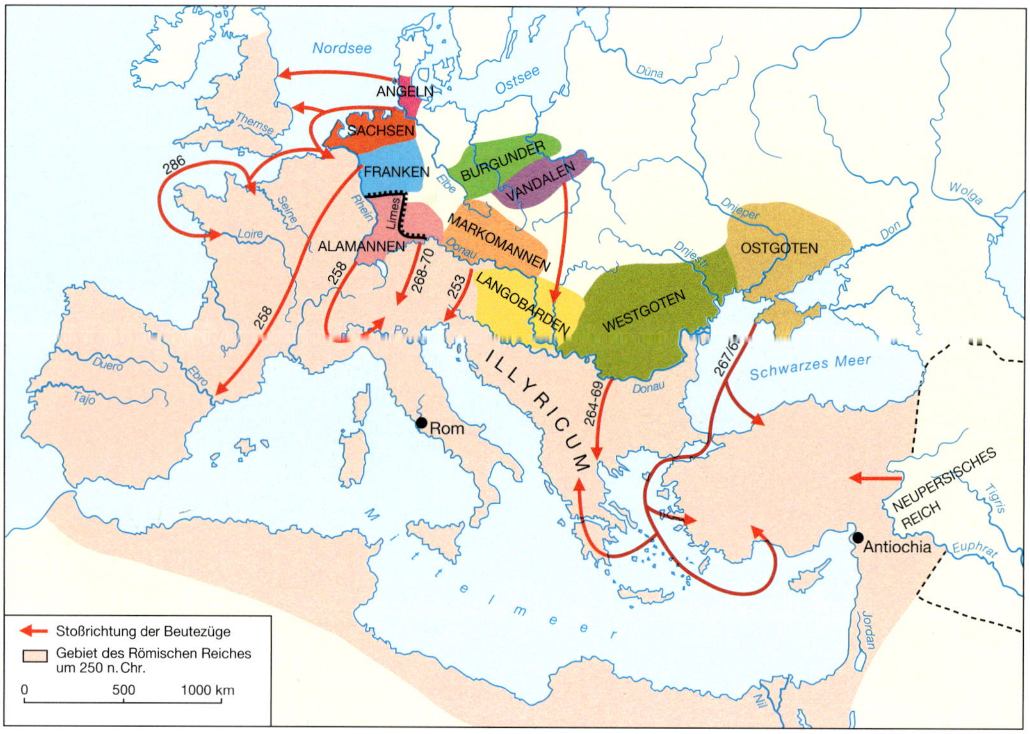

1 Römer und Germanen im 3. Jahrhundert n. Chr.

300–800 n. Chr.: *Obwohl es auch schon vorher zu Wanderungsbewegungen von Stämmen kam, wird die große Völkerwanderung als einschneidendes Ereignis in der europäischen Geschichte betrachtet. Durch sie wurde die bestehende Ordnung in Europa völlig verändert.*

Die Germanen überschreiten Rhein und Donau

Der griechische Geschichtsschreiber und römische Beamte Herodian (3. Jahrhundert n. Chr.) berichtet von einem Hilferuf römischer Beamter in Illyricum an Kaiser Severus Alexander (222–235 n. Chr.). Severus befand sich zum Schutz der römischen Grenze in Antiochia:

Q1 … Die Germanen überschreiten Rhein und Donau, verheeren das römische Gebiet und greifen die an den Stromufern stationierten Truppen wie auch Städte und Dörfer mit einer großen Streitmacht an. Die Völker Illyricums, deren Gebiet an Italien grenzt, sind daher in nicht geringer Gefahr. Darum ist deine persönliche Anwesenheit erforderlich mitsamt dem Heer unter deinem Befehl. …

1 *Beschreibt mithilfe der Karte 1 die jeweiligen Vorstöße germanischer Stämme. Beachtet auch die Jahreszahlen.*

2 *Stellt mithilfe der Karte 1 die ungefähre Entfernung zwischen Illyricum und Antiochia fest, wo sich Severus aufhielt.*

3 *Überlegt, welche Probleme sich für das Römische Reich ergaben, wenn die Reichsgrenzen an verschiedenen Orten gleichzeitig bedroht wurden.*

Das Römische Reich in Gefahr

Seit dem 3. Jahrhundert n. Chr. verließen germanische Stämme in Nordeuropa ihre Heimat, um nach Süden zu ziehen. Gründe hierfür hat es genug gegeben: Überbevölkerung, Verschlechterung des Klimas, Überschwemmungen und Missernten. Sie hatten immer wieder zu Hungersnöten geführt. Viele lockten sicher auch das milde Klima des Südens und Berichte über das angenehme Leben im Römischen Reich. Schon bald kam es an den Grenzen zu ständigen Kleinkriegen zwischen Römern und Germanen, die auf ihren Beutezügen römische Gebiete plünderten.

Kinder weinen vor Hunger

Mühen der Wanderung

Ein Bild vom Alltag während der Völkerwanderung gibt uns der heutige Schriftsteller Fritz Sperth:

M1 ... Unendlich mühsam quälen sich die Ochsenkarren mit ihren schweren, massiven Scheibenrädern aus Holz über den weichen Untergrund. Seit Tagen regnet es ununterbrochen. Wie leicht waren sie noch an der Rheingrenze auf den gut ausgebauten römischen Straßen vorangekommen! Aber das liegt 500 Kilometer zurück. Sehnsüchtig denken alle an die reichen Nahrungsvorräte, die ihnen dort bei ihren Überfällen auf die römischen Gutshöfe in die Hände gefallen waren. Jetzt, im teilweise zerstörten, unwegsamen Gallien ist die Stimmung auf einem Tiefpunkt. Die Kinder weinen vor Hunger und Kälte, Männer und Frauen sind am Ende ihrer Kraft. Seit einer Woche ernähren sie sich von dem, was der Wald an wilden Beeren und Wild hergibt. Die letzten Getreidevorräte sind längst aufgebraucht.

Der Wagenzug kommt zum Stehen. Der erste Wagen ist in den Graben gerutscht, er wird für Stunden den Weg blockieren. Scheibenrad und Achse sind zerbrochen, einer der wertvollen Ochsen hat sich ein Bein gebrochen, er muss geschlachtet werden. Jetzt bewährt sich der Zusammenhalt der Sippe: Der Wagen wird entladen, gemeinsam gehen sie an die mühsame Reparatur.

Im hinteren Teil des Zuges hört man vereinzeltes Murren. Einige sprechen von Umkehr, andere davon, sich einen anderen Heerführer zu wählen. Haben sie in der letzten Zeit nicht genügend durchgemacht? 40 Männer und drei Wagen haben sie beim letzten Überfall der Einheimischen auf ihren Zug verloren! 15 Kinder sind allein in den letzten vier Wochen gestorben! Nur sieben Kilometer sind sie am letzten Tag vorangekommen und heute erst drei! Aber umkehren, wohin? Viel zu weit sind sie schon von der Heimat entfernt, zwei Jahre und drei Monate dauert nun ihre Wanderung schon.

Es ist Abend geworden. Die Frauen bereiten auf vielen Feuern die Abendmahlzeit aus Beeren und Wurzeln, die sie während des Tages nebenher gesammelt haben. So hart sie der Verlust des Ochsen auch trifft, endlich gibt es wieder einmal Fleisch! Die Wagen sind zu einer Wagenburg zusammengeschoben. Langsam zieht die Nachtkälte herauf. Die Fellmäntel werden enger um den Körper gezogen. Müdigkeit und Erschöpfung lassen die Gespräche verstummen. Plötzlich kommt Bewegung in die Menschen. Die Kundschafter sind zurück! Zwei Tagesreisen weiter öffnet sich ein weites, fruchtbares Tal! Kleine Dörfer, reiche Viehherden, Getreide, Wein. Die Müdigkeit ist plötzlich wie weggeblasen, überall reden die Männer von Kampf und Beute! ...

2 **Tracht und Bewaffnung eines germanischen Kriegers.** Rekonstruktion.

4 *Schildert mit eigenen Worten, mit welchen Schwierigkeiten die Germanen auf ihren Zügen fertig werden mussten.*

Die Waffen der Germanen: *Lanze, ein- und zweischneidiges Schwert, Speere, Schilde, Pfeil und Bogen sowie Äxte. Beim Sturm auf römische Kastelle kamen fahrbahre hölzerne Türme, Sturmleitern und Rammböcke zum Einsatz.*

Fremde Völker bedrohen die Grenzen

1 **König Attila greift die Germanen an.** Kolorierter Holzstich, 19. Jahrhundert.

Hunnischer Reiter

*Durch Ermordung seiner Konkurrenten wurde **Attila*** Alleinherrscher der Hunnen (434–453). Wegen seiner Kriegszüge gegen das Römische Reich und seiner brutalen Politik wurde er „Geißel Gottes" genannt.*

„Die Hunnen kommen!" – Dieser Ruf versetzte ganze Völker in Europa in Angst und Schrecken. Die Hunnen waren ein Reitervolk, das mit seinen Viehherden umherzog. Sie kamen aus der Mongolei und zogen durch ganz Asien bis nach Mitteleuropa. Gefürchtet waren ihre besondere Kampftechnik (Bogenschützen mit Pfeilen von hoher Durchschlagskraft), ihre Schnelligkeit (wendige, kleine Pferde) und Wildheit.

Ein römischer Geschichtsschreiber berichtete über die Hunnen:

Q1 … Sie führen ein so wildes Leben, dass sie weder Feuer noch Gewürz bei der Zubereitung ihrer Speisen brauchen. Sie ernähren sich von den Wurzeln wilder Pflanzen und dem rohen Fleisch von Tieren, das sie zwischen ihre Schenkel und den Rücken ihrer Pferde legen und so ein wenig mürbe machen. Sie bewohnen kein Haus, nicht einmal Hütten mit einem Rohrdach haben sie. An ihre Pferde sind sie wie angewachsen. Tag und Nacht leben sie auf ihren Pferden. Voller Lüge und Tücke sind sie und ohne alle Religion. Nur unersättliche Goldgier beherrscht sie. …

Die Hunnen lösten mit ihrem Vordringen nach Mitteleuropa die große Völkerwanderung aus. Den von ihnen bedrohten Germanenstämmen blieb nur die Wahl zwischen der Unterwerfung unter die Hunnen und der Flucht auf römisches Gebiet.

Der byzantinische Geschichtsschreiber Priscus (5. Jahrhundert n. Chr.) berichtete über einen Besuch beim Hunnenkönig Attila*:

Q2 … Wir kamen in ein riesiges Dorf. Dort befand sich ein Gebäude, das alle anderen Wohnsitze Attilas an Stattlichkeit übertraf. Die Sessel waren längs der beiden Seitenwände im Raum aufgestellt, in der Mitte saß auf einem Speisesofa Attila. Ihm gegenüber saßen zwei Söhne, der älteste Sohn saß auf dem Sofa des Königs, aus Ehrfurcht vor seinem Vater hielt er die Augen zu Boden gesenkt. Uns wurden erlesene Speisen auf silbernen Geschirren aufgetragen, während Attila nur einen Holzteller mit Fleisch erhielt. Er zeigte sich auch sonst überaus mäßig. Die Gäste tranken aus goldenen und silbernen Kelchen, er selbst bediente sich eines hölzernen Bechers. Ebenso trug er ein ganz einfaches Gewand. …

1 *Fasst zusammen, wie der römische Geschichtsschreiber die Hunnen darstellt.*

2 *Charakterisiert Attila und vergleicht die beiden Quellen. Was stellt ihr fest?*

Das Ende des Römischen Reiches

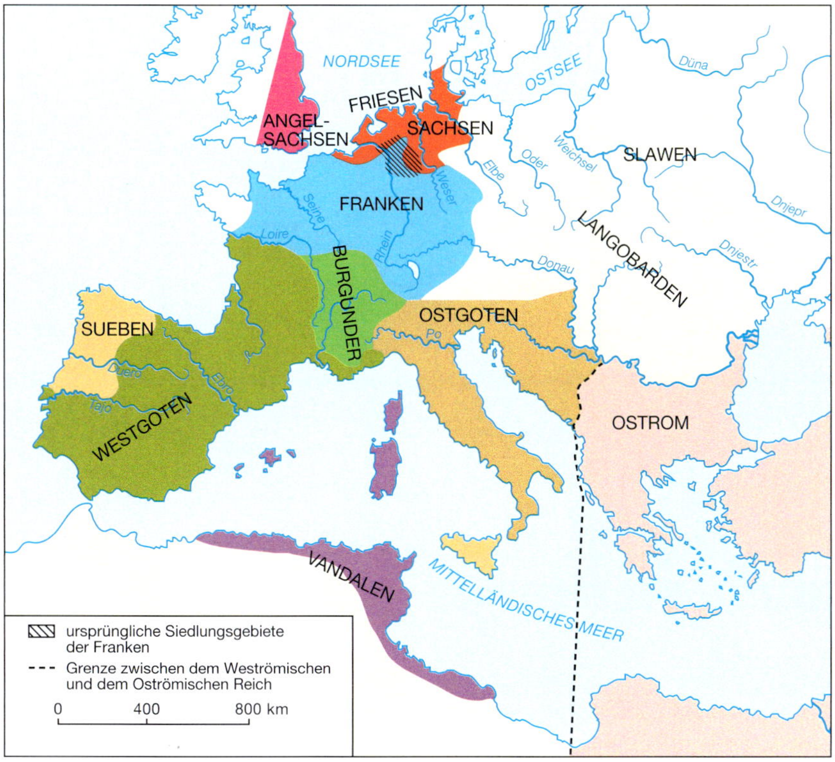

2 Germanische Nachfolgereiche auf dem Boden des ehemaligen Weströmischen Reiches. Um 500 n. Chr.

Die ersten Germanenstämme, auf welche die Hunnen trafen, waren die Ost- und die Westgoten*. Während die Westgoten der Unterwerfung durch die Hunnen entgingen, wurden die Ostgoten vernichtend geschlagen.

Um sein Reich wirksamer verteidigen zu können, schloss der römische Kaiser Theodosius I. einen Föderatenvertrag mit den Westgoten. Den Römern gelang es zwar, einige Germanenstämme im Kampf gegen die Hunnen zusammenzuschließen und Attila 451 in der Schlacht auf den Katalaunischen Feldern (im heutigen Frankreich) vernichtend zu schlagen. Danach verlor das sich von Südrussland bis an Rhein und Donau erstreckende Hunnenreich an Macht und Größe, aber für Rom war die Gefahr nicht gebannt. Nun begannen einige Germanenstämme das Reich anzugreifen.

Nachdem die Westgoten unter Alarich Rom im Jahr 410 belagert und geplündert hatten, gründeten sie in Gallien ein Reich. Mailand und später Ravenna wurden zu neuen Hauptstädten des Weströmischen Reiches. Doch Rom behielt für die Germanenstämme eine große Anziehungskraft als Beuteobjekt und so plünderten und zerstörten die Wandalen 455 die Stadt.

Das weströmische Reichsgebiet schrumpfte immer weiter zusammen und 476 versetzte der germanische Söldnerführer Odoaker* dem Römischen Reich den Todesstoß, indem er den letzten weströmischen Kaiser Romulus Augustulus* absetzte. Ostrom erkannte Odoaker als Schutzherrn von Rom an. Durch eine geschickte Politik war es dem oströmischen Kaiser gelungen, die angreifenden Germanenstämme auf weströmisches Gebiet abzulenken. Mit dem Zusammenbruch des Weströmischen Reiches erlangte Ostrom die Vorherrschaft und konnte seine Macht weiter ausbauen, da die meisten Germanenreiche nur für eine kurze Zeit bestanden.

3 *Beschreibt mithilfe der Karte 2, welche neuen Reiche auf dem Gebiet des Weströmischen Reiches entstanden sind.*

Ost- und Westgoten*:
Germanen, die ursprünglich zwischen Don, Karpaten und Theiß siedelten.

Der Germane ***Odoaker**** *(430–493) diente als Söldner im römischen Heer und setzte den letzten weströmischen Kaiser ab.*

„Augustulus"*
bedeutet Kaiserchen, da der letzte weströmische Herrscher etwa 16 Jahre alt war, als er 475 von seinem Vater Orestes zum Kaiser ernannt wurde.

451 n. Chr.:
Attila wird von den Römern in der Schlacht auf den Katalaunischen Feldern geschlagen.

476 n. Chr.:
Ende des Weströmischen Reiches.

Das Reich der Franken in Europa

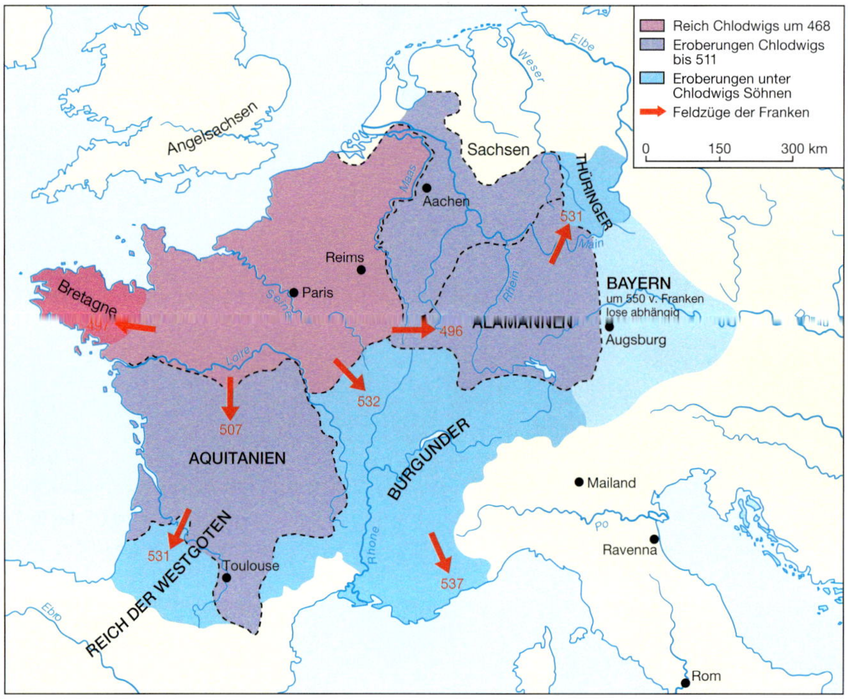

1 **Frankenreich um 550 n. Chr.**

482–511:
Entstehung des Frankenreiches durch Chlodwig aus dem Geschlecht der Merowinger.

Merowinger:
Name einer fränkischen Adelsfamilie, abgeleitet von „Merowech", der einer Sage nach ihr Vorfahre war.

Um 496:
Übertritt Chlodwigs zum Christentum. Sieg über die Alamannen.

Bonifatius*:
Geboren 672 oder 673 im Königreich Wessex; 722 zum Bischof geweiht; vom Papst mit der Missionierung der Germanen beauftragt („Apostel der Deutschen"); 734 zum Erzbischof ernannt; gründete zahlreiche Klöster und Bistümer; starb 754 als Märtyrer in der Friesenmission.

Chlodwig – König der Franken

Die Franken, die im 5. Jahrhundert gegen die römischen Truppen in Gallien kämpften, gehörten verschiedenen kleinen Stämmen an. Einer dieser kleinen Stämme wurde von dem Fürsten Chlodwig angeführt. Im Jahr 482 machte sich dieser zum König über alle Franken, indem er die Fürsten der anderen Teilstämme durch Mord oder Verrat beseitigte. Nur vier Jahre später vertrieb er den letzten römischen Stadthalter aus Gallien. Chlodwig erkannte schnell, dass er sein großes Reich nur mit Unterstützung der gallischen Bischöfe und Äbte regieren konnte. Diese Geistlichen waren schon unter den Römern tüchtige Verwaltungsbeamte gewesen. Chlodwig trat deshalb mit seinem Volk zum Christentum über. Die „Bekehrung" Chlodwigs erfolgte, als seinen Truppen im Kampf gegen die Alamannen eine Niederlage drohte.

Gregor von Tours (540–594), Bischof und Geschichtsschreiber, berichtete:

Q1 … Als Chlodwig dies sah, sprach er: „Jesus Christus! Gewährst Du mir jetzt den Sieg über meine Feinde, so will ich an Dich glauben und mich taufen lassen. Denn ich habe meine Götter angerufen, doch sie helfen mir nicht; sie sind wohl ohnmächtig. Nun rufe ich Dich an. An Dich will ich glauben, wenn ich nur der Hand meiner Feinde entkomme."
Als er so gebetet hatte, wandten die Alamannen sich und begannen zu fliehen …

1 *Erklärt, welche Vorteile sich Chlodwig von seinem Übertritt zum Christentum versprach.*
2 *Vergleicht die Karte 1 mit einer Westeuropakarte in eurem Atlas. Stellt fest, welche Gebiete der fränkische König Chlodwig eroberte.*

Bonifatius fällt die Donareiche

Chlodwig und seine Nachfolger förderten die weitere Ausbreitung des Christentums. Unterstützt wurden sie von Mönchen aus Irland und Schottland, die ab dem 7. Jahrhundert den germanischen Stämmen die christliche Botschaft verkündeten. Der bedeutendste unter ihnen war Winfried, der später vom Papst den Namen Bonifatius* (= „der es gut macht") erhielt. Im Jahr 722 wurde Bonifatius vom Papst zum Bischof geweiht und erhielt den Auftrag, die germanischen Stämme zum

Die Franken werden Christen

2 **Bonifatius tauft einen Germanen, der von einem Helfer in das Taufbecken eingetaucht wird (linke Bildhälfte). Die rechte Bildhälfte zeigt, wie Bonifatius den Märtyrertod erleidet.** Buchmalerei aus dem Kloster Fulda, um 875.

Christus mit Lanze *(germanisches Symbol des Königtums). Grabstein aus dem 7. Jahrhundert.*

Christentum zu bekehren. Bonifatius ging daraufhin nach Thüringen und Hessen.

In einem Bericht des Mönchs Willibald aus dem Jahr 768 heißt es:

Q2 … Viele Hessen erhielten damals die Taufe. Andere aber opferten immer noch heimlich oder offen an Bäumen und Quellen, betrieben Weissagung, Zauberei und Beschwörung. Da beschloss Bonifatius, eine Eiche von seltener Größe, die den alten heidnischen Namen Donareiche führte, im Beisein seiner Mönche zu fällen. Als diese Absicht bekannt wurde, versammelte sich eine große Menge Heiden, die den Feind ihrer Götter heftig verfluchte. Kaum aber hatte Bonifatius den Baum ein paarmal mit der Axt getroffen, da wurde die ungeheure Masse des Baumes durch göttliche Winde erschüttert. Die Enden der Äste brachen und die Eiche stürzte krachend zu Boden. Die Heiden aber, die kurz zuvor noch geflucht hatten, fingen an, den Herrn zu preisen und an ihn zu glauben. …

3 *Sprecht darüber, wie ihr auf das Fällen der Donareiche reagiert hättet.*

Bonifatius erleidet den Märtyrertod

Im Jahr 734 wurde Bonifatius vom Papst zum Erzbischof ernannt. Er gründete viele neue Bistümer* und setzte Bischöfe ein. Er sorgte für eine gründliche Ausbildung der fränkischen Priester und Mönche.

Im Alter von 80 Jahren brach Bonifatius noch einmal mit einer kleinen Anzahl von Begleitern zur Mission nach Friesland auf. Hier wurde er von friesischen Kriegern am 5. Juni 754 erschlagen. In einem Bericht über das Leben des Bonifatius heißt es, dass er sich gegen die Angriffe der Friesen mit einem Buch vergebens geschützt haben soll (siehe Abbildung 2). Beigesetzt wurde Bonifatius in Fulda. Seine Nachfolger setzten das von ihm begonnene Werk fort und gründeten weitere Bistümer, z. B. Verden (782), Osnabrück (783) und Hildesheim (822).

4 *Informiert euch darüber, ob aus eurem Heimatort Missionare stammen und wo sie gegebenenfalls eingesetzt sind.*

5 *Erkundigt euch bei eurem Religionslehrer oder eurer Religionslehrerin, wo und warum die christlichen Kirchen heute missionieren.*

Bistum*: *Verwaltungsbezirk der katholischen Kirche, der von einem Bischof geleitet wird.*

Radbrot, Herzog der Friesen, verweigerte die christliche Taufe mit folgenden Worten: *„Lieber will ich elend bei meinen Vorfahren in der Hölle schmoren als herrlich ohne sie im Himmelreich.“*

Karl der Große und das Frankenreich

Karl der Große unterwirft die Sachsen

Im Jahr 768 übernahm der Karolinger* Karl die Herrschaft im Frankenreich. Unter seiner Führung erreichte es seine größte Ausdehnung (siehe S. 48, Karte 1). Den längsten und erbittertsten Widerstand gegen die Franken leisteten die Sachsen. Sie waren der letzte freie Stamm der Germanen und noch nicht zum Christentum übergetreten. Unter Führung ihres Herzogs Widukind kämpften sie über dreißig Jahre einen verzweifelten Kampf. Sobald Karl und sein Heer das Land der Sachsen verlassen hatten, erhoben sich diese wieder gegen die Franken. Karl griff grausam durch. Die Anführer des Widerstands ließ er bei Verden hinrichten. Es sollen über 4000 Männer gewesen sein. Widukind selbst konnte fliehen. Um den Widerstand endgültig zu brechen, wurden die Sachsen gezwungen, das Christentum anzunehmen.

Strenge Gesetze

In einer Anordnung aus dem Jahr 782 bestimmte Karl:

Q1 … 3. Wer mit Gewalt in eine Kirche eindringt und dort raubt oder stiehlt oder die Kirche in Brand steckt, wird mit dem Tode bestraft.

4. Wer die vierzigtägige Fastenzeit vor Ostern nicht einhält und in dieser Zeit Fleisch isst, wird mit dem Tode bestraft.

5. Wer einen Bischof oder Priester tötet, wird mit dem Tode bestraft. …

7. Wer den Leichnam eines Verstorbenen nach heidnischer Sitte verbrennt, wird mit dem Tode bestraft.

8. Wer noch ungetauft ist und es unterlässt, zur Taufe zu kommen, weil er Heide bleiben möchte, wird mit dem Tode bestraft.

17. Jeder Sachse soll den zehnten Teil seines Besitzes den Kirchen und den Priestern geben. …

34. Wir verbieten allen Sachsen, öffentliche Versammlungen abzuhalten, außer wenn unsere Boten eine Versammlung einberufen. …

1 *Findet heraus, auf welchem Gebiet die Sachsen in jener Zeit lebten (S. 42, Karte 1). Vergleicht das Gebiet mit der Lage des heutigen Bundeslandes Sachsen.*

1 **Sächsische Wallanlage (Motte) aus dem 8. Jahrhundert.** Rekonstruktionszeichnung.

2 *Spielt folgende Szene: Ein Franke und ein Sachse unterhalten sich über die Anordnung Karls des Großen (Q1).*

Sachsen wird Teil des Frankenreiches

Gegen diese harten Maßnahmen wehrten sich die Sachsen auch weiterhin. Erst 785 gab Widukind den Kampf auf. Zusammen mit weiteren Stammesgenossen ließ er sich taufen. Andere sächsische Adlige aber führten den Kampf fort. Im Jahr 804 wurde endgültig Frieden geschlossen. Damit war das Gebiet der Sachsen ein Teil des Frankenreiches geworden.

Karolinger*:
Bezeichnet ein fränkisches Herrschergeschlecht. Bis zur Mitte des 8. Jahrhunderts konnten sie ihre Macht ausbauen und verdrängten schließlich die Merowinger vom Königsthron.

768–814:
Alleinherrschaft Karls des Großen; Ausdehnung des Frankenreiches über alle germanischen Stämme

772–804:
Sachsenkriege. Die Sachsen werden gewaltsam dem Frankenreich eingegliedert und christianisiert.

804:
Zwangsumsiedlung von Sachsen aus dem südlichen Holstein in das Frankenreich

Internettipp:
www.web-der-welt geschichte.de/ karl–0.html
(mehr zu Karl d. Gr.)

König und Fürsten: das Lehnswesen

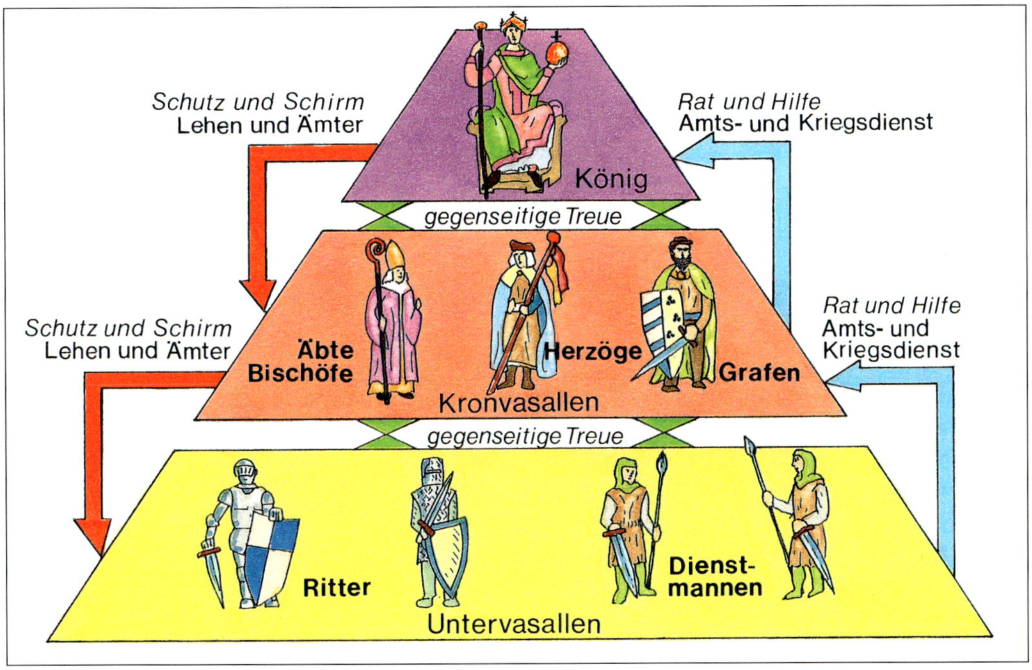

2 **Lehnsherr und Lehnsmann.** Schaubild.

Geistliche Herrschaft*:
Bischöfe und Äbte übernehmen für den König Verwaltungsaufgaben in großen Gebieten, die sie als Lehen erhalten.

Vasall*:
(keltisch gwas = Knecht); Bezeichnung für einen Lehnsmann, der von einem Lehnsherrn abhängig ist. Es wird noch unterschieden zwischen Kron- und Untervasallen.

Geistliche und weltliche Herrschaft*

Für die Verwaltung seines Reiches brauchte Karl der Große die Unterstützung der Fürsten: der geistlichen Fürsten (Bischöfe und Äbte) und der weltlichen Fürsten (Herzöge und Grafen). Sie sollten die Durchführung seiner Anordnungen überwachen. Wenn er in den Krieg zog, mussten sie ihm schwer bewaffnete Krieger zur Verfügung stellen. Als Gegenleistung erhielten sie vom König Land mit Dörfern und Bauern auf Lebenszeit geliehen; diese Güter heißen deshalb auch Lehen*. Wer sein Lehen vom König erhielt, war sein Kronvasall*.

Auch die Kronvasallen konnten ihrerseits die Güter an Untervasallen weiterverleihen. Sie folgten dem Beispiel des Königs und gaben zum Beispiel Teile des ihnen verliehenen Landes an die Ritter. Die Ritter leisteten dafür Kriegsdienst im fränkischen Heer.

Die Übergabe des Lehens

Wenn ein Lehen vergeben wurde, geschah dies in feierlicher Form: Der Vasall kniete nieder, legte seine Hände zwischen die Hände seines Herrn und schwor ihm Treue. Er versprach seinem Herrn Rat und Hilfe, wenn er dies forderte. Seine Hauptaufgabe bestand dabei in der Verpflichtung zum Kriegsdienst. Der Lehnsherr versprach dem Vasallen Treue und Schutz.

Ein Lehen musste nicht allein aus Landgütern bestehen. Als Lehen wurden vom König auch Kirchenämter (an Abt, Äbtissin oder Bischof) und hohe Verwaltungsämter vergeben, wie etwa das Grafenamt.

Starb ein Vasall, so sollte das Lehen an den Lehnsherrn zurückfallen. Der Lehnsherr konnte dann frei entscheiden, ob und wem er das Lehen wieder ausgeben wollte. Der Vasall wollte das Lehen jedoch oft wie sein Eigentum an seine Kinder vererben. Nach und nach setzten viele Adlige durch, dass sie die vom König erhaltenen Lehen in ihren Familien weitervererben konnten. Das Lehnswesen gab es jahrhundertelang.

3 *Erklärt mithilfe des Schaubildes (Abbildung 2) die Verpflichtungen des Königs und der Vasallen.*

4 *Spielt eine Szene, in der ein Vasall den König überzeugen will, dass das Lehen nach seinem Tod an seinen Sohn fallen soll.*

Ein Fürst belehnt seinen Untervasallen.
Buchmalerei aus dem 14. Jahrhundert.

Lehen*:
(= Geliehenes); im Mittelalter das Nutzungsrecht an einer Sache (Grundbesitz, Rechte, Ämter); es wird vom Eigentümer (Lehnsherr) an einen Lehnsmann übertragen. Der Lehnsmann verspricht dem Lehnsherrn dafür die Treue und bestimmte Leistungen.

Geschichte vor Ort: Die Sachsen in Westfalen

1 Sachsen zur Zeit Karls des Großen.

1 *Betrachtet die Karte und nennt die Teilstämme der Sachsen.*

2 *Stellt für das ehemalige Gebiet der Sachsen fest:*

a) Welche heutigen Bundesländer umfasst es ganz oder teilweise? Nehmt dazu eine aktuelle Karte der Bundesrepublik zu Hilfe.

b) Welche Städte aus Nordrhein-Westfalen findet ihr innerhalb, welche außerhalb dieses Gebiets?

c) Befindet sich euer Heimatort im ehemaligen Gebiet der Sachsen? Wenn nicht, messt mithilfe des Maßstabs nach, wie weit er von diesem Gebiet entfernt ist.

Wer waren die Sachsen?

Die Sachsen waren ursprünglich eine Gruppe von Menschen, die nördlich der Elbe in Holstein, im Süden des heutigen Schleswig-Holstein, lebten. Der Name „Sachsen" ist wahrscheinlich eine Kurzform des Wortes „Sachsnotas" und bedeutet „Schwertleute". Der „sax" war ein 40 bis 60 cm langes Hiebschwert.

Im 2. Jahrhundert n. Chr. werden sie zum ersten Mal in einer schriftlichen Quelle als „saxones" erwähnt.
Seit dem 5. Jahrhundert wanderte ein Teil von ihnen mit dem Stamm der „Angeln" (vgl. Karte) nach England aus und eroberte es. Bis heute bezeichnet man die Bewohner Englands daher als „Angelsachsen". Die auf dem Festland verbliebenen „Altsachsen" vergrößerten durch Unterwerfung, noch mehr aber durch Bündnisse mit anderen Stämmen, ihren Machtbereich. Im 8. Jahrhundert schließlich dehnte sich das Gebiet der Sachsen über ganz Norddeutschland aus. Die Franken unter Karl dem Großen unterwarfen die Sachsen und „bekehrten" sie oft mit Gewalt zum Christentum (siehe S. 40). Später wurden mehrere Sachsenherzöge Könige im Deutschen Reich.

Der Sachsenspiegel

Der „Sachsenspiegel", eine Gesetzessammlung der Sachsen, enthält Regeln über das Zusammenleben der Menschen und wurde zum Vorbild für viele weitere Rechtsbücher im Deutschen Reich:

Q1 … Wer den Mann erschlägt oder gefangen nimmt oder beraubt … oder Weib oder Magd notzüchtigt [vergewaltigt], oder den Frieden bricht, oder der im Ehebruch ergriffen wird, denen soll man das Haupt abschlagen. …
Des Königs Straße soll sein so breit, dass ein Wagen dem anderen ausweichen kann. Der leere Wagen soll ausweichen dem geladenen und der minder beladene dem schweren. Der Reiter weiche dem Wagen aus und der Fußgänger dem Reiter. …
Welcher Christenmann ungläubig ist oder mit Zauber umgeht … und dessen überführt wird, den soll man auf dem Scheiterhaufen verbrennen. …

Geschichte vor Ort: Die Sachsen in Westfalen

2 Der „Sachsenhof" in Greven bei Münster. Rekonstruktion nach archäologischen Funden. Filzstiftzeichnung und Foto, 2004.
① Haupthaus
② Scheune
③ Töpferofen
④ Rennofen (zur Eisengewinnung)
⑤ Grubenhaus
⑥ Räucherofen
⑦ Flechtzaun
⑧ Garten
⑨ Feld (Acker)

Alltagsleben

Über das Alltagsleben der Sachsen in Westfalen wird in Quellentexten nicht viel berichtet. In der Umgebung von Greven in der Nähe von Münster wurden aber Spuren von sächsischen Siedlungen gefunden. Archäologinnen und Archäologen haben versucht, eine solche Siedlung zu rekonstruieren:

- Beim Häuserbau in die Erde gerammte Pfähle hinterlassen bis heute Verfärbungen in der Erde. So konnte festgestellt werden, wo die unterschiedlichen Gebäude standen und wie groß sie waren.
- Die Sachsen lebten nicht in Dörfern, sondern in kleinen Gehöften, die etwa 8 bis 12 Menschen bewohnten.
- Jedes Gehöft hatte ein Haupthaus. Es war das größte Gebäude der Siedlung. Hier befand sich eine Feuerstelle.
- Menschen und Tiere lebten unter einem Dach. Anhand chemischer Untersuchungen kann man Dung- und Jauchereste innerhalb des Haupthauses nachweisen.
- Nicht jedes Gehöft hatte einen eigenen Brunnen. Die Bewohner mussten das täglich gebrauchte Wasser heranbefördern.

Nach diesen Erkenntnissen wurden Gebäude errichtet und Pflanzen, von denen die Menschen sich ernährten oder mit denen sie z. B. ihre Kleidung einfärbten, in Beeten und Feldern wieder angebaut.

3 *Beschreibt mithilfe der Materialien dieser Seite, wie ihr euch das Leben auf dem „Sachsenhof" vorstellt.*

3 Auf dem Sachsenhof in Greven: Schüler mit einem Hakenpflug. Foto, 2004.

Auf dem „Sachsenhof" könnt ihr einige Dinge selbst ausprobieren wie weben am Webstuhl, haken mit dem Hakenpflug oder Kohle und Eisen herstellen. So könnt ihr euch besser vorstellen, wie die Menschen hier früher gelebt haben. Nehmt Kontakt auf unter:
www.heimatverein-greven.de

Ein König auf Reisen

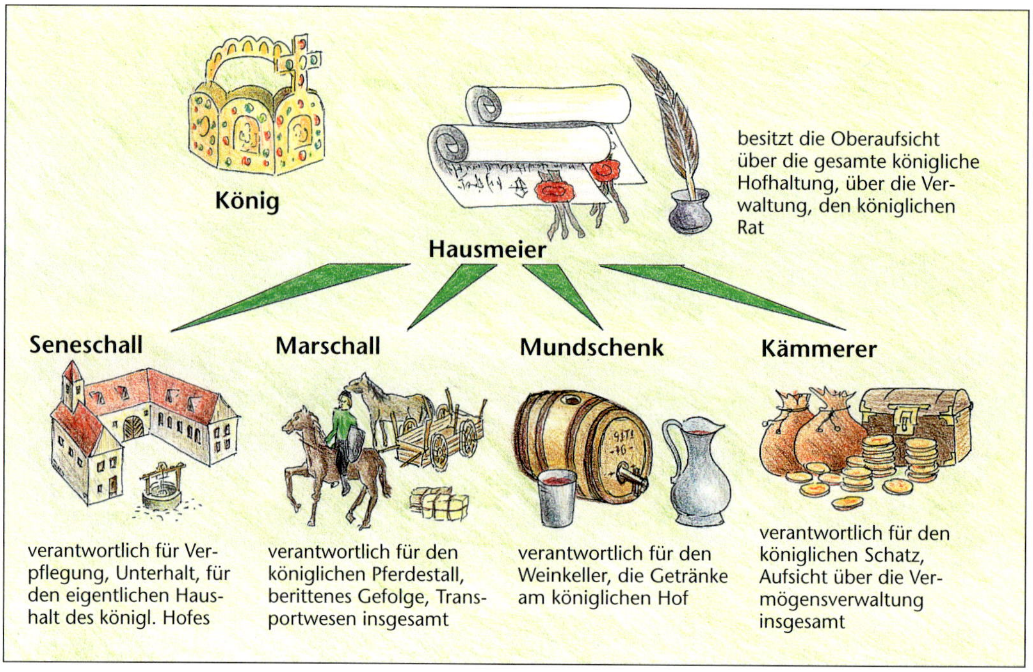

1 **Königliche Hofämter.** Schaubild.

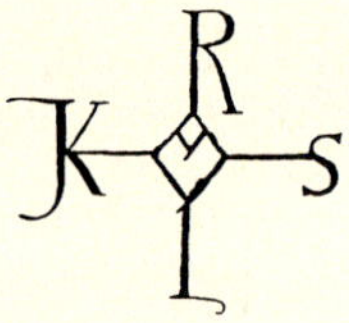

Namenszeichen Karls des Großen *auf einer Urkunde aus dem Jahr 781.*

Ein König auf Reisen
Das karolingische Reich hatte keine Hauptstadt. König Karl war oft auf Reisen, um dafür zu sorgen, dass im ganzen Reich seine Gesetze und Befehle richtig ausgeführt wurden. In seinem Gefolge waren königliche Berater, Familienangehörige, Mägde und Knechte – insgesamt über tausend Personen.

Zu den engsten Beratern des Königs gehörte der Hausmeier. Er sorgte dafür, dass alle königlichen Erlasse aufgezeichnet und sorgfältig verwahrt wurden. Die königlichen Einnahmen wurden vom Kämmerer verwaltet.

Seneschall, Mundschenk und Marschall hatten bei Reisen die königlichen Beauftragten möglichst zeitig davon zu benachrichtigen, wo und wie lange sich der König aufhalten wolle, damit man alles Nötige vorbereiten konnte. Der Mundschenk hatte für Getränke, der Marschall für die Pferde und Wagen zu sorgen. Die Hauptlast aber hatte der Seneschall zu tragen, der für die königliche Tafel verantwortlich war. Der Quartiermeister musste die Unterkunft für den König und dessen Gefolge vorbereiten.

1 *Überlegt mithilfe der Abbildung 1, warum die hier genannten Aufgaben so wichtig waren, dass sie zu Hofämtern wurden.*

2 **Karl der Große.** Bronzestatue, um 800.

Königshöfe und Pfalzen

3 **Fränkischer Königshof.** Rekonstruktionszeichnung.

Der König besucht eine Pfalz*

Viele Bischöfe, Äbte und Grafen waren nicht begeistert, wenn der König mit seinem Gefolge kam, weil sie die Gäste kostenlos versorgen mussten. Karl hatte deshalb im ganzen Land königliche Güter errichten lassen, in denen er und seine Begleitung gut untergebracht und versorgt werden konnten.

Für die Verwaltung dieser etwa 250 Königshöfe und Pfalzen erließ Karl genaue Anweisungen:

Q1 ... Unsere Krongüter, die wir eingerichtet haben, unseren Hofhalt zu beliefern, sollen allein unserem Bedarf dienen. ...

Auf jedem unserer Königsgüter sollen die Verwalter einen möglichst großen Bestand an Kühen, Schweinen, Schafen, Ziegen und Böcken halten. Fehlen darf dieses Vieh niemals. Mit ganz besonderer Sorgfalt ist darauf zu achten, dass alles, was mit den Händen verarbeitet und zubereitet wird, mit der größten Sauberkeit hergestellt wird, wie: Speck, Rauchfleisch, Sülze, Pökelfleisch, Wein, Essig, Most, Senf, Käse, Butter, Malz, Bier, Honig, Wachs und Mehl.

Jedes Krongut soll in seinem Lagerraum vorrätig haben: Bettdecken, Matratzen, Federkissen, Tischtücher, Bankpolster, Gefäße aus Kupfer, Blei, Eisen und Holz, Ketten, Kesselhaken, Bohrer und Schnitzmesser. Auch das eiserne Kriegsgerät muss man hier verwahren, damit es gut erhalten bleibt. ... Unseren Frauenarbeitshäusern soll man liefern: Flachs, Wolle, Seife, Fett, Gefäße und die übrigen kleinen Dinge, die dort benötigt werden.

Jeder Verwalter soll in seinem Bezirk tüchtige Handwerker zur Seite haben: Grob-, Gold- und Silberschmiede, Schuster, Drechsler, Stellmacher, Schildmacher, Fischer, Seifensieder, Brauer, Bäcker und sonstige Dienstleute. ...

2 *Beschreibt die Anlage eines Königshofes (Abbildung 3).*

3 *Versucht aus den Anweisungen in Q1 herauszulesen, welche Aufgaben von Männern, welche von Frauen für die königliche Hofhaltung zu leisten waren. – Überlegt zuvor, wozu die Dinge verwendet werden konnten, die an die Frauenarbeitshäuser geliefert werden sollten.*

4 *Der Verwalter eines Königsgutes erhält die Mitteilung, dass der König mit seinem Gefolge für eine Woche bei ihm einkehren wird. Schreibt auf, welche Vorbereitungen der Verwalter treffen muss.*

Pfalzen*: *(lat. palatium = Palast); die wenigsten Pfalzen waren Paläste, sondern eher große und gut befestigte Höfe. Sie dienten den Königen und ihrem Gefolge als Unterkünfte, Verwaltungssitze und Gerichtsorte.*

Geschichte vor Ort: Die Pfalz in Aachen

1 Die Pfalz in Aachen. Rekonstruktion.
① Königshalle (47 × 20 m)
② Wohngebäude des Königs
③ Torhalle mit Gerichtssaal
④ achteckige Pfalzkapelle (noch heute erhalten)
⑤ Badehäuser und Schwimmbecken mit heißen Quellen
⑥ Wohnhäuser für das Gesinde.

Aachen – die Lieblingspfalz Karls des Großen

Um sein großes Reich regieren zu können, reiste König Karl mit seinem Gefolge von Pfalz zu Pfalz. Doch am liebsten hielt er sich in Aachen auf. Vor allem die kalten Wintermonate verbrachte er in dieser Pfalz besonders gern, wohl auch, weil es viele heiße Quellen gab. Beim Baden konnte er sich von den Strapazen des Alltags erholen.
Seit dem Ende des 8. Jahrhunderts ließ Karl die Pfalz nach und nach zu seinem Regierungssitz ausbauen. Den Bau der Aachener Pfalz beschrieb Einhard, ein fränkischer Gelehrter und der Leiter der Hofschule in Aachen, im Jahr 799:

Q1 ... Er [Karl] ist aber auch Herr einer Stadt, wo sich ein zweites Rom in neuer Blüte mit großer gewaltiger Masse zum Himmel erhebt, mit hohen Kuppelbauten bis an die Sterne reicht. Da steht in seiner Pfalz der huldreiche Karl, bezeichnet die einzelnen Plätze, bestimmt, wo die ragenden Mauern verlaufen des künftigen Rom. Hier soll das Forum erstehen, hier der ehrwürdige Senat, wo das Volk Recht und Gesetze und heilige Weisungen empfangen soll. ... Eifrig müht sich die Schar; die einen behauen den Marmor für hochragende Säulen und führen die Mauern der Burg auf, andere wälzen eifrig die Steinblöcke herbei. Dort gräbt man den Hafen, gründet tief die Fundamente des Theaters und wölbt mit hoher Kuppel die Halle. Hier bemühen sich andere, warme Heilquellen zu erschließen, fassen das ... Wasser des Bades in Marmor und hauen aus marmornen Stufen schön gestaltete Bänke. ... Dort bauen wieder andere dem König der Ewigkeit mit gewaltigen Anstrengungen einen herrlichen Tempel. Schon ragt zu den Sternen das Heilige Haus mit geglätteten Mauern. ...

Politisches und kulturelles Zentrum

Aachen wurde das politische Zentrum des Frankenreiches. Hier erledigte Karl wichtige Regierungsgeschäfte, hierher kamen die mächtigen Grafen und Bischöfe des Reiches, um Bericht zu erstatten und sich zu beraten, und hier empfing der Herrscher ausländische Gesandte.
Die Pfalz beherbergte auch die bedeutendste Schule des Reiches, zu der auch eine Bibliothek mit einer wertvollen Büchersammlung gehörte. An der so genannten Hofschule wurde Schreiben, Rechnen, Grammatik, aber auch Kirchengesang unterrichtet. Berühmte Gelehrte aus allen Teilen der christlichen Welt kamen nach Aachen, um hier zu lehren. Bis zum Tode des Kaisers blieb Aachen der Mittelpunkt karolingischer Kultur.

1 *Erarbeitet aus Abbildung 1, dem Text und Q1, welchen Zwecken die Pfalz von Aachen diente.*

2 *Wie beschreibt Einhard (Q1) den Bau der Aachener Pfalz und die Rolle Karls dabei?*

3 *Stellt Vermutungen darüber an, warum Einhard Aachen mit Rom vergleicht.*

2 **Blick auf den Aachener Dom.** Foto.

3 **Kaiserthron Karls des Großen im Innern des Doms.** Foto.

Der Aachener Dom

Heute steht von der prächtigen Kaiserpfalz nur noch die Pfalzkapelle, der Kernbau des heutigen Aachener Doms. Erbaut wurde die Pfalzkapelle nach dem Vorbild römischer bzw. oströmischer Kaiserkirchen. Die Säulen im Innern des Doms sind meist antik. Karl ließ diese Säulen, aber auch Marmorteile und Mosaiken, auf Ochsenkarren von Oberitalien über die Alpen nach Aachen schaffen.

Im Obergeschoss des Doms befindet sich der so genannte Kaiserthron Karls, hier wurden zwischen 936 und 1531 30 deutsche Könige gekrönt.

Nach seinem Tod 814 wurde Karl in der Pfalzkapelle begraben. 1215 wurden seine Gebeine in einen kunstvollen Reliquienschrein umgebettet, der auch heute noch im Dom zu sehen ist (s. Abbildung 4). 1978 nahm die UNESCO den Aachener Dom als erstes deutsches Kulturdenkmal in die Liste des Weltkulturerbes auf.

4 *Beschreibt die Abbildungen 2 und 3. Wie wirken sie auf euch?*

5 *Recherchiert im Internet weitere Informationen über den Aachener Dom (z. B.* **www.aachendom.de***) und schreibt einen Bericht darüber.*

4 **Karl der Große auf dem Reliquienschrein.** Foto.

Karl – der „Vater Europas"?

Karl der Große, auf einer Briefmarke in lateinischer Sprache.

Karl der Große, auf einer Briefmarke in französischer Sprache.

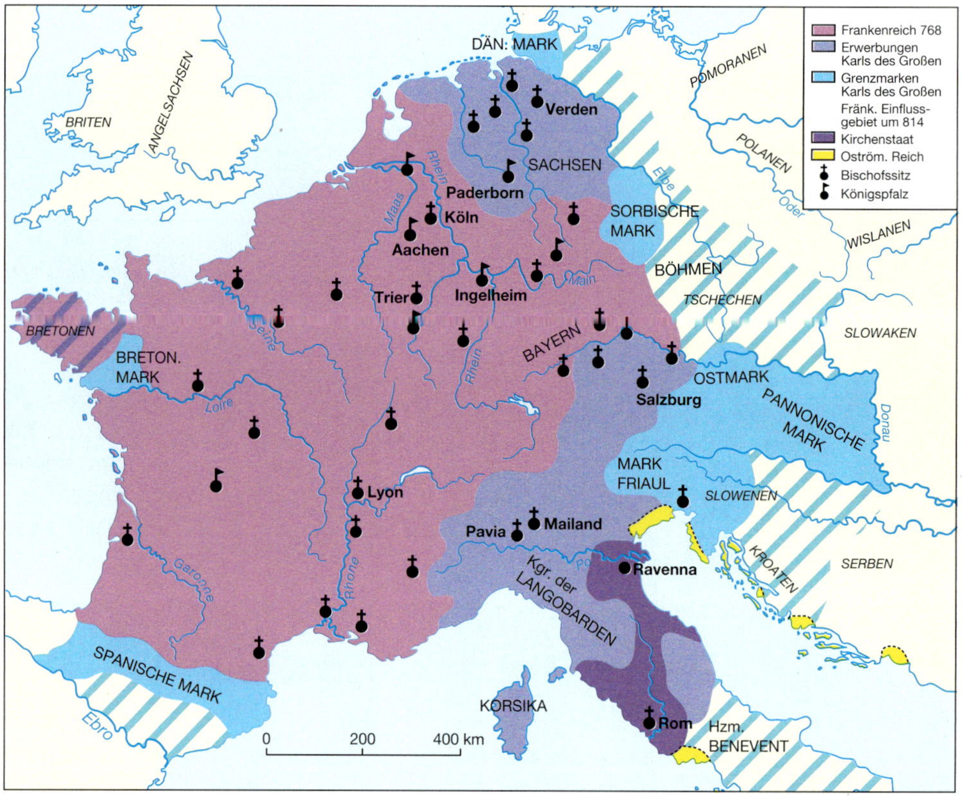

1 **Das Reich Karls des Großen.**

Kaiser*:
Herrschertitel für einen „König über Könige". Das Wort leitet sich vom Ehrentitel „Caesar" der römischen Kaiser der Antike ab. – Aus der zweiten Silbe des Wortes ist auch der gleichbedeutende Herrschertitel der russischen Zaren abgeleitet.

Oströmisches Reich*:
Es entwickelte sich aus dem östlichen Teil des Römischen Reiches. Während das Weströmische Reich im Jahr 476 unterging, bestand das Oströmische Reich, auch Byzantinisches Reich genannt, bis ins Jahr 1453.

Vom Frankenkönig zum Nachfolger der römischen Kaiser

Am Ende des 8. Jahrhunderts war Karl der mächtigste Herrscher in Europa. Sein Reich umfasste weite Teile des ehemaligen Weströmischen Reiches. Dem Kaiser* des Oströmischen Reiches* fühlte er sich ebenbürtig. In dem Gedicht eines unbekannten Verfassers um 800 hieß es:

Q1 ... Der König [Karl] übertrifft alle Könige auf der ganzen Welt an Würde und Weihe ... König Karl, das Haupt der Welt, die Liebe und Zierde des Volkes, die bewundernswerte Spitze Europas, der beste Vater, der Held, der Augustus, aber auch mächtig in der Stadt [Aachen], die als zweites Rom zu neuer Blüte gewaltig emporwächst. ...

1 *Beschreibt mit eigenen Worten die Machtstellung Karls, wie sie vom Verfasser der Quelle 1 gesehen wird.*

Im Jahr 800 n. Chr. wurde König Karl von Papst Leo III. in Rom zum Kaiser gekrönt. Im fränkischen Reich verstand man die Kaiserkrönung so, dass Karl jetzt für alle sichtbar die Nachfolge der römischen Kaiser angetreten habe. Karl war es gelungen, nach den Unruhen der Völkerwanderung ein Reich zu schaffen, in dem unterschiedliche Völker und Stämme lebten. Gemeinsam war allen Untertanen der christliche Glaube, der ihr tägliches Leben bestimmen sollte. In der Nachfolge der römischen Kaiser förderte er Bildung und Wissenschaft. Das Frankenreich wurde zum Fundament für die weitere Geschichte ganz West- und Mitteleuropas. So gilt Karl heute als „Vater Europas". Nicht übersehen kann man aber auch die Schattenseiten seiner Herrschaft wie etwa die grausamen Kriege gegen die Sachsen.

2 *Erläutert, warum Karl der Große heute als „Vater Europas" bezeichnet wird.*

Methode: Eine Bildquelle entschlüsseln

1 **Karl der Große und Papst Leo III. empfangen von Petrus ihr Amt.** Mosaik aus dem päpstlichen Regierungssitz in Rom (Lateranpalast), 799 / 800.

Bilder befragen?

Im Mittelalter konnten die meisten Menschen nicht lesen, viele Dinge wurden deshalb in Bildern mitgeteilt. Von den meisten Bildern gab es nur das Original, z. B. ein Altargemälde, eine Wandmalerei, ein Mosaik, ein Wandteppich oder eine Buchmalerei. Nur manchmal wurden Kopien angefertigt, wie bei der Buchherstellung oder bei Holzschnitten und Kupferstichen.
Der Umgang mit Bildern hat Ähnlichkeiten mit der Arbeit an einer Textquelle: Bildquellen erfordern jedoch wie Textquellen Zeit zum „Lesen".

Kaiser und Papst: Beobachtungen an einem Bild

Das Mosaikbild dürfte noch vor 800 im Auftrag des Papstes entstanden sein. Am Thron des Apostels Petrus knien der fränkische König Karl und Papst Leo III. Petrus überreicht Karl eine Fahnenlanze und streift Leo das Pallium über den Kopf, einen schalartigen, wollenen Streifen, der als Zeichen der Papst-(auch Erzbischof-)Würde um die Schultern gehängt wurde. Die lateinische Unterschrift unter der Szene lautet in der Übersetzung: Heiliger Petrus, spende dem Papst Leo Leben und dem König Karl Sieg.

1. Schritt: Einzelne Bildelemente erfassen

- Welche Personen und Gegenstände sind dargestellt? Wie sind sie dargestellt (Gestaltung, Größe, Kleidung, Farben)?
- Wo befinden sich die Personen und Gegenstände?

2. Schritt: Bildelemente zusammenfügen

- Lassen sich die Bildelemente in einen sinnvollen Zusammenhang bringen?
- Welche erste Deutung ergibt sich beim Zusammenfügen der Elemente?
- Welche Fragen bleiben offen?

3. Schritt: Zusätzliche Informationen heranziehen

- Wo gibt es weitere Informationen (z. B. Bildunterschrift, weitere Abbildungen, schriftliche Quellen, wissenschaftliche Darstellungen)?
- Was lässt sich über den Künstler bzw. Auftraggeber und seine Absicht herausfinden?

4. Schritt: Gesamtdeutung des Bildes formulieren

- Formuliert mithilfe der Bildelemente und Zusatzinformationen eine zusammenfassende Aussage.
- Bleiben Fragen in der Gesamtdeutung offen?

1 *Erarbeitet anhand der Arbeitsschritte eine Interpretation der Abbildung. Benutzt dazu auch die Informationen aus dem Darstellungstext.*
2 *Übt die Bildinterpretation an Abbildung 1, Seite 50.*

Vom Frankenreich zum Deutschen Reich

814 n. Chr.:
Tod Karls des Großen, Beisetzung im Dom zu Aachen. Unter seinen Nachfolgern wird das Reich mehrmals neu aufgeteilt.

818 n. Chr.:
Erwähnung des Limes Saxoniae als Grenze zwischen Sachsen und Slawen. Er wurde ab 810 zum Schutz gegen die Abodriten angelegt. Er folgte natürlichen Gegebenheiten wie Flussläufen und sumpfigen Niederungen und war zum Teil durch Burgen gesichert. Vermutlich verlief die Grenzlinie von Boizenburg an der Elbe bis zur Kieler Förde.

919 n. Chr.:
Der Sachsenherzog Heinrich wird zum ostfränkischen König gewählt.

1 **Frankenkönig Karl, umgeben von seinen Beratern.** Mittelalterliche Buchmalerei, 11. Jahrhundert.

2 **In der zweiten Hälfte des 9. Jahrhunderts zerfällt das Frankenreich.**

Das karolingische Reich wird geteilt

Im Jahr 814 starb Karl der Große. Nachfolger wurde sein Sohn Ludwig der Fromme, der das Reich mühsam zusammenhalten konnte. Als er im Jahr 840 starb, stritten sich seine Söhne um das Erbe. Dabei verbündeten sich Karl der Kahle und Ludwig der Deutsche gegen ihren Bruder Lothar. Nithard, ein Enkel Karls des Großen, berichtete über diesen Bruderstreit:

Q1 … Es trafen sich also am 14. Februar [843] Ludwig und Karl in der Stadt, die früher Argentaria und jetzt Straßburg heißt, und schworen einen Eid. Ludwig aber sprach romanisch, Karl deutsch: … Von diesem Tag an will ich mich zukünftig sowohl bei Hilfeleistungen wie auch in jeder anderen Sache so verhalten, wie man sich von Rechts wegen gegenüber seinem Bruder verhalten soll. … Und mit Lothar will ich keine Abmachung eingehen. …

Auch in den folgenden Jahrzehnten kam es immer wieder zu schweren Kämpfen; mehrmals wurde das karolingische Reich neu aufgeteilt. Burgund und Italien im Süden wurden selbstständige Königreiche.

Im Norden kam es zur Bildung eines west- und eines ostfränkischen Reiches. In beiden Reichen bildete sich ein Zusammengehörigkeitsgefühl der dort lebenden Menschen heraus. So entstanden allmählich die beiden Länder Frankreich und Deutschland.

1 *Mithilfe der Karte und eines Atlas könnt ihr feststellen, welche europäischen Staaten durch ihre Zugehörigkeit zum Frankenreich einen Teil ihrer Geschichte gemeinsam haben.*

Das Reich der Deutschen entsteht

Der letzte Karolinger im Ostreich starb im Jahr 911. Die Königswürde ging 919 an Heinrich I., den mächtigen Herzog in Sachsen. Während seiner Regierungszeit wird das Ostreich zum ersten Mal als „Reich der Deutschen" bezeichnet. Das Wort „deutsch" kommt vom Althochdeutschen „diutisc", was so viel bedeutet wie „volksmäßig, dem Volk gehörig". Als „diutisc" bezeichnete man auch die germanische Sprache, die im Ostreich gesprochen wurde. Allmählich wurde daraus der Name für die Menschen, die diese Sprache sprachen, die „Deutschen". Nachfolger Heinrichs I. wurde sein Sohn Otto I., der im Jahr 962 vom Papst zum Kaiser gekrönt wurde. Seit seiner Zeit bis 1806 wurde die Kaiserwürde immer nur an deutsche Könige verliehen.

Otto I. wird König

3 **Otto I.** Kolorierter Holzschnitt, um 1493.

4 **Reichsinsignien* der deutschen Könige.** Foto.

Reichsinsignien*: *Symbole der deutschen Königsherrschaft. Um König zu werden, musste der Thronanwärter im Besitz der Insignien sein: Reichskrone, Schwert, Reichsapfel, Reichskreuz. Heute werden die Insignien in der Hofburg in Wien aufbewahrt.*

Krönung Ottos I.

Über die Krönung Ottos I. am 7. August 936 berichtet der Mönch Widukind von Corvey:

Q2 ... Die Herzöge und die Ersten unter den Grafen mit einer Schar der vornehmsten Ritter versammelten sich zu Aachen.

Sie setzten den neuen Herrscher auf den hier errichteten Thron, reichten ihm die Hände, gelobten ihm die Treue, versprachen ihm Hilfe gegen alle seine Feinde und machten ihn nach ihrem Brauch zum König.

Dann erwartete ihn der Erzbischof von Mainz mit der gesamten Geistlichkeit und dem gesamten Volk in der Kirche. Als der König eintrat, ging ihm der Erzbischof entgegen und schritt dann mit ihm in die Mitte des Heiligtums. Hier blieb er stehen, wandte sich dem Volk zu und rief: „Seht, ich bringe euch Otto, der von Gott auserwählt, von König Heinrich bestimmt, von allen Fürsten zum König gemacht wurde. Wenn euch diese Wahl gefällt, dann hebt die rechte Hand zum Himmel empor." Darauf hob das Volk die rechte Hand in die Höhe. Nun schritt der Erzbischof mit dem König zum Altar, auf dem die Abzeichen des Königs lagen. Der Erzbischof nahm das Schwert und sprach zum König: „Empfange dieses Schwert und treibe mit ihm aus alle Feinde Christi, die Heiden und schlechten Christen". Sodann nahm er die Spangen und den Mantel: „Dieses Gewand möge dich ermahnen, im Eifer für den Glauben und im Schutz des Friedens auszuharren bis in den Tod." Schließlich nahm er Stab und Zepter: „Diese Abzeichen sollen dich ermahnen, mit väterlicher Zucht die Untertanen zu leiten."

... Dann wurde der König durch die Erzbischöfe Hildibert und Wichfried mit dem heiligen Öle gesalbt, mit der goldenen Krone gekrönt und über eine Wendeltreppe zu einem Throne geleitet ...

936–973: *Otto I. regiert das Deutsche Reich.*

2 *Nennt die einzelnen Abschnitte der Krönung und stellt fest, welche Personen bei der Zeremonie wichtige Handlungen vollziehen.*

3 *Überlegt, warum gerade die Pfalzkapelle in Aachen als Krönungsort ausgewählt wurde.*

Die Landesherren regieren wie kleine Könige

1 **Herzogtümer zur Zeit Ottos I.**

Ein Reich – viele Herrscher

Als Otto I. 936 zum deutschen König gekrönt wurde, bestand das Deutsche Reich aus fünf großen Herzogtümern: Sachsen, Lothringen, Franken, Schwaben und Bayern. Viele Herzöge regierten in ihren Besitzungen wie kleine Könige. Um die Herzogtümer unter seine Gewalt zu bringen, setzte Otto I. dort nur noch Verwandte ein; auf ihre Treue glaubte er sich verlassen zu können. Als aber seine Verwandten sich gegen ihn erhoben, suchte Otto I. die Unterstützung der Kirche.

1 *Sucht auf der Karte 1 die Herzogtümer zur Zeit Ottos I. Vergleicht die Herzogtümer und die heutigen Bundesländer.*

Die Kirche als Stütze der Macht

Fest verlassen konnte sich Otto I. nur auf Bischöfe und Äbte: Geistliche durften nicht heiraten. Sie hatten also auch keine Erben. Starb ein Bischof oder Abt, so konnte der König erneut über das Land verfügen. Immer stärker wurden daher diese hohen Geistlichen zur Verwaltung des Reiches herangezogen. Als Gegenleistung erhielten sie große Lehensgüter, die sie verwalten sollten.

Damit waren die Bischöfe zugleich auch weltliche Herren, die dem König zu dienen hatten und auch für ihn in den Krieg ziehen mussten.

Kritisch bemerkte dazu der Bischof Fulbert von Chartres (950–1029):

Q1 … Du fragst, was von solchen Bischöfen zu halten sei … Ich wage nicht einmal, sie Bischöfe zu nennen. Ich möchte sie lieber Tyrannen nennen, die sich mit dem Krieg abgeben. Sie ziehen in kriegerischer Begleitung umher und werben gegen Geld Soldaten an. Es gibt wohl kaum Könige oder Fürsten, die so gut wie Bischöfe das Kriegswesen kennen und die Truppen ordnen können, um das Blut von Christen, auch wenn sie Feinde sind, zu vergießen. Wenn man ihnen sagt, dass sie nicht um Lebende zu töten, sondern zur Leitung der Seelen berufen seien, sind sie mit einer Ausrede schnell zur Hand. Sie sagen dann, nur ungern hätten sie zu den Waffen gegriffen; sie seien von anderen bedroht worden und müssten sich nun mit Waffengewalt die Freiheit verschaffen …

2 *Sprecht über die Auswirkungen, wenn ein Abt oder Bischof zugleich weltlicher Herr war.*

Otto I. wird Kaiser

2 Otto I. und seine Gemahlin Editha. Die runde Scheibe, die der König in der Hand hält, zeigt den Erdkreis. Aus dem Dom von Magdeburg. 9. Jahrhundert. Foto.

Sieg über die Ungarn und Unterwerfung der Slawen

Während der Auseinandersetzungen Ottos I. mit den aufständischen Herzögen fielen die Ungarn, ein Nomaden- und Reitervolk, wiederholt in das Deutsche Reich ein. Otto I. konnte sie 955 auf dem Lechfeld bei Augsburg so vernichtend schlagen, dass sie keine weiteren Überfälle mehr wagten. Im Gegenteil: Sie wurden sesshaft, nahmen das Christentum an und gründeten das Königreich Ungarn. Otto trug seit diesem Sieg den Beinamen „der Große“.

Dem Sieg über die Ungarn folgten Siege über die Slawen östlich der Elbe, die sich verzweifelt gegen ihre Unterwerfung zur Wehr setzten. Bis zur Oder erstreckte sich schließlich das Herrschaftsgebiet des deutschen Königs, der jetzt auch die Slawen zum Christentum bekehren wollte. „Auf der Förderung des Christentums beruht Heil und Ordnung des königlichen Reiches“ – schrieb der König allen Bischöfen und Grafen. Er gründete deshalb im Jahr 968 das Erzbistum Magdeburg, dem er die Bistümer Havelberg, Brandenburg, Merseburg, Meißen und Zeitz unterstellte. Außerdem ließ Otto I. überall neue Kirchen errichten. Dazu gehörten einfache Dorfkirchen ebenso wie große Dome und Klöster. Von ihnen aus sollte der christliche Glaube im Land verbreitet werden.

3 *Erklärt den Satz: „Auf der Förderung des Christentums beruht das Heil des königlichen Reiches.“*

Kaiserkrönung in Rom

Im Jahr 962 begab sich Otto I. nach Rom. Er folgte einem Hilferuf des Papstes Johannes XII., der sich von Gegnern in Rom bedroht sah. Nach seiner Ankunft wurde er vom Papst zum Kaiser gekrönt. Mit dieser Kaiserwürde erhielt der deutsche König eine Auszeichnung, die ihn über alle anderen christlichen Herrscher Europas erhob. Zudem schlossen Papst und Kaiser einen Vertrag, nach dem jeder Papst vor seiner Amtseinsetzung dem Kaiser den Treueeid ablegen müsse. Der Kaiser hingegen verpflichtete sich, den Papst und die Kirche vor ihren Gegnern zu beschützen.

Als Johannes XII. bereits ein Jahr später seinen Treueeid brach, ließ der Kaiser ihn absetzen und einen neuen Papst wählen.

„Heiliges Römisches Reich“:
962 wird Otto I. in Rom zum Kaiser gekrönt. Ab diesem Zeitpunkt wird das Deutsche Reich als „Heiliges Römisches Reich“ bezeichnet.

Heinrichs Gang nach Canossa

1 **Heinrich IV. bittet die Markgräfin Mathilde, der die Burg Canossa gehört, und den Abt Hugo von Cluny um Vermittlung bei Papst Gregor VII.** Buchmalerei, 11. Jahrhundert.

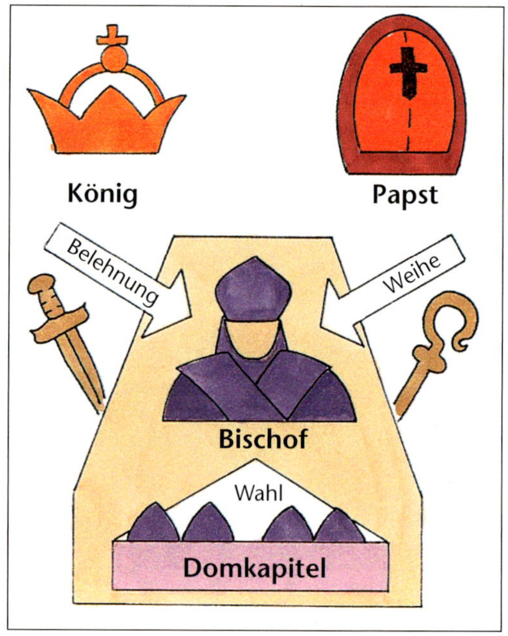

2 **Das Ergebnis des Wormser Konkordats.** Schaubild.

1077:
In Canossa bat Heinrich IV. den Papst um Vergebung, die dieser ihm gewährte. Zuvor hatte Papst Gregor VII. den Bann über den Kaiser ausgesprochen. Heinrichs Herrschaft war dadurch äußerst gefährdet.

Konkordat*:
Bezeichnung für einen Vertrag zwischen dem katholischen Kirchenstaat (Vatikan) und einem anderen Staat.

Fürsten drohen dem König

Der päpstliche Bann wirkte sich für den König verhängnisvoll aus. Viele Herzöge und Grafen sahen ihre Chance gekommen, die eigene Machtstellung auszubauen. Sie weigerten sich, dem König länger zu gehorchen. Offen drohten sie Heinrich IV. damit, einen neuen König zu wählen, falls er nicht binnen eines Jahres vom Bann gelöst sei. Außerdem luden sie den Papst ein, nach Deutschland zu kommen. Er sollte in ihrem Streit mit dem König die Rolle des Schiedsrichters übernehmen. Dieses Zusammentreffen des Papstes mit den Fürsten wollte Heinrich IV. auf jeden Fall verhindern.

So entschloss er sich, nach Italien zu ziehen, um vom Papst die Lossprechung zu erhalten. Der Papst befand sich zu dieser Zeit auf der Burg Canossa im Apennin. Drei Tage lang stand der König als reuiger Sünder, nur mit einem Büßerhemd bekleidet, vor ihren Mauern; erst am 4. Tag löste ihn der Papst vom Bann. Heinrich hatte damit die Forderungen der Fürsten erfüllt.

Wormser Konkordat*

Die Auseinandersetzung zwischen Papsttum und Kaisertum war damit aber nicht beendet. Fast 40 Jahre dauerte es noch, bis es 1122 zu einer endgültigen Lösung im Wormser Konkordat kam. Von nun an wurden in Deutschland die Bischöfe frei gewählt vom Domkapitel, der Versammlung der höchsten Geistlichen des Bistums. Dann erfolgte durch den König die Belehnung mit dem Zepter als Zeichen der weltlichen Herrschaft. Anschließend erst erfolgte die Weihe. Vertreter des Papstes übergaben dabei Ring und Stab als Zeichen der kirchlichen Gewalt.

Insgesamt führte der Streit zwischen Kaiser und Papst in Deutschland zu einer Stärkung der Landesfürsten. Die geistlichen Fürsten verbündeten sich dabei mit den weltlichen. Auf der Suche nach neuen Bundesgenossen wandten sich die Kaiser den Städten zu.

1 *Erklärt, warum sich der König nach neuen Verbündeten zur Stärkung der Königsmacht umsehen musste.*

Werkstatt Geschichte: Frauen auf dem Kaiserthron

Theophanu – eine Frau auf dem Kaiserthron

Theophanu (geb. um 960) war eine byzantinische Prinzessin. Sie heiratete 972 in Rom Kaiser Otto II., den Sohn Ottos I., und wurde dort auch zur Kaiserin gekrönt. In den folgenden Jahren zeigte Theophanu großes Interesse an den politischen Ereignissen im Reich. Als Otto II. 983 überraschend starb, übernahm Theophanu für ihren dreijährigen Sohn, Otto III., die Regierungsgeschäfte. Ihr gelang es, die Herrschaft des Reiches in Lothringen, in Italien und an der slawischen Ostgrenze zu festigen.
Ein heutiger Historiker schrieb über sie:

1 **Otto II. und Theophanu werden von Christus gekrönt.** Elfenbeinrelief, 10. Jahrhundert.

M1 ... Theophanu war eine sehr tatkräftige Frau, die sich nach Kräften bemühte, das Reich in den Griff zu bekommen und die Machtpolitik ihres Gatten fortzusetzen. ... Vielleicht wollte Theophanu sogar mehr sein als die bloße Statthalterin für ihren Sohn. Einiges deutet darauf hin. Im Herbst des Jahres 989 zog sie ohne den König [ihren Sohn] nach Rom, wo sie die kaiserliche Herrschaft wieder zur Geltung brachte und kaiserliche Hoheitsrechte ausübte ...

Die Urkunden ließ sie auf ihren Namen ausstellen, außerdem nannte sie sich nicht nur imperatrix, Kaiserin, sondern auch „imperator", also Kaiser.
991 starb die junge Kaiserin in der Pfalz Nimwegen, über die Todesursache wissen wir nichts. Auf eigenen Wunsch wurde sie in der Kirche St. Pantalon in Köln beigesetzt. Seit 1991 findet dort jährlich am 15. Juni, ihrem Todestag, eine Gedenkmesse zu ihren Ehren statt.

Mittelalterliche Herrscherinnen

Im Mittelalter war die Erbfolge zwar streng ausgerichtet auf die männlichen Nachkommen, doch gelangten auch immer wieder Frauen zu Macht und Einfluss. So übernahm, nach dem Tode Theophanus, deren Schwiegermutter Adelheid von Burgund (um 931 bis 999) die Regentschaft. Auch andere Ehefrauen deutscher Kaiser wie Gisela von Schwaben (990–1043), Agnes von Poitou (1025–1077) oder Konstanze von Sizilien (1154–1198) gelten als bedeutende mittelalterliche Herrscherinnen.

2 **Gisela von Schwaben.** Tafelbild, 15. Jahrhundert.

1 *Nennt mithilfe des Textes und M1 Gründe dafür, warum man Theophanu auch heute noch als eine mächtige Herrscherin bezeichnet.*
2 *Bildet Arbeitsgruppen, jede Gruppe wählt eine Herrscherin des Mittelalters aus und sammelt mithilfe eines Lexikons oder des Internets Informationen über sie. Stellt anschließend eure Ergebnisse in der Klasse vor. – Sprecht auch über die Gemeinsamkeiten und Unterschiede im Leben der Herrscherinnen.*
3 *Findet heraus, wie die Nachfolge heute in den europäischen Königshäusern (z. B. England, Spanien, Niederlande) geregelt ist.*
4 *Sprecht darüber: Sollten sich Frauen heutzutage noch mehr in der Politik engagieren oder ist Politik eher eine Angelegenheit von Männern?*

Zum Weiterlesen: Sachsen als Geiseln

Brun, Geisel des Königs im Reiche der Franken

Brun stammt aus einer vornehmen sächsischen Familie. Es ist das Jahr 785 n. Chr.; Brun ist gerade 14 Jahre alt. An einem der ersten warmen Frühlingstage liegt er auf dem Dach des Kuhstalls und träumt vor sich hin, als er plötzlich in der Ferne seinen Bruder Thankmar in aller Eile auf den Hof zureiten sieht. Was war nur geschehen, dass sein Bruder so bald aus dem Krieg gegen den Frankenkönig Karl zurückkehrte?

„Was ist, Thankmar?“ Es muss wohl von dem schnellen Ritt kommen, dachte Brun, dass Thankmar so lange für eine Antwort braucht. Aber gleich wurde ihm klar, dass es damit nichts zu tun haben konnte. Thankmar sagte sehr langsam, als falle ihm das Sprechen schwer: „Herzog Widukind hat sich taufen lassen!“ Und er setzte hinzu: „Der Krieg ist aus. Jedenfalls für uns!“ Benommen ging Brun neben dem Bruder in die Halle zurück. Es war, als liege ein Bann über ihr. Der Vater saß schweigend in seinem Sessel auf dem erhöhten Estrich des Herrensitzes, den Kopf in die Hand gestützt. Meinwerk lehnte an einem der Holzpfeiler, seinen Herrn beobachtend. Die Mutter stand reglos neben dem Feuer. Alle schwiegen. Aber Brun merkte davon nicht viel. Seine Gedanken überschlugen sich. „Herzog Widukind hat sich taufen lassen!“ Und „Der Krieg ist aus!“
Thankmars Gesicht sah plötzlich erschöpft aus und Brun merkte, dass eine Menge geschehen sein musste, wovon sie noch nichts wussten. Fast gleichzeitig sagte der Vater: „Setz dich erst einmal, Thankmar! Meinwerk, lass Ella etwas zum Trinken bringen. Und dann berichte, mein Junge!“ So erfuhr Brun, was sich schon vor Wochen zugetragen hatte: wie König Karl in der Gewissheit, dass sein Gegner am Ende sein müsse, ihn auf dem jenseitigen Ufer der Elbe – sie nannten es Transalbingien – hatte aufspüren lassen; wie ihm Karls Boten zugesetzt, ihn auf die Sinnlosigkeit weiterer Opfer aufmerksam gemacht hatten; wie Widukind schließlich, seine Lage erkennend, sich ohne Widerstand der Taufe unterzogen hatte. „Und“, fragte der Vater, der ratlos aussah. „Nicht mehr?“
„Nicht mehr!“
„Habt ihr Widukind gesehen, als ihr jetzt in Verden zusammentraft?“
„Nur seine Botschaft empfangen. Er rät uns keinen Widerstand mehr zu leisten.“
Mit einer heftigen Bewegung stieß der Vater den geschnitzten Eichensessel zurück, trat die Stufe vom Herrensitz herunter und durchmaß mit ruhelosen Schritten die Halle. Brun kannte diese Schritte.
„Ich gehe als Geisel ins Frankenreich.“
Mit einem Ruck blieb der Vater vor Thankmar stehen.
„Du? Als Geisel? Warum?“
Thankmar zuckte die Achseln. „Graf Amalwin hat Botschaft nach Verden geschickt. Der König wünscht sächsische Geiseln. Er hat sich Familien nennen lassen. Wir sind dabei.“
„Ich weiß die Ehre zu schätzen“, sagte der Vater spöttisch.
„Du brauchst dich meinetwegen nicht dran zu halten!“
„Unsinn! Wenn Widukind aufgibt, ist auch für uns die Sache aus. Man muss wissen, wann man verloren hat.“
Brun zog den Bruder am Ärmel: „Hat der König dich selbst zur Geisel bestimmt oder hat er gesagt, ‚einer von der Familie‘?“
„Einer von der Familie. Aber was ändert das? Wer sollte sonst gehen?“
Brun spürte plötzlich, wie die Unruhe des Tages von ihm abfiel. „Ich!“, sagte er und drängte sich vor den Vater. „Ich!“, wiederholte er mit vor Erregung tonloser Stimme.

Die Erlebnisse Bruns im Frankenreich könnt ihr nachlesen in dem Buch von Wiebke von Thadden, Brun, Geisel des Königs im Reiche der Franken, dtv junior 7929.

Zusammenfassung

Die Völkerwanderung
Zu Beginn des 3. Jahrhunderts n. Chr. verließen germanische Stämme ihre Heimat in Nordeuropa und zogen nach Süden. An den römischen Grenzen kam es zu ständigen Kleinkriegen zwischen Römern und Germanen. Schließlich überrannten die Germanen die Reichsgrenzen, setzten um 476 n. Chr. den letzten weströmischen Kaiser ab und gründeten eigene Reiche.

Das Reich der Franken
Das Reich der Franken war das stärkste von allen germanischen Reichen, die nach dem Niedergang Westroms gegründet wurden. Der fränkische König Chlodwig unterwarf immer mehr Gebiete in Gallien und Germanien und vereinigte sie im Frankenreich. Chlodwig und seine Nachfolger förderten die Ausbreitung des Christentums. Unterstützt wurden sie dabei von Missionaren, der bedeutendste war Bonifatius.
Unter Karl dem Großen (768–814) erreichte das Frankenreich seine größte Ausdehnung. In einem über 30 Jahre dauernden Krieg unterwarf König Karl die Sachsen. Für die Verwaltung seines Reiches brauchte er die Unterstützung von Bischöfen, Äbten, Herzögen und Grafen. Als Gegenleistung erhielten sie vom König Land mit Dörfern und Bauern, geliehen auf Lebenszeit (Lehen).

Vom Frankenreich zum Deutschen Reich
Nach dem Tod Karls (814) zerfiel das Reich. Im ostfränkischen Teil des Reiches wurde Heinrich I., der Herzog von Sachsen, 919 König. Ihm folgte sein Sohn Otto I. In seiner Regierungszeit wurde das Ostreich erstmals als „Reich der Deutschen" bezeichnet. Seit Otto I. belehnten die deutschen Könige hauptsächlich Geistliche, die so zu weltlichen Herren wurden.

Der Streit zwischen Kaiser und Papst
Gegen die Ernennung von Bischöfen und Äbten durch die deutschen Könige gab es immer stärkeren Widerstand. Vor allem die Mönche des Klosters Cluny setzten sich für die Erneuerung des klösterlichen Lebens und der Kirche insgesamt ein. Sie traten dafür ein, dass die Simonie und die Einsetzung (Investitur) von Geistlichen in Ämter durch Laien, also auch durch den Kaiser, verboten werden müsse. Heinrich IV. und Papst Gregor VII. waren die beiden großen Gegner im Streit zwischen Staat und Kirche.

Seit dem 4. Jh. n. Chr.

Viele Stämme Europas verlassen auf der Suche nach neuen Siedlungsgebieten ihre Heimat.

482–511

Gründung des Frankenreiches unter Chlodwig, der um 496 zum Christentum übertritt.

800

Kaiserkrönung Karls des Großen in Rom.

1077

Heinrich IV. zieht nach Canossa und bittet den Papst um Vergebung.

Standard-Check: Das solltet ihr wissen

Arbeitsbegriffe

- ✓ Klimaverschlechterungen
- ✓ Merowinger
- ✓ Christianisierung
- ✓ Lehnswesen
- ✓ Investiturstreit
- ✓ Überbevölkerung
- ✓ Karolinger
- ✓ 800 n. Chr.
- ✓ Heiliges Römisches Reich

1 **Ein Fürst belehnt einen Untervasallen.** Buchmalerei, 14. Jahrhundert.

Tipps zum Weiterlesen

Michael Schmauder: Die Völkerwanderung. Tessloff, Nürnberg 1991

Michael Gechter/Hans Dieter Stöver: Report aus der Römerzeit – Vom Leben im römischen Germanien. Arena, Würzburg 1994

Franjo Terhart: Im Zeichen der Wölfin. dtv junior, München 1999

Wiebke von Thadden: Tiza im Königsbann. Unterwegs im Reich der Ottonen. Beltz & Gelberg, Weinheim 2000

Was wisst ihr noch?

1 Warum verließen seit dem 3. Jahrhundert n. Chr. viele germanische Stämme ihre Wohnsitze?

2 Berichtet über den Niedergang des Weströmischen Reiches.

3 Welche Bedeutung hatte Bonifatius für das Christentum im Fränkischen Reich?

4 Für die Verwaltung seines großen Reiches brauchte Karl der Große die Hilfe von Äbten, Bischöfen, Grafen und Herzögen. Es gab noch kein Geld. Überlegt, wie er sie „entlohnen" konnte.

5 Beschreibt die Belehnung auf der Abbildung 1. Was könnten die dargestellten Personen gesagt haben?

6 Warum wird Karl der Große als „Vater Europas" bezeichnet?

7 Erklärt, wie der Machtkampf zwischen König Heinrich IV. und Gregor VII. entstand und wie er endete.

Standard-Check: Das solltet ihr wissen

Wer wird Sieger im Wissensspiel?
Ihr könnt dieses Spiel zu zweit oder auch zu mehreren spielen. Und so geht's:
Als Erstes kopiert ihr diese Seite und schneidet die Kärtchen aus.
Ihr legt die Kärtchen auf einen Stapel und lost aus, wer beginnen darf. Jeder Spieler / jede Spielerin, der / die an der Reihe ist, sagt, was ihm / ihr zu dem Stichwort auf dem Kärtchen einfällt. Ist alles richtig, erhält er / sie die oben auf der Karte angegebenen Punkte. Vielleicht bekommt er/sie aber auch nur die halbe Punktzahl oder gar keine.
Die Mitspielerinnen und Mitspieler können die Erklärungen leicht überprüfen, denn auf jeder Karte steht unten eine Seitenzahl.
Auf dieser Seite könnt ihr im Buch nachsehen, ob die Aussagen wirklich stimmen. – Nicht vergessen: Beim Spiel ist Fairness oberstes Gebot! – Wer die meisten Punkte gesammelt hat, ist Sieger im Wissensspiel.

3 Punkte

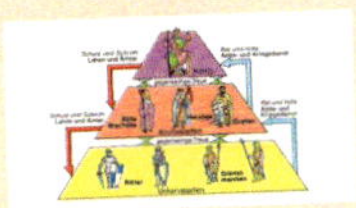

Lehenspyramide
Seite 41

3 Punkte

Völkerwanderung
Seite 35

2 Punkte

Hunnen
Seite 36

3 Punkte

Investiturstreit
Seite 56

3 Punkte

800 n. Chr.
Seite 47

5 Punkte

Deutsches Reich
Seite 50

2 Punkte

Bonifatius
Seite 39

3 Punkte

Weströmisches Reich
Seite 37

2 Punkte

Vasallen
Seite 41

3 Punkte

Sachsenkriege
Seite 40

2 Punkte

Chlodwig
Seite 38

3 Punkte

Karl der Große
Seite 48

3. Mittelalterliche Lebenswelten

400

800–1000

MÖNCHSTUM BEGINNT SICH AUSZUBREITEN

BAUERN WERDEN VON GRUNDHERREN ABHÄNGIG

Menschen unterwegs – Bauern, die eine Schweineherde auf den Markt in eine von festen Mauern umgebene Stadt treiben; Fuhrleute, die mit Bauholz schwer beladene Wagen durch ein enges Stadttor bugsieren; ein Händler, der mit seinen mit Waren bepackten Mauleseln aus der Stadt zieht, um irgendwo seine Geschäfte zu machen; reiche Bürger der Stadt – Patrizier –, die hoch zu Pferd einen Ausritt unternehmen, und Adlige, die in den Wäldern vor den Mauern der Stadt auf der Jagd sind. Entstanden ist dieses Bild in einer Zeit, die wir Mittelalter nennen.

Beschäftigen wollen wir uns zunächst mit dem Alltag der Menschen, die zu dieser Zeit in Europa lebten: mit den Bauern in ihren Dörfern, den Rittern auf ihren Burgen und dem Leben in den Klöstern.

950–1250	um 1000	1200–1600
KUNSTSTIL DER ROMANIK	DREIFELDERWIRTSCHAFT SETZT SICH DURCH	ZEIT DER RITTER

Stände und Lebensformen

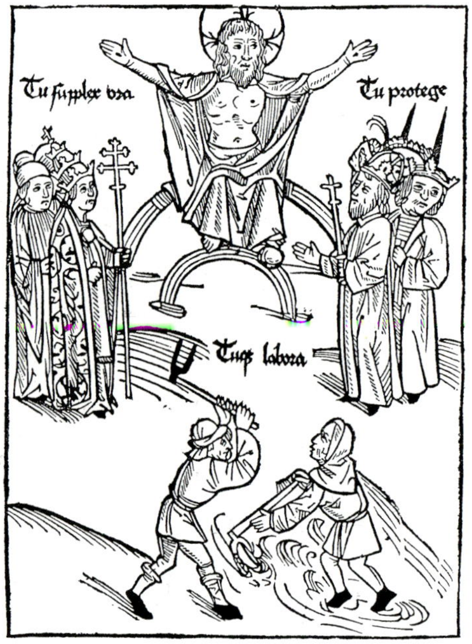

1 **Christus (über dem Regenbogen) spricht zu dem Stand rechts von ihm: Du bete demütig! Zum Stand links: Du schütze! Und zum Stand unter ihm: Und du arbeite!** Holzschnitt von Johannes Lichtenberger, 1488.

2 **Städtische „Stände-Pyramide".** Süddeutsche Miniatur*, 14. Jahrhundert.

Miniatur*: *(lat. minor = klein); kleinformatige Malerei auf Holz, Metall, Seide, Porzellan und Elfenbein.*

Sind die Stände gottgewollt?

Heute sind vor dem Gesetz alle Menschen gleich. Im Mittelalter aber gab es große Unterschiede zwischen den Menschen, die verschiedenen Ständen angehörten. Zu welchem Stand man gehörte, entschied sich meist schon bei der Geburt: Bauern stammten von Bauern, Adlige von Adligen, Unfreie von Unfreien und Freie von Freien ab. Unfrei waren viele Bauern, frei die Adligen und die Geistlichen.

1 *Beschreibt die Personen, die auf Abbildung 1 dargestellt sind, möglichst genau. Wie sind sie angeordnet und welche Aufgaben haben sie? Beachtet dabei auch die Inschriften und die Größenordnungen.*

„Kleider machen Leute"

Nicht nur zwischen den Ständen, sondern auch innerhalb eines Standes gab es große Unterschiede. Vor allem in den Städten wurde großer Wert darauf gelegt, dass die verschiedenen Rangstufen in der Bevölkerung deutlich sichtbar waren. In vielen Städten gab es daher verbindliche Kleiderordnungen, die genau festlegten, welche Kleidung z. B. die reichen Bürger oder Handwerker tragen durften. Ein reicher Kaufmann beispielsweise konnte eine vornehmere Kleidung tragen als ein Handwerker.

Besonders gekennzeichnet wurden auch soziale Randgruppen, z. B. die jüdischen Mitbürger, und Außenseiter, etwa die Henker. Sie mussten an ihrer Kleidung deutlich erkennbar sein. Wer dagegen verstieß, wurde hart bestraft.

2 *Welche Personen fallen euch auf Abbildung 2 besonders auf? Versucht mithilfe des Textes die Anordnung der Personen zu erklären.*

3 *Gibt es auch bei uns eine „Kleiderordnung"? – Nennt Kleidungsstücke, an denen man die Zugehörigkeit zu einer Gruppe erkennen kann.*

Von der Freiheit in die Abhängigkeit

3 **Mittelalterliches Dorf.** Rekonstruktionszeichnung.

Die Bauern verlieren ihre Freiheit
Im Mittelalter lebten die meisten Menschen von der Landwirtschaft: am Anfang fast alle, am Ende des Mittelalters – um 1500 – immer noch über 80 Prozent. So groß ist der Anteil der Landbevölkerung heute beispielsweise in Pakistan oder in der Türkei.
Zur Zeit Karls des Großen (um 800) besaßen in großen Teilen des Frankenreiches noch viele Bauern eigenes Land. Sie konnten es bearbeiten und von den Erträgen leben. 200 Jahre später gehörte das Land zumeist nicht mehr den Bauern, sondern adligen Herren.
Für diese Herren mussten die Bauern jetzt arbeiten. Sie durften nicht einmal mehr ihren Hof verlassen, um z. B. in ein anderes Dorf zu ziehen. Denn wie das Land, so gehörten auch sie selbst ihrem Herrn. Aus einstmals freien Bauern waren Unfreie geworden.
Der französische Bischof Adalbero von Laon schrieb im Jahr 1016 über sie:

Q1 … Wer könnte die Sorgen zählen, von denen die unfreien Bauern während ihrer langen Wege und ihrer harten Arbeit bedrückt werden? Geld, Kleidung, Nahrung: Die unfreien Bauern liefern alles an jedermann. Kein Adliger könnte ohne ihre Abgaben bestehen. Der Herr, der vorgibt, seine Bauern zu ernähren, wird in Wahrheit von ihnen ernährt …

Der Adlige Hugo von Trimberg meinte etwa 300 Jahre später:

Q2 … Ich kam in ein Dorf geritten … Da kam ein Bauer auf mich zu und sprach …: „Liebster Herr, wie kommt es denn, dass es euch Herren viel besser geht als uns armen Bauern? Sind denn die einen unfrei, während die anderen frei sind?“
„Ja“, sagte ich. Das machte ihn zornig und er sagte: „Wir sind doch alle von einer Mutter geboren?“ …
Da kam ein Rudel Bauern aus der Schenke … Sie baten mich alle, ihnen zu erklären, warum der edel, jener unedel, der frei, jener unfrei sei …

4 *Beschreibt das Dorf auf der Abbildung 3 und vergleicht es mit einem heutigen Dorf.*
5 *Stellt Vermutungen darüber an, was Hugo von Trimberg den Bauern geantwortet haben könnte.*

Grundherrschaft*

Grundherrschaft*:
Herrschaft über das Land und die Menschen, die auf ihm wohnten. Bauern erhielten vom Grundherrn Land, Schutz in Notzeiten und die Befreiung von der Heeresfolge. Die Bauern mussten dafür Abgaben entrichten und Frondienste leisten.

1 **Abhängigkeitsverhältnis zwischen Bauer und Grundherr.** Schaubild.

Hörige*:
Bezeichnung für Bauern, die an das vom Grundherrn verliehene Land gebunden waren und bestimmte Abgaben und Dienste leisten mussten.

Leibeigener:
Spätmittelalterlicher Begriff für einen hörigen Bauern mit besonders vielen Dienst- und Abgabeverpflichtungen und besonders geringen eigenen Entscheidungsmöglichkeiten. So waren Leibeigene an den Boden gebunden und durften nicht wegziehen; bei Verschenkung oder Verkauf des Bodens wurden sie mit weggegeben.

Warum verloren die Bauern ihre Freiheit?

Es ist nicht überliefert, welche Antwort Hugo von Trimberg den Bauern gab auf ihre Frage, warum sie unfrei seien (siehe Q2, S. 65). Die Zeit, da es noch viele freie Bauern gegeben hatte, lag schon lange zurück. Das war die Zeit Karls des Großen gewesen. Unter seiner Herrschaft hatte jeder freie Bauer die Pflicht, zusammen mit seinem König in den Krieg zu ziehen (Heeresfolge).

Karl der Große führte viele Kriege. So waren die freien Bauern manchmal mehrere Jahre nicht zu Hause, wenn es eigentlich Zeit gewesen wäre für Aussaat oder Ernte. Zahlreiche Höfe verfielen, Hunger und Not kehrten ein. Um dem Kriegsdienst zu entgehen, übergaben freie Bauern ihren Grund und Boden einem Herrn, der dadurch ihr Grundherr wurde.

Grundherren und Hörige*

Grundherren konnten z. B. sein: Adlige, Grafen, aber auch Bischöfe oder Klöster. Der Grundherr übernahm für seine Bauern die Heeresfolge. Er schützte und unterstützte sie in Notzeiten. Diese Bauern brauchten also nicht mehr mit dem König in den Krieg zu ziehen. Sie konnten das ganze Jahr über den notwendigen Arbeiten im Hof und auf dem Feld nachgehen.

Als Gegenleistung mussten sie sich dazu verpflichten, jedes Jahr

- einen bestimmten Anteil an der Ernte, an Milch, Käse, Eiern und Vieh an den Grundherrn abzuliefern. Bei der Ernte handelte es sich ungefähr um den zehnten Teil. Diese Abgabe wird daher der Zehnt genannt.
- bestimmte Arbeiten für den Grundherrn zu verrichten, wie etwa Mithilfe auf den Wiesen oder Feldern, Zäune errichten, Wege anlegen oder Brücken bauen. Diese Arbeiten werden Frondienste (fron = Herr) genannt.

Aus freien Bauern wurden so unfreie; sie werden auch als Hörige bezeichnet.

1 *Erläutert das Schaubild (Abbildung 1).*

2 *Spielt folgende Szene: Zwei freie Bauern, die wieder in den Krieg ziehen sollen, unterhalten sich. Der eine Bauer möchte sich jetzt in die Abhängigkeit eines Grundherrn begeben, der andere möchte frei bleiben.*

2 **Bauern bei der Fronarbeit.** Buchmalerei, 15. Jahrhundert.

Bauer Widrad und das Kloster Prüm

In welchem Umfang die hörigen Bauern Abgaben und Dienste leisteten, erfahren wir aus einem Bericht des Klosters Prüm in der Eifel. Zu diesem Kloster gehörten auch 30 hörige Bauern in Rommersheim. Einer dieser Bauern war Widrad.

Von ihm schreibt der Abt des Klosters im Jahr 893:

Q1 ... Widrad gibt an das Kloster jedes Jahr einen Eber, ein Pfund Garn, drei Hühner, 18 Eier. Er fährt fünf Wagenladungen von seinem Mist auf unsere Äcker, bringt fünf Bündel Baumrinde für die Beleuchtung und fährt zwölf Wagenladungen Holz zum Kloster. Dieses Holz dient im Winter zum Heizen. Ferner liefert Widrad dem Kloster jährlich 50 Latten und 100 Schindeln für Dachreparaturen. Sein Brot bäckt Widrad in unserem Backhaus und das Bier braut er in unserem Brauhaus. Hierfür zahlt er an das Kloster eine Gebühr.

Eine Woche in jedem Jahr verrichtet er den Hirtendienst bei unserer Schweineherde im Wald. Er bestellt drei Morgen Land, das ganze Jahr hindurch, jede Woche drei Tage. Das bedeutet: Er muss bei der Einzäunung unserer Äcker und Weiden helfen, zur rechten Zeit pflügen, säen, ernten und die Ernte in die Scheune bringen.

Bis zum Dezember, wenn das Getreide gedroschen wird, muss er es zusammen mit anderen Hörigen bewachen, damit es nicht von Brandstiftern angezündet wird. Wachdienst muss ebenfalls geleistet werden, wenn der Herr Abt kommt, um ihn vor nächtlicher Gefahr zu schützen.

Wenn Widrad 15 Nächte den Wachdienst verrichtet, das Heu geerntet und auf unseren Äckern gepflügt hat, erhält er in einem guten Erntejahr Brot, Bier und Fleisch; in anderen Jahren erhält er nichts.

Die Frau Widrads muss leinene Tücher aus reinem Flachs anfertigen, acht Ellen lang und zwei Ellen breit. Sie fertigt daraus Hosen für die Mönche an. ...

3 *Einen Überblick über Abgaben und Dienste eines hörigen Bauern erhaltet ihr, wenn ihr folgende Tabelle erstellt:*

Jährliche Abgaben	Frondienste	Weitere Leistungen
...	...	...
...	...	...
...	...	...

4 *Versetzt euch in die Lage Widrads und seiner Frau. Welche Abgaben und Dienste hättet ihr als besonders hart empfunden?*

Alltag einer Bauernfamilie

Bauernregeln: *Merksprüche, die wie Sprichwörter klingen. Sie beziehen sich meist auf die Vorhersage des Wetters und seiner Auswirkungen auf die Ernte. Beispiel: „Mairegen auf die Saaten, dann regnet es Dukaten" (das heißt, die Ernte wird reichlich ausfallen und dem Bauern viel Geld einbringen).*

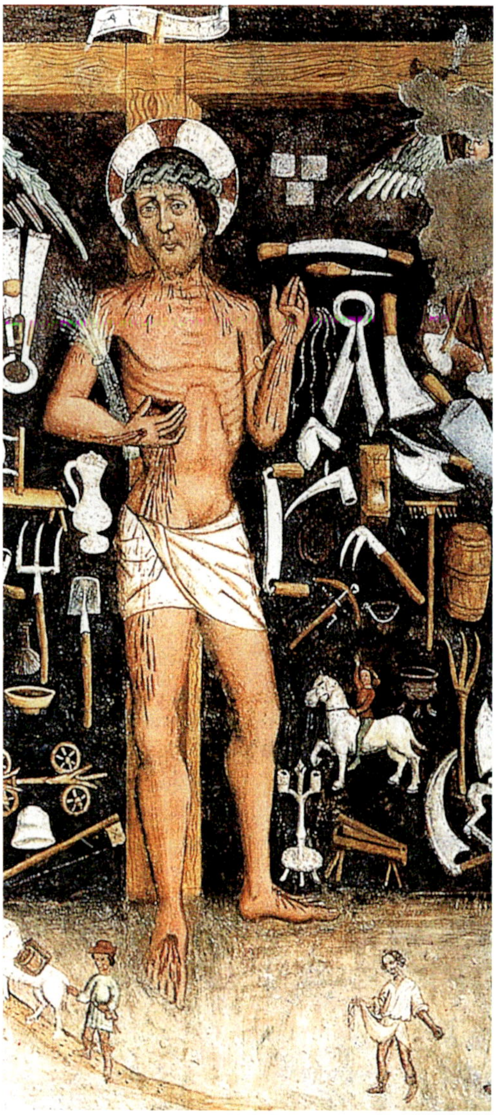

1 **„Feiertagschristus".** Die abgebildeten Werkzeuge und Tätigkeiten geben an, welche Arbeiten an Sonn- und Feiertagen verboten waren. Fresko von 1465.

Albrecht, ein Bauernsohn, berichtet: *Wie meine Eltern und Geschwister gehöre ich dem Grundherrn. Wenn mein Vater nicht mehr arbeiten kann, übernehme ich den Hof. Mit meinem Vater arbeite ich bis in die Dunkelheit auf dem Feld. Spielen darf ich nur am Sonntag. Ich muss im Morgengrauen aufstehen und mit dem Vater zum Ernten gehen. Er bringt mir alles bei.*

Leben in einem Bauerndorf

Die Bauerndörfer im Mittelalter waren nicht sehr groß; mehr als 100 bis 200 Einwohner hatten nur wenige. In der Mitte des Dorfes stand die Kirche, aus Stein erbaut, in einiger Entfernung dazu standen die Bauernhäuser. Ein Zaun umgab das Dorf. Er sollte verhindern, dass das Vieh entlaufen konnte, und zugleich Schutz vor Überfällen bieten.

Die Menschen, die hier wohnten, mussten fast alles, was sie zum Leben brauchten, selbst herstellen. Sie
- bauten ihre Häuser oder Hütten selbst,
- spannen und webten,
- verarbeiteten Tierhäute und Felle zu Kleidungsstücken,
- stellten Arbeitsgeräte her,
- backten ihr Brot und verarbeiteten die Milch zu Butter und Käse.

Diese und viele andere Arbeiten erforderten den vollen Arbeitseinsatz aller Familienmitglieder. Die Arbeitszeit wurde durch die Jahreszeit bestimmt. Wenn es hell wurde, stand man auf, im Sommer zwischen 4 und 5 Uhr; die erste Hauptmahlzeit nahm man zwischen 9 und 10 Uhr ein, die zweite nachmittags zwischen 16 und 17 Uhr. Die Mahlzeiten bestanden aus Brot, Haferbrei oder gekochtem Gemüse. Zu trinken gab es Wasser oder Molke (Käsewasser). Sobald es dunkel wurde, ging man schlafen, denn eine Beleuchtung gab es kaum.

Die meisten Bauernhäuser bestanden aus einem einzigen Raum. Ein grob gezimmerter Tisch, ein paar Bänke an den Wänden, niedrige dreibeinige Hocker – das war fast die ganze Ausstattung. Betten gab es nicht. Man legte sich zum Schlafen auf einen Strohsack oder im Winter auf die große Ofenbank. Wenn dann am nächsten Morgen das Tageslicht durch kleine Luken fiel, die durch Weidengeflecht, Holzgitter oder Schweinsblasen nur notdürftig verschlossen waren, begann ein langer Arbeitstag für die ganze Familie.

Nur an Sonntagen und den zahlreichen Feiertagen waren die meisten Arbeiten streng verboten. Um die Bauern immer wieder daran zu erinnern, gab es in manchen Kirchen Bilder, die auf dieses Verbot hinwiesen.

1 *Erklärt mithilfe der Abbildung 1, welche Arbeiten an Sonn- und Feiertagen strikt verboten waren.*

2 *Überlegt, warum die Verbote in den Kirchen als Bilder aufgestellt wurden.*

Alltag einer Bauernfamilie

Arbeiten einer Bäuerin

Besonderen Belastungen schienen die Bäuerinnen ausgesetzt zu sein.

Ein 1986 erschienenes Buch berichtet über die Bäuerinnen:

M1 … Neben der Hilfe bei Heu- und Getreideernte verrichteten sie eine Fülle von Tätigkeiten in Haus, Garten und Feld, wie Dreschen des Korns, Versorgung des Groß- und Kleinviehs, Weiterverarbeitung der Milch zu Butter und Käse und Schlachten von Haustieren … Zu den üblichen Arbeiten der Frau im bäuerlichen Haushalt gehörten die Betreuung des Herdfeuers, die Zubereitung der Speisen und die Anlage von Vorräten … Typisch weibliche Tätigkeiten waren die Verarbeitung von Hanf und Flachs und das Spinnen und Weben von Leinen … Für den Zusammenhalt der bäuerlichen Hausgemeinschaft und für das Funktionieren der Bauernwirtschaft überhaupt übte die Bäuerin also eine unersetzbare Funktion aus. Einen Bauernhaushalt ohne Frau zu führen, war schlechterdings nicht möglich. Harte, entsagungsvolle Arbeit vom Morgen bis zum Abend bestimmte den Alltag der Bäuerin …

Das Leben der Kinder

Die frühen Heiraten führten zu zahlreichen Geburten. Kinderkrankheiten, der Schmutz in den Bauernhäusern und die fehlende Hygiene ließen viele Kinder im Säuglings- oder Kleinkindalter sterben; von 12 bis 14 Neugeborenen blieben in der Regel nur drei bis fünf Kinder am Leben. Schon mit fünf oder sechs Jahren mussten sie im Haushalt, Garten oder Stall mithelfen, um möglichst bald mit allen anfallenden Arbeiten vertraut zu werden. Niemand hielt es für nötig, diesen Kindern auch Lesen oder Schreiben beizubringen.

3 *Erklärt mithilfe von M1 und den Abbildungen 2–4 den Satz: „Für das Funktionieren der bäuerlichen Lebensgemeinschaft übte die Bäuerin eine unersetzbare Funktion aus."*

4 *Stellt fest, warum Kinder als Arbeitskraft für die Eltern so wichtig waren.*

2 **Buttern und Melken.** Buchmalerei (Ausschnitt), um 1500.

3 **Brot backen.** Buchmalerei (Ausschnitt), um 1500.

4 **Spinnen von Schafwolle.** Kalenderminiatur (Ausschnitt), um 1530.

Butterfass. *Rekonstruktionszeichnung. Ohne Kühlgeräte konnte man frische Milch nicht lange aufbewahren. Man konnte aus Milch aber Butter und Käse herstellen, die länger haltbar waren. Um Butter zu gewinnen, ließ man Milch einige Zeit in flachen Gefäßen stehen, bis sich eine dickflüssige Rahmschicht bildete. Der Rahm wurde abgeschöpft und im Butterfass gestoßen, bis sich das Fett absetzte. Aus etwa 30 Litern Milch konnte man ein Kilogramm Butter herstellen.*

Hildegard, eine Bauerstochter, berichtet: *Wichtig ist, dass ich die Stall-, Feld- und Hausarbeit lerne. Wenn ich einmal heirate, dann kann ich den Haushalt führen. Manchmal gehe ich mit der Mutter auf den Markt. Dort verkaufen wir Eier und Hühner. Abends muss ich beim Spinnen helfen. Oft helfe ich meiner Mutter beim Sammeln von Pilzen, Beeren und Bucheckern.*

Leben in der Dorfgemeinschaft

1 **Ländliches Fest in einem Dorf.** Ausschnitt aus einem Gemälde von Lucas van Valckenborch, 2. Hälfte des 16. Jahrhunderts.

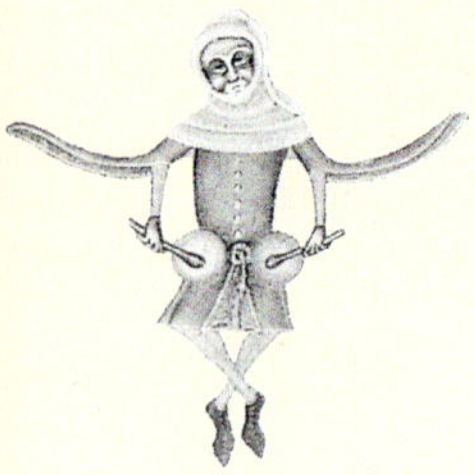

Das einfache Volk sang bei Festen Volkslieder und tanzte zur Musik von Flöten und Trommeln.

Lesetipp:
Alfred Bekker, Tatort Mittelalter: Der Hund des Unheils. Ueberreuter, Wien 2005.

Feste und Feiern

Eine willkommene Gelegenheit, der tagtäglich schweren Arbeit zu entgehen, boten die kirchlichen Feiertage und die Familienfeste.
So heißt es in verschiedenen Berichten aus dem 16. Jahrhundert:

Q1 … In der Kirche, die in fast jedem Dorf anzutreffen ist, kommen sie an Festtagen vormittags alle zusammen und hören von ihrem Priester Gottes Wort.
Am Nachmittag trifft man sich unter der Dorflinde oder an einem anderen öffentlichen Ort, um zu feiern. Einige gehen dazu ins Wirtshaus zum Zechen, andere spielen mit Kugeln.
Die Jüngeren aber, Knechte und Mägde, laufen zum Tanzen und springen herum zu den Melodien der Musikanten, die Dudelsack oder Pfeife spielen. Besonders beliebt war das Kirchweihfest, die Kirmes, und das Frühlingsfest, das häufig im Mai gefeiert wurde. Eine besondere Rolle spielte dabei das Festessen. Es konnte bestehen aus: Erbsen mit Speck, Rindfleisch mit Senf, danach Schweinefleisch mit gelber Brühe und weißem Brot. Dazu gab es in Norddeutschland selbst gebrautes Bier aus Hafer, Gerste oder Weizen. In Süddeutschland trank man selbst gekelterten Landwein oder Most …

Besonders ausgiebig wurden Hochzeiten gefeiert. Dabei – so wird berichtet – ging es so hoch her, dass im Keller und im Viehstall kaum etwas übrig blieb. Die Adligen verachteten das Benehmen und die angebliche „Tumbheit" der Bauern.

1 *Beschreibt die Personen links oben auf der Abbildung 1 und sucht eine Erklärung für ihr Verhalten.*

2 *Berichtet von Festen und Feiertagen, die bei euch besonders begangen werden.*

3 *Lasst euch von euren ausländischen Mitschülerinnen und Mitschülern erzählen, welche Feste und Feiertage bei ihnen gefeiert werden.*

4 *Wie könnt ihr in eurer Schule ein ausländisches Fest feiern? Lasst euch von euren ausländischen Mitschülern beraten.*

5 *Wenn ihr in einem Kochkurs seid, dann bittet darum, verschiedene „Nationalgerichte" kochen zu dürfen.*

Leben in der Dorfgemeinschaft

Entscheidungen des Dorfgerichts

Die Dörfer im Mittelalter waren klein. Jeder kannte hier jeden. Man arbeitete gemeinsam, besuchte gemeinsam den Gottesdienst und gemeinsam feierte man auch die Dorffeste. Für dieses Miteinander gab es eine Bezeichnung: Man nannte es Nachbarschaft oder Gutnachbarlichkeit. Gutnachbarlichkeit bedeutete aber nicht, dass alle Dorfbewohner immer in Eintracht miteinander gelebt hätten. Ganz im Gegenteil: Wo Menschen ziemlich dicht beieinander wohnen, wo die Höfe Zaun an Zaun stehen und jedermann eifersüchtig darüber wacht, ob ihm nicht irgendein kleiner Nachteil entsteht, kann es leicht zu Streit kommen.

Fühlte sich jemand in seinen Rechten verletzt, so klagte er vor dem Dorfgericht. Es wurde geleitet vom Schulzen (Schulten, Schultheiß*). Das war ein besonders angesehener Bauer aus dem Dorf. Er wurde von den Dorfbewohnern gewählt oder vom Grundherrn ernannt.

Das Gericht tagte mehrmals im Jahr, und zwar immer an einem Sonntag, damit niemand der Arbeit fernbleiben musste. Die Gerichtsverhandlung fand unter der Dorflinde oder auf einem anderen öffentlichen Platz statt. Dem Schulzen standen zwei oder mehr Schöffen* als Berater zur Seite. Kläger und Beklagte brachten ihre Zeugen mit.

2 **Dorfgericht unter der Linde.** Aus einer Schweizer Bildchronik, 1513.

Zahlreiche Urteils- und Rechtssprüche dieser Dorfgerichte sind uns noch erhalten:

Q2 … Wenn einer dem anderen über sein Saatfeld Vieh treiben muss, soll er das Vieh an Stricken treiben, ohne der Saat zu schaden. Will einer Mist oder anderes auf sein Feld oder Frucht und Heu heimfahren und muss er dabei über das Gebiet eines anderen, so darf er es nur mit Erlaubnis des Besitzers …
Wer beim Brande nicht zum Retten mit herzuläuft und doch höret das Klingen oder Anschlagen der Glocke oder Geschrei des Volkes und lässt das aus Neid oder wegen Feindschaft, der soll Buße zahlen.
Wer zuerst in die Mühle kommt, mahlt zuerst …

Die Urteils- und Rechtssprüche dieser Dorfgerichte wurden in Weistümer* übernommen, die als Gesetzessammlungen das Leben in der Dorfgemeinschaft regelten und Pflichten und Rechte der Dorfbewohner festlegten. Diese Gewohnheitsrechte wurden ursprünglich mündlich überliefert, seit dem 13./14. Jahrhundert aber aufgeschrieben und bildeten die Grundlage der Friedenswahrung und Rechtsprechung im Dorf.

6 *Welche Rechtsfälle werden in Q2 geregelt?*

7 *Beschreibt die in Abbildung 2 dargestellte Gerichtsszene und spielt folgende Situation: Ein Bauer will zur Heuernte über das Land seines Nachbarn fahren, was dieser ihm aber verweigert.*

Schultheiß*:
Er vertrat im Dorf den Grundherrn und war für die Einziehung der Abgaben zuständig. Da er gleichzeitig über einen großen Hof verfügte, war er einer der wichtigsten Personen in der Dorfgemeinschaft und in der Regel auch der Leiter des Dorfgerichts.

Schöffe*:
Ausgewähltes Mitglied der Dorfgemeinschaft, der zusammen mit dem Schultheiß die Tat eines Angeklagten bei Gericht beurteilte, und die Strafe festlegte. Das Amt des Schöffen gibt es auch heute noch bei deutschen Gerichten.

Weistümer*:
Gesetzessammlungen von mündlich überlieferten Gewohnheitsrechten.

Werkstatt Geschichte: Ernährung im Mittelalter

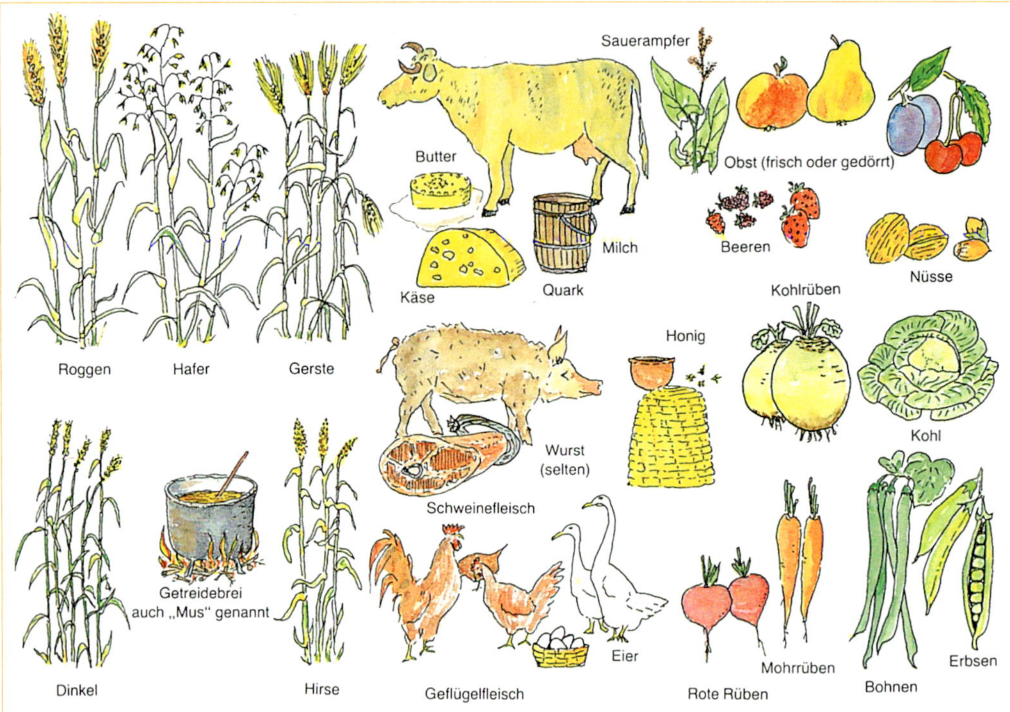

1 Nahrungsmittel im Mittelalter.

1. Was gab es zu essen?

Das könnt ihr ganz einfach herausfinden:

- Fasst die Nahrungsmittel in dem Schaubild in Gruppen zusammen.
- Nennt Möglichkeiten, die im Schaubild aufgeführten Nahrungsmittel haltbar zu machen, z. B. als Wintervorrat. Findet heraus, wie wir heute Nahrungsmittel haltbar machen.
- Fertigt eine Collage von den Nahrungsmitteln an, die ihr gern esst. Vergleicht mit dem Speiseplan des Mittelalters.
  Was fehlt? Welche Nahrungsmittel sind für uns heute noch von Bedeutung?
- Schlagt im Lexikon nach, woher die Kartoffel kam und seit wann sie in Europa Nahrungsmittel ist.

2. Jeden Tag „Mus"? – Guten Appetit!

Hauptnahrungsmittel der bäuerlichen Familie war der Getreidebrei, in einigen Gegenden auch „Mus" genannt. Wenn ihr wissen wollt, wie der Brei, den es fast jeden Tag gab, geschmeckt hat, dann kocht ihn nach dem folgenden Rezept:

Zutaten:

1,5 Liter Wasser
etwas Salz
1 Pfund Weizen
evtl. noch 2 Esslöffel Milch und
2 Esslöffel Schweineschmalz

Vorbereitung:

Das Mehl wird aus dem vollen Weizenkorn hergestellt. Die Weizenkörner werden auf einem Backblech im Backofen gebräunt; dann werden sie z. B. in einer Kaffeemühle geschrotet; sie müssen aber noch kernig sein.

Zubereitung:

Wasser in einem Topf erwärmen, dann das Mehl langsam einstreuen und mit dem Schneebesen umrühren; auf kleiner Flamme eine gute Stunde langsam kochen lassen. Wenn der Brei zu dick erscheint, etwas Wasser dazugeben. Immer wieder umrühren, damit nichts anbrennt.
Man kann an den fertigen Brei ein paar Esslöffel Milch geben, damit er etwas milder schmeckt.
Zum Schluss wird das Schmalz erhitzt und dazugegeben, wobei der Brei gerührt wird. Man kann auch mit dem Esslöffel ein paar Vertiefungen machen, damit das Schmalz hineinläuft.

Zum Weiterlesen: Neues Land wird urbar gemacht

Die schon im Altertum bekannte Wassermühle ist ein großer Fortschritt gegenüber der alten Handmühle. Doch die Mühle gehört nicht dem Müller, sondern dem Grundherrn, der sie bauen ließ und auf dessen Boden sie steht. Seit dem 12. Jahrhundert tauchen auch Windmühlen auf. Jeder Dorfbewohner muss sein Korn in der Mühle des Grundherrn mahlen lassen. Der Grundherr hat das Monopol für den Betrieb der Mühle und erhebt von den Bauern Gebühren für das Mahlen. Er lässt sogar die alten Handmühlen beschlagnahmen, damit niemand heimlich mahlen kann.

Die Urbarmacher benutzen beim Roden eine große Axt, die schwerer ist als das Beil. Die Äste werden mit der Hippe, einem sichelförmigen Messer, abgeschlagen, die Baumstümpfe mit Pferdegespannen ausgerissen. Das Unterholz wird abgebrannt.

Heu ist im Mittelalter knapp und Sensen sind sehr teuer. Der Bauer behandelt sie sorgfältig und schärft sie mit dem Wetzstein. Wenn es in einem trockenen Sommer nicht genug Gras gibt, fehlt es an Winterfutter. Das Vieh muss dann im November geschlachtet werden. Es ist der „blutige Monat" auf dem Land.

Die Gemüsegärten retten die Bauern oft vor dem Verhungern. Es wird viel vitaminreicher Kohl angebaut. Man kennt drei Salatsorten, Karotten, Zwiebeln, Knoblauch und Petersilie, Schalotten, Kerbel und vor allem Erbsen, die mit Speck gekocht werden.

Das Schaf ist ein besonders wertvolles Tier. Seine Wolle wird geschoren, gesponnen und verwebt. Man isst sein Fleisch und verwertet sein Fett. Aus den Därmen stellt man Saiten für Musikinstrumente her. Aus der Milch der Mutterschafe wird Käse gewonnen.

Weitere interessante Informationen über das Leben der Bauern finden sich in dem Band von Pierre Miquel: So lebten sie zur Zeit der Ritter und Burgen. 1250–1350. Tessloff, Hamburg 1979.

Methode: Ein Freilichtmuseum erkunden

1 **Niederdeutsches Hallenhaus: Der Valepagenhof von 1577 aus Delbrück-Dorfbauerschaft bei Paderborn.** Foto, 1991.

2 **Deele und Kuhstall des Haupthauses auf dem Osnabrücker Hof.** In der Deele (Diele) wurden Arbeitsgeräte untergebracht und verschiedene Arbeiten verrichtet. Foto, 1989.

Ein Ausflug in die Vergangenheit

Ein Freilichtmuseum ist eine Museumsanlage, in der verschiedene Wohnanlagen aus vergangenen Zeiten im Freien aufgebaut sind. So gibt es zum Beispiel alte Bauernhöfe, die so errichtet und eingerichtet sind, wie sie im Mittelalter ausgesehen haben. Ihr könnt dort mittelalterliche Werkzeuge und landwirtschaftliche Geräte besichtigen, manchmal auch selbst ausprobieren; an besonderen Tagen werden sogar spezielle Handwerkstechniken und traditionelle Arbeiten in Haus und Hof vorgeführt.

Ein Freilichtmuseum will den oft mühseligen Alltag unserer Vorfahren, ihre Lebens- und Arbeitsweise, auf anschaulich Weise zeigen.

Das Westfälische Freilichtmuseum Detmold

Das Museumsgelände in Detmold ist mehr als 90 Hektar groß und hat über 100 historische Gebäude aus dem 16. bis 20. Jahrhundert. Sie standen in verschiedenen Gebieten Westfalens und wurden im Museum vor dem Verfall gerettet: große und kleine Bauernhöfe, Handwerkerhäuser, Landarbeiterwohnungen, aber auch Bürgerhäuser, Schulen oder ein Spritzenhaus. Sie geben einen Überblick über die Entwicklung der Wohn- und Arbeitswelt und der Bau- und Lebenskultur der Menschen in Westfalen.

1 *Erklärt den Zweck von Freilichtmuseen.*

2 *Beschreibt die Abbildungen auf dieser Seite. Was fällt euch auf im Vergleich zu modernen Bauernhöfen?*

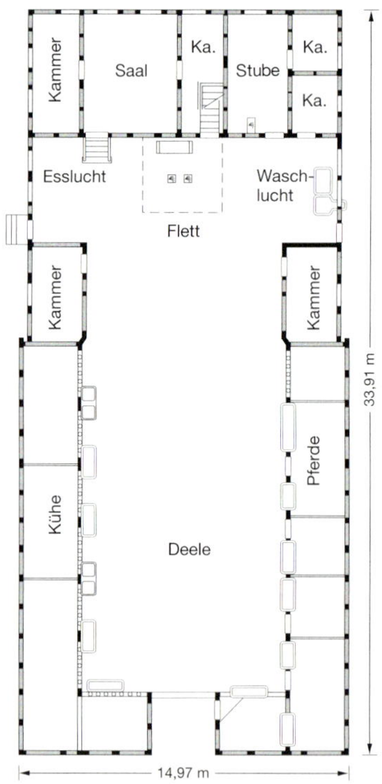

3 **Grundriss des Osnabrücker Hofes.** Zeichnung.

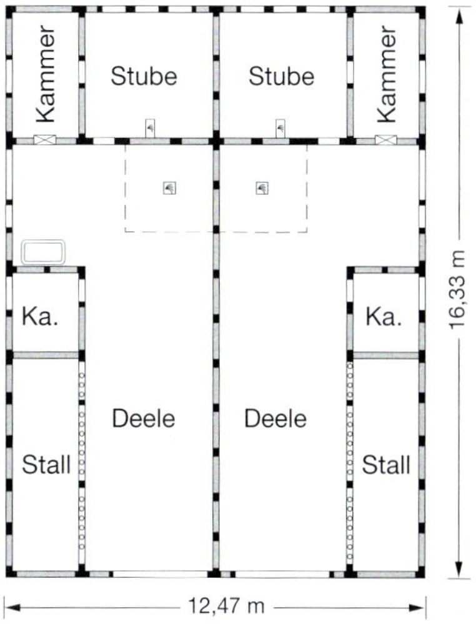

4 **Doppelheuerhaus. In diesem Haus wohnten zwei Heuerlingsfamilien. Heuerlinge waren Pächter eines kleinen Hofes.** Foto, 1989.

5 **Grundriss eines Doppelheuerhauses.** Zeichnung.

Besuch eines Freilichtmuseums

Um ein Freilichtmuseum zu erkunden, könnt ihr folgendermaßen vorgehen:

1. Schritt: Informationen beschaffen

Findet heraus, wo in eurer Nähe ein Freilichtmuseum ist, und lasst euch Prospekte schicken. Nutzt auch auf der Suche nach Adressen die Möglichkeiten des Internets (s. Kasten).

2. Schritt: Die Erkundung vorbereiten und organisieren

Plant bereits im Unterricht einen Rundgang durch das Museum. Was wollt ihr besichtigen und erfahren? Wie geht ihr am besten dabei vor?

3. Schritt: Das Museum selbstständig entdecken und erforschen

Vergleicht die Häuser, z. B. nach Größe, Raumaufteilung, Ausstattung, aber auch mit einem modernen Haus. Fragt nach, ob handwerkliche und landwirtschaftliche Techniken gezeigt werden, die ihr auch nachvollziehen könnt. Dokumentiert eure Exkursion mit Fotos und anderen Arbeitsmaterialien.

4. Schritt: Arbeitsergebnisse vorstellen

Die Ergebnisse eurer Exkursion könnt ihr auf verschiedene Weise festhalten:

- Verfasst einen Artikel für die Schülerzeitung.
- Stellt euch vor, ihr wohnt in einem der Häuser zusammen mit der Familie und den vielen Tieren unter einem Dach. Schreibt eine Erzählung, wie euer Leben ausgesehen haben könnte.
- Veranstaltet eine Podiumsdiskussion, in der ihr erörtert, ob solches „alte Gerümpel" es wert ist, durch den Denkmalschutz erhalten zu werden.
- Gestaltet mit euren Materialien eine Ausstellung zum Thema „Leben in einem mittelalterlichen Dorf".

Freilichtmuseen in Nordrhein-Westfalen

1. Kommern (*www.lvr.de/fachdez/kultur/museen/freilichtmuseum+kommern*)
2. Lindlar (*www.lvr.de/kultur/bflm*)
3. Dorenburg/Grefrath (*www.freiluftmuseum-dorenburg.de*)
4. Westfälische Mühlenstraße Minden-Lübbecke (*www.muehlenkreis.de*)
5. Westfälisches Freilichtmuseum Detmold (*www.freilichtmuseum-detmold.de*)
6. Traktoren-Museum Horn-Bad Meinberg (*www.traktorenmuseum.de*)

Die Welt der Ritter

1 Page beim Tischdienst. Buchmalerei.

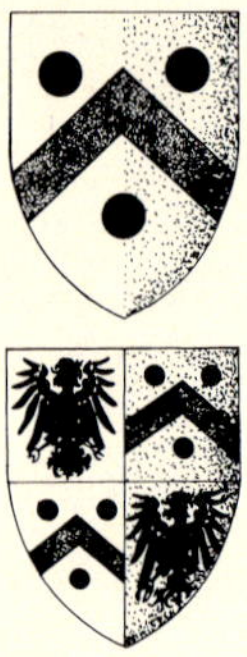

Wappen:
Wappenzeichen auf den Schilden halfen den Rittern, sich zu orientieren, wenn sie mit geschlossenen Visieren kämpften. Heiratete ein Ritter, so wurden die Wappen beider Familien auf dem Schild abgebildet. Heirateten die Nachkommen, wurde das Wappen viergeteilt usw.

CD-ROM-Tipp:

Quiz 1: Die Ritter – über 600 Fragen, vertrackte Rätsel, viele Spiele, für einen oder zwei Spieler. CD-ROM mit Beiheft. Tivola-Verlag, Berlin 1999.

Rittertum & Mittelalter. Streifzug durch eine faszinierende Zeit. CD-ROM. Theiss Verlag, Stuttgart 2000.

Der Ritterstand – ein neuer Stand

Reiterkrieger gab es schon seit den Karolingern. Ihre Ausrüstung war sehr teuer. Ein Reitpferd z. B. hatte den Wert von acht Ochsen; eine Panzerrüstung kostete so viel wie ein kleiner Bauernhof. Außerdem mussten die Reiterkrieger sich ständig im Kriegsdienst üben und jederzeit bereit sein, mit ihrem Lehnsherrn in den Krieg zu ziehen. Nur Adlige mit genügend hohem Einkommen waren dazu in der Lage.

Um für die vielen Kriege immer genügend Reiterkrieger zu haben, erhielten auch Nichtadlige ein Lehen. Sie wurden Verwalter auf Burgen oder waren sogar Heerführer. In ihrer Lebensweise glichen sie sich dem Adel an. Zusammen bildeten sie bald einen neuen Stand: den Ritterstand. Im Verlauf des 12. Jahrhunderts schloss sich der Ritterstand endgültig nach unten hin ab. Ritter konnte nur noch der werden, dessen Vater bereits Ritter war.

Ausbildung zum Ritter

Die Erziehung zum Ritter begann mit dem siebten Lebensjahr. Der Junge wurde an den Hof eines anderen Ritters gegeben. Dort lernte er als Page zunächst höfisches Benehmen, d. h. ein Betragen, wie es an einem Adels- oder Königshof üblich war, vor allem das Benehmen bei Tisch.

In einer Anweisung aus dem Jahr 1250 heißt es:

Q1 … Man schmatzt und rülpst auch nicht und schnäuzt nicht in das Tischtuch. Ein Edelmann isst nicht mit einem anderen zusammen vom gleichen Löffel … Es ist bäuerliche Sitte, mit angebissenem Brot wieder in die Schüssel einzutunken. Aus der Schüssel trinkt man nicht wie ein Schwein. Wird einem das Trinkgefäß gereicht, soll man sich den Mund abwischen und nicht in den Trunk blasen und nicht zu viel heraustrinken

1 *Erklärt, warum man Regeln für Tischsitten festlegte.*

Um Schreiben und Lesen musste sich ein zukünftiger Ritter nicht kümmern. Jagd und Waffenhandwerk bestimmten die Ausbildung. Mit 14 Jahren erhielt der Page ein Schwert. Als Knappe trug er nun Speer und Schild des Lehrmeisters und bediente ihn beim Essen.

Mit 21 Jahren wurde der Knappe anlässlich einer Feier, der so genannten Schwertleite, zum Ritter geschlagen. Die Nacht davor verbrachte er mit Gebeten in der Kapelle, bevor ihn andere Knappen in die Messe führten. Hier empfing er nach dem Rittergelübde sein Schwert, das der Priester gesegnet hatte.

2 *Vergleicht das Leben eines Pagen mit dem eines heute 7-jährigen Jungen und das eines Knappen mit dem eines heute 14-Jährigen.*

Der Knappe wird zum Ritter

2 **Ritter zu Pferd.** Buchmalerei, 14. Jahrhundert.

Ein Ritter legt sein ***Kettenhemd*** *ab. Darunter erscheint ein Hemd aus dickem Stoff, das den Druck des Eisengeflechts abpolstert. Buchmalerei, um 1300.*

Rüstung eines Ritters

Kein Ritter trug ständig seine Rüstung. Dazu war sie zu schwer und unbequem. Eine Ketten- oder Maschenrüstung wog schon 20 kg. Nach Einführung der Armbrust mit ihrer höheren Durchschlagskraft führte man den Plattenpanzer aus Stahl ein. Er wog bis 50 kg. Zwei Knappen waren nötig, um den Ritter zu rüsten. Fiel er im Kampf vom Pferd, war er recht hilflos. Half ihm sein Knappe nicht rechtzeitig auf die Füße, konnte er leicht getötet werden. Über der Rüstung trug der Ritter noch einen ärmellosen Waffenrock, der die leicht rostende Rüstung vor Feuchtigkeit schützen sollte und bei starkem Sonnenschein das Aufheizen der Rüstung milderte.

Das Aufkommen der Fern- und Feuerwaffen im 16. Jahrhundert machte die Ritter bedeutungslos. Die Rüstung bot keinen Schutz mehr und sie wurde nur noch bei festlichen Anlässen getragen oder als Prunkstück auf Gemälden dargestellt.

3 *Beschreibt mithilfe der Abbildungen auf dieser Seite die Ausrüstung eines Ritters.*

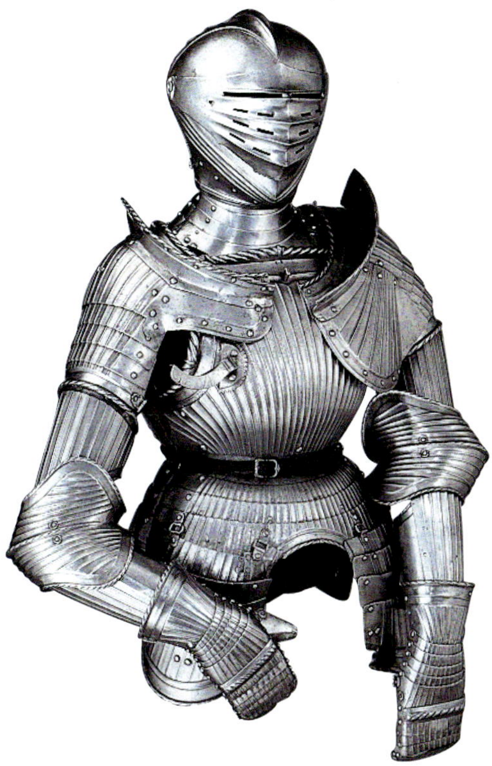

3 **Ritterrüstung (Harnisch).** Ende 15. Jahrhundert. Foto.

Ritter *mit Topfhelm, Streitaxt und Schuppenpanzer.*

CD-ROM-Tipp:
Dietrich Hermann, Manfred Kühr, CD-ROM: Rittertum und Mittelalter. Theiss Verlag, Stuttgart 2000.

Ritter im Turnier

1 **Ein Ritterturnier***. Buchmalerei für den Herzog von Burgund, um 1470.

Ritterturnier:*
Es gab drei unterschiedliche Formen des Turniers:

- *der **Buhurt**, ein Massenkampf zwischen zwei gleich großen Heerhaufen;*
- *die **Tjost**, ein Zweikampf, bei dem die Gegner nach mehreren Runden vom Pferd absteigen mussten, um den Kampf zu Fuß und mit dem Schwert fortzusetzen;*
- *der **Turnei**, der Kampf zwischen zwei Gruppen mit stumpfen Lanzen; Sieger war die Partei, die die meisten Gegner aus dem Sattel werfen konnte.*

Auf dem Turnierplatz

Nach dem Ritterschlag durfte der junge Ritter erstmals als Kämpfer an einem Turnier teilnehmen. Als Berufskrieger musste er sich ständig in der Beherrschung seiner Waffen üben. Diesem Zweck dienten die Turniere. Sie waren aber zugleich prächtige und aufwändige Feste der ritterlich-höfischen Gesellschaft. Siege im Turnier galten als ebenso ehrenhaft wie Siege im Krieg. Der Turnierplatz war durch Schranken abgetrennt. Dahinter drängten sich die Zuschauer. Vornehme und edle Damen saßen auf einer Tribüne.

Beim Zweikampf kam es darauf an, dass der gepanzerte Ritter beim Aufeinandertreffen im schärfsten Galopp seinen Gegner mit der 3,70 m langen Stechlanze aus dem Sattel hob. Der Sieger erhielt aus der Hand einer Dame den Siegespreis. Der in den Sand gestoßene Gegner verlor oft Pferd und Rüstung an den Sieger. Manch armer Ritter erkämpfte sich dabei ein wertvolles Pferd und eine moderne Rüstung.

Nach den Einzelkämpfen begannen die Gruppenkämpfe. Scharen von Rittern stürmten aufeinander los.

M1 In einer modernen Darstellung heißt es:

… an gab den Rossen die Sporen, zu kräftigem Stoß sprengten die Ritter aufeinander los. Mann und Ross sah man stürzen. Mächtig krachten die Speere, heftig stießen die Schilde aneinander, davon schwollen die Knie. Beulen und Wunden von den Speeren gab es genug, die Panzerringe bereiteten Schmerzen und manches Glied war verrenkt. Das Turnier war wirklich gut. Man verstach viele große Speere und wer durch sie zu Boden gefällt wurde, der litt viel Schmerz durch Tritte …

1 *Seht euch die Abbildung 1 an und nennt verschiedene Personengruppen, die beim Turnier anwesend sind.*

2 *Vergleicht die Ritterturniere des Mittelalters mit großen Sportveranstaltungen heute (Ausrüstung, Siegprämien, Rolle der Zuschauer usw.).*

Ritter im Turnier

2 Vom Abschied bis zur Heimkehr: Ritter im Turnier. Buchmalerei aus der Manessischen Liederhandschrift, 14. Jahrhundert.

Ritterliche Beulen und Wunden

Nicht immer ging es mit Beulen und Wunden ab. Aus Listen, die uns überliefert sind, wissen wir, dass zahlreiche Adlige bei Turnieren getötet wurden.

Für die einfachen Ritter, mithin die große Mehrheit der Turnierkämpfer, besitzen wir keine genauen Zahlen, da die Quellen nur über Hochgestellte berichten. Doch vereinzelte Angaben zeigen, wie hoch die Gesamtverluste bei einem Turnier sein konnten. So blieben im Jahr 1241 bei einem Turnier in Neuss bei Köln 60 Ritter tot auf dem Platz.

3 *Nennt Gründe, warum Turniere für die Ritter wichtig waren.*

4 *Ein Knappe begleitet seinen Herrn zum ersten Mal zu einem Turnier. Nach Hause zurückgekehrt, berichtet er davon.*
Überlegt mithilfe der Abbildungen auf dieser Doppelseite sowie des Textes, was der Knappe erzählt haben könnte.

5 *Versucht herauszufinden, was folgende Redensarten aus der Rittersprache heute bedeuten:*

- *fest im Sattel sitzen*
- *Böses im Schilde führen*
- *sich die Sporen verdienen*
- *sich aufs hohe Ross setzen.*

Raubritter:
Als am Ende des Mittelalters die Ritter durch das Aufkommen der Feuerwaffen ihre militärische und politische Bedeutung verloren, sanken viele zu Raubrittern herab, die von Kaufleuten hohe Wegegebühren erpressten oder sie überfielen und ausplünderten.

Lesetipp:
Georges Duby, Die Ritter. dtv, München 2001. – Eine spannende Geschichte über das Leben der Ritter, von der Ausbildung bis hin zu den großen Turnieren.

Frauenleben in der Ritterzeit

1 **Frau beim Hanfschlagen.** Buchmalerei, 14. Jahrhundert.

2 **Schreiberin** (rechts im Bild) **des Minnesängers* Reinmar von Sweter.** Buchmalerei, 14. Jahrhundert.

Minnesänger*:
Minne ist das mittelalterliche Wort für Liebe. Im Minnesang wurde die Liebe zur adligen Frau durch Troubadoure besungen. Die Künstler verbanden die Dichtung mit musikalischem Können.

Hildegard von Bingen
(1098–1179):*
Die heilige Hildegard wurde als zehntes Kind eines Adligen in einem Kloster erzogen, in dem sie dann auch als Nonne verblieb. Als Äbtissin gründete sie die Benediktinerinnenabteien Rupertsberg bei Bingen und Eibingen bei Rüdesheim. Bereits als Kind soll sie Visionen gehabt haben, in denen sich Gott ihr offenbarte. Sie verfasste neben theologischen auch zahlreiche naturwissenschaftliche und medizinische Schriften, die ihren Ruhm als Naturforscherin und Ärztin bis heute begründeten.

3 **Frauen im Garten.** Gemälde eines unbekannten Meisters, um 1410.

Die Erziehung der adligen Mädchen

Die Töchter der Ritter wurden durch eine besondere Erziehung auf ihr zukünftiges Leben vorbereitet. Dies bedeutete in erster Linie die Aufgaben als Ehefrau eines Ritters und als Burgherrin zu erfüllen, sofern sie nicht für ein Leben im Kloster bestimmt wurden – wie das Schicksal vieler adliger Mädchen, z. B. Hildegards von Bingen*, zeigt.

Die Mädchen wurden auf der elterlichen Burg von ihrer Mutter in strenger Abgeschiedenheit erzogen. Sie lernten nützliche Handarbeiten wie Spinnen, Nähen und Sticken, auch die Aufgaben, die sie als künftige „Hausfrauen" zu erfüllen hatten, mussten sie beherrschen. Eine Burgherrin hatte sich um die Hauswirtschaft der ganzen Burg zu kümmern; so musste von ihr und ihren Mägden z. B. alle Kleidung selbst genäht werden. Daneben erlernten adlige Mädchen Lesen und Schreiben und beherrschten sogar Fremdsprachen (Französisch). Auch der Gesang und das Spielen eines Musikinstruments gehörten zur Ausbildung, sodass sie in der Regel über mehr Bildung ver-

Frauenleben in der Ritterzeit

4 **Ein Händler bietet der Burgherrin seine Waren an.** Buchmalerei, 14. Jahrhundert.

5 **Minneszene.** Buchmalerei, 14. Jahrhundert.

fügten als die Jungen. Um ihre Chancen auf eine vorteilhafte Heirat mit einem vermögenden Adligen zu erhöhen wurde ein Edelfräulein nicht selten mit 14 Jahren an einen auswärtigen Hof gebracht, wo sie sich im Gesellschaftsspiel (z. B. Schach), dem höfischen Benehmen und auch in der Dichtkunst vervollkommnen konnte. Etwa vom 16. Lebensjahr an wurde von ihr erwartet, dass sie alle gesellschaftlichen Pflichten selbst übernahm.

1 *Überlegt, welche Voraussetzungen die Ritterfrauen erfüllen mussten, um die in den Abbildungen 1 bis 4 gezeigten Tätigkeiten ausüben zu können.*

Die adlige Frau in der Gesellschaft

Diese umfassende höfische Erziehung und Ausbildung war auch Voraussetzung und Grundlage für die gesellschaftliche und rechtliche Stellung adliger Frauen. Selbst wenn die von Männern bestimmte ritterliche Dichtung ein Frauenideal zeichnete, das sie als tugendhaft, sanft, lieb und – außer wenn sie z. B. wie Elisabeth von Thüringen* in der Armenpflege tätig war – als passiv darstellte, dürfte dies nicht der tatsächlichen Lage vieler adliger Frauen entsprochen haben. Zwar unterstanden sie der Vormundschaft des Mannes, entweder der des Vaters oder der des Ehemannes, und galten lange Zeit vor Gericht nicht als „eidesfähig". Als Herrin eines Hofes waren sie aber durchaus in der Lage zu befehlen und Entscheidungen zu treffen, die von den Untergebenen uneingeschränkt anerkannt wurden. Falls es in einer adligen Familie keine männlichen Nachkommen gab, konnte das adlige Mädchen Rechte und Pflichten wie ein Mann übernehmen. Sie verwaltete den Besitz, hielt Gericht und stellte sogar im Kriegsfall Truppen auf. Insbesondere ihr Vorrecht auf Bildung verlieh ihr eine besondere Rolle in der ritterlichen Gesellschaft, sie wurde von Troubadouren besungen und verehrt und prägte – bis hin zur Mode – das höfische Leben im Mittelalter.

2 *Fasst zusammen, welche Rolle die adlige Frau in der höfischen Gesellschaft spielte.*

Elisabeth von Thüringen *(1207–1231)*: Sie gehörte zu den bekanntesten Frauen der Ritterzeit. Die Tochter des ungarischen Königs Andreas II. wuchs auf der Wartburg auf und heiratete den Thüringer Landgrafen. Ihr Leben widmete sie ganz der Fürsorge und Pflege von armen und kranken Menschen. Nach ihrem frühen Tod wurde sie heilig gesprochen. Für viele Frauenklöster diente Elisabeths Tätigkeit als Vorbild.*

Lesetipp:
Regine Pernoud: Ein Tag im Leben einer Burgherrin. Echter Verlag, Würzburg 1996.

Ursula Koch: Elisabeth von Thüringen. Brunnen-Verlag, Gießen 1998.

Leben auf der Burg

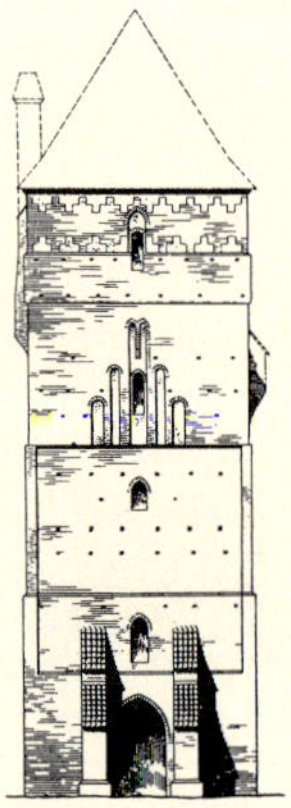

Torturm *einer Burg.*

CD-ROM-Tipp:
Das Geheimnis der Burg. Als Spion in geheimer Mission auf einer mittelalterlichen Burg. CD-ROM. Hamburger Medien Haus, Hamburg 1997.

Burgen. Spurensuche in Ruinen und alten Gemäuern. CD-ROM. Theiss Verlag, Stuttgart 2000.

Internettipp:
www.burgeninnrw.de.vu

1 **Höhenburg Altena, Lennetal.** Foto, 1994.

Wasserburgen und Höhenburgen
Im 12. Jahrhundert gab es im Deutschen Reich über 19 000 Burgen. Heute gibt es noch etwa 6000. Im Mittelalter dienten alle Burgen denselben Zwecken:

- Ausbau der Herrschaft über ein Gebiet,
- Sicherung von Handelswegen an Straßen, Flüssen und Häfen,
- Verteidigung in Kriegszeiten sowie
- Wohnsitz des Burgherrn.

Die auf Bergkuppen errichteten Burgen heißen Höhenburgen. Im flachen Gelände Norddeutschlands entstanden überwiegend Wasserburgen, die in einen Fluss oder See gebaut oder von künstlichen Wassergräben umgeben waren.

1 *Vergleicht die Burganlagen miteinander und sammelt Unterschiede und Gemeinsamkeiten.*

2 *Stellt fest, welche landschaftlichen Bedingungen zur Verteidigung der Burgen genutzt wurden.*

3 *Sprecht über die Aufgabe der einzelnen Anlagen bei einer Belagerung der Burg.*

2 **Wasserburg Vischering, Westfalen.** Foto, 1994.

3 **Burg Eltz, Eifel.** Foto, 2003.

Leben auf der Burg

4 **Mittelalterliche Burg.** Rekonstruktionszeichnung.

Schnitt durch einen Bergfried.
Der Bergfried war der Hauptturm der Burg und bei Belagerungen der letzte Zufluchtsort. Sein Eingang war nur über eine Leiter erreichbar, die man einziehen konnte. Im unteren Teil des Bergfrieds befand sich oft ein Gefängnis, das Verlies.

Palas:
Hauptgebäude der Burg mit Wohnräumen und einem meist im ersten Geschoss gelegenen großen Saal.

Leben auf der Burg

4 *Macht anhand der Abbildung 4 einen Rundgang durch die Burg und versucht, die Burganlage zu erklären.*

Über sein Leben auf der Burg Steckelberg bei Fulda schrieb im Jahr 1518 der Reichsritter Ulrich von Hutten:

Q1 … Die Burg selbst, mag sie auf dem Berg oder im Tal liegen, ist nicht gebaut, um schön, sondern um fest zu sein. Sie ist von Wall und Graben umgeben und innen eng, da sie durch die Stallungen für Vieh und Herden versperrt wird. Daneben liegen die dunklen Kammern, angefüllt mit Pech, Schwefel und dem übrigen Zubehör der Waffen und Kriegswerkzeuge. Überall stinkt es, dazu kommen die Hunde mit ihrem Dreck, eine liebliche Angelegenheit, wie sich denken lässt, und ein feiner Duft.
Reiter kommen und gehen, unter ihnen sind Räuber, Diebe und Banditen. Denn fast für alle sind unsere Häuser offen, entweder, weil wir nicht wissen, wer ein jeder ist, oder weil wir nicht weiter danach fragen.
Man hört das Blöken der Schafe, das Brüllen der Rinder, das Hundegebell, das Rufen der Arbeiter auf dem Feld, das Knarren und Rattern von Fuhrwerken und Karren. Ja wahrhaftig, auch das Heulen der Wölfe wird im Haus vernehmbar, da der Wald so nahe ist. Der ganze Tag, vom frühen Morgen an, bringt Sorge und Plage, beständige Unruhe und dauernden Betrieb. Die Äcker müssen gepflügt und gegraben werden; man muss eggen, säen, düngen, mähen und dreschen. Es kommt die Ernte und Weinlese. Wenn es dann einmal ein schlechtes Jahr gewesen ist, wie es bei jener Magerkeit häufig geschieht, so tritt furchtbare Not und Bedrängung ein. Bange Unruhe und tiefe Niedergeschlagenheit ergreifen alle …

5 *Spielt der Klasse ein Gespräch zwischen der Tochter des Burgherrn und einer Küchenmagd bzw. zwischen einem Knappen und einem Knecht vor. Beachtet dabei die unterschiedlichen Aufgaben, die Jungen und Mädchen auf einer Burg zu erfüllen haben.*

6 *Wollt ihr gerne noch mehr über die Ritter wissen? – Dann verbringt doch die nächste Geschichtsstunde im Computerraum eurer Schule und vervollständigt euer bisher erworbenes Wissen über die Ritter unter* **www.blinde-kuh.de**.

Burgen als Wohnstätten

1 **Schlaf- und Wohnzimmer der Burg Fels in Luxemburg.** Rekonstruktionszeichnung.

Wohnräume

1 *Beschreibt die Abbildung 1. Vergleicht die Einrichtung dieses Raumes mit einem heutigen Wohnzimmer. Welche Unterschiede stellt ihr fest?*

In einer heutigen Darstellung heißt es:

M1 ... Nach Tischen, Stühlen suchen wir im Rittersaal vergeblich. Die Tische werden erst hereingetragen, wenn das Mahl schon bereitet ist. Dann bringen die Knechte Schragen, kreuzweis verschränkte Untergestelle, auf die sie eine Platte auflegen. Nach dem Essen werden die Tische wieder herausgebracht. Es ist nicht allzu warm im Saal, denn durch die Fensteröffnung weht ein kühler Luftzug herein. Fensterglas gab es ja zumeist noch nicht; es galt als besonderer Luxus. Ärmere Burgherren waren deshalb auf Fensterläden angewiesen. In der kälteren Jahreszeit konnten sie nur wählen, ob sie frieren oder lieber bei geschlossenen Fensterläden und Fackeln sitzen wollten.
Im Winter war der Aufenthalt im Saal wie auch in den übrigen Wohnräumen der Burg höchst unbequem. Ein einziger Kamin im Rittersaal konnte einen so großen Raum kaum beheizen. Der Burgherr und die vornehmen Gäste saßen im Winter unmittelbar am wärmenden Feuer. Wer noch nicht so hoch im Rang stand, saß schon etwas weiter weg und musste sich warm anziehen.
Galt der Saal als das Reich des Burgherrn, wo sich die Ritter zusammenfanden, so gehörte die Kemenate den Frauen. Wie schon der Name sagt, handelt es sich um einen Raum mit einem Kamin. Hier ist es wesentlich wohnlicher als im großen Saal. Die Wände sind mit Malereien geschmückt, auf dem Fußboden liegt ein Teppich. Ein Tisch und Stühle bilden die Einrichtung. Am meisten fällt das große Bett auf, in dem der Burgherr und seine Gemahlin zu schlafen pflegten. Nicht überall sind die Räume jedoch so ausgestattet. Es gab genug Ritter, die auf einer Schütte Stroh schlafen mussten. Die Toiletten waren meist kleine offene Erker, die unmittelbar in den Burggraben mündeten ...

Auch die Wasserversorgung war schwierig. Auf Höhenburgen mussten oft bis zu 100 Meter tiefe Brunnen gegraben werden, um an Wasser zu kommen. Manchmal gelang dies überhaupt nicht. Dann legte man eine Zisterne, ein Regenwassersammelbecken, an. Aus diesem Wasservorrat bezog man das abgestandene, faulige Trinkwasser, vor allem während einer Belagerung.

Geschichte vor Ort: Die Burg Satzvey

1 **Das Mittelalter erleben auf der Burg Satzvey.** Foto, 2003.

3 **Das Flammenturnier der Ritter.** Foto, 2003.

Die Wasserburg Satzvey liegt in einem Stadtteil von Mechernich in der Nordeifel. 1396 wurde sie zum ersten Mal in einer Urkunde erwähnt, aber man nimmt an, dass sie älter ist. 1368 hatte der Erzbischof von Köln Satzvey als Lehen an Otto von Vey gegeben. In den folgenden Jahrhunderten gelangte die Burg dann in den Besitz verschiedener Adelsfamilien. Seit über 300 Jahren gehört die Burg der Familie des Grafen Beissel von Gymnich.

2 **Musikanten auf dem mittelalterlichen Markt.** Foto, 2003.

Ritterfestspiele

Die gut erhaltene Außenanlage der Burg mit Brücke, Burghof und Gärten, aber auch die Innenräume wie das Burgzimmer oder der Wappensaal vermitteln einen Eindruck vom mittelalterlichen Leben auf einer Burg. Bekannt ist die Burg Satzvey aber vor allem für ihre prächtigen Veranstaltungen wie Ritterspiele und mittelalterliche Feste, die viele Touristen anziehen.

Ein Journalist schrieb 2003 über die Ritterspiele auf Satzvey:

Q1 … Rund um die Wasserburg haben stolze Ritter und flinke Bogenschützen ihr Heerlager aufgeschlagen. Unzählige historische Zelte säumen die Burgwiesen, vor denen sich Ritter im Kampfe üben oder Burgfräulein am offenen Feuer kochen. In den Burghöfen dagegen finden sich die Spielleute und Gaukler, die Handwerker und Marketender. Hier lässt sich alles erstehen, was man sich vorstellen kann: Ritterrüstungen und mittelalterliche Waffen, Gewandungen und Schellenschuhe, eigene Wappen können entworfen werden, Met und historische Speisen werden gereicht oder man kann sich im Badezuber verwöhnen lassen. … Besonders sehenswert ist das Flammenturnier der Ritter. … Hütten werden niedergebrannt, Ritter heben sich mit Turnierlanzen aus den Satteln oder bewähren sich Mann gegen Mann im Schwertkampf …

1 *Betrachtet die Abbildungen, lest Q1 und überlegt, warum viele Besucher zu den Ritterfestspielen auf die Burg Satzvey kommen.*

2 *Diskutiert: Was haltet ihr von Veranstaltungen, die Ritterturniere nachspielen?*

Internettipp:
Ausführliche Informationen zur Burg Satzvey und den Veranstaltungen: *www.burgsatzvey.de*

Methode: Recherche im Internet

1 Suchmaschine für Kinder: „Blinde Kuh" – *www.blinde-kuh.de*.
Die erste von 14 Seiten mit vielen Links zum Thema „Ritter/Mittelalter". Screenshot.

Das Internet als riesengroße Bücherei

Wenn ihr mehr über ein Thema erfahren wollt, so gibt es viele Möglichkeiten: Ihr könnt eure Lehrerin oder euren Lehrer fragen, im Lexikon nachschlagen, euch passende Bücher aus der Bücherei ausleihen, ins Museum gehen oder im Internet nach Informationen suchen. Das Internet ist wie eine riesige Bibliothek, in der sehr viele Bücher aus allen Ländern stehen.

Aber Vorsicht!

Genau wie eine Bücherei hat auch das Internet viele Fallen. Manchmal sucht man in der Bücherei nach einem Buch und entdeckt auf dem Weg dorthin einen spannenden Titel zu einem ganz anderen Thema. Auch im Internet kann es passieren, dass ihr von dem, was ihr eigentlich sucht, abgelenkt werdet. Nehmt euch also vor, immer beim Thema zu bleiben. So wie es gute und schlechte Bücher gibt, gibt es auch gute und schlechte Internetseiten. Achtet also immer darauf, wer der Anbieter eurer Information ist.
Eine staatliche Organisation (z. B. ein Ministerium), eine Universität oder eine anerkannte Organisation (z. B. das Deutsche Historische Museum Berlin) bieten Informationen, auf deren Richtigkeit ihr euch verlassen könnt. Bei privaten Anbietern müsst ihr die Information eventuell noch mit einer anderen Quelle (z. B. einem Lexikon) überprüfen.

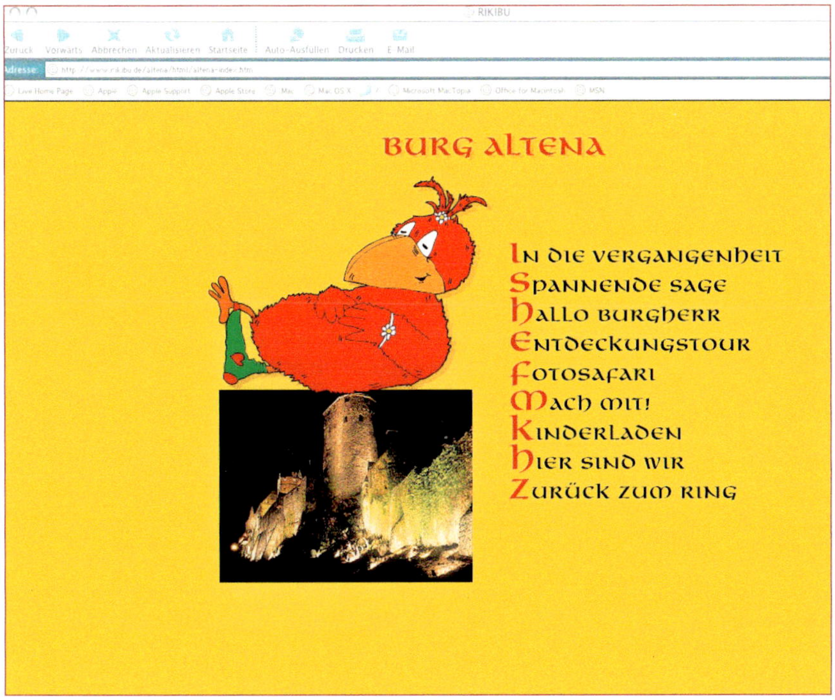

2 Unter der Adresse *www.rikibu.de* könnt ihr spannende Entdeckungstouren zu Burgen und Schlössern unternehmen. Screenshot.

Suche, aber wie?

1. Schritt: Schlagwort finden

Wenn ihr z. B. wissen wollt, was die Menschen im Mittelalter gegessen haben, müsst ihr euch ein passendes Stichwort überlegen. Unter dem Stichwort „Mittelalter" erhaltet ihr sehr viele Hinweise, müsst aber endlos suchen, bis ihr eine passende Seite für euer Thema gefunden habt. Unter „Mittelaltermahlzeiten" findet ihr möglicherweise gar nichts. Wie könnte ein gutes Stichwort lauten?

2. Schritt: Suchmaschine benutzen

Im Internet gibt es mehrere Anbieter von Suchmaschinen, bei denen ihr euer Stichwort nur eingeben müsst, dann durchforstet die Suchmaschine für euch alle Internetseiten. Ihr erhaltet eine Liste der passenden Internetseiten zu eurem Stichwort. Die bekanntesten Suchmaschinen sind: *www.google.de*, *www.yahoo.de*, *www.lycos.de*.
Die Adresse einer Suchmaschine für Kinder lautet: www.blinde-kuh.de. Hier findet ihr viele Seiten auch zu geschichtlichen Themen mit umfangreichen Linksammlungen.

3. Schritt: Stichwort eingeben

Wenn ihr zu eurem Stichwort keine Einträge bekommt, solltet ihr die Rechtschreibung überprüfen. Wenn ihr euer Schlagwort falsch eingegeben habt, kann die Suchmaschine nichts finden. War dies nicht der Fall, so müsst ihr euch ein anderes Stichwort überlegen. Solltet ihr aber mehrere hundert Einträge angezeigt bekommen, so ist euer Stichwort zu allgemein. Versucht ein neues, genaueres zu finden oder gebt eine kombinierte Suche ein, wobei ihr nach zwei Stichwörtern gleichzeitig suchen lasst.

4. Schritt: Aus dem Angebot auswählen

Jetzt habt ihr eine Reihe von Einträgen und normalerweise stehen noch ein paar Angaben dabei. So könnt ihr einen Teil der Adressen gleich aussortieren, weil es hier nicht genau um das geht, was ihr gesucht habt. Die übrigen Seiten könnt ihr jetzt aufrufen, indem ihr die Internetseite anklickt.
Los geht's!

Mönche und Nonnen

Seit 400 n. Chr.:
Das Mönchstum breitet sich in Europa aus.

529 n. Chr.:
Benedikt von Nursia gründet ein Kloster in Monte Cassino.

Mönch*:
(griech. monachos = allein, abgeschieden lebend). Angehöriger eines Männerklosters.

Nonne*:
Angehörige eines Frauenklosters.

Abt*:
Vorsteher eines Männerklosters.

Äbtissin*:
Vorsteherin eines Frauenklosters.

Das Mönchstum breitet sich aus

Im 3. Jahrhundert zogen sich, zuerst in Ägypten, einzelne Christen in die Einsamkeit zurück, um als Eremiten (= Einsiedler) ihr Leben ganz Gott zu weihen. Nur ein Jahrhundert später kam es, ebenfalls in Ägypten, zur Gründung von Klöstern, in denen Mönche* in einer Gemeinschaft Gott dienen wollten. Seit dem 5. Jahrhundert breitete sich das Mönchstum auch in Europa aus.

Ein mittelalterliches Kloster

1 *Aus dem Klosterplan von St. Gallen könnt ihr die Berufe und Tätigkeiten der Mönche erkennen. Tragt in eine Tabelle ein:*

Gebäude und Gebäudeteile	Berufe	Tätigkeit
...	...	...
...	...	...
...	...	...

2 *Zählt auf, welche Aufgaben des mittelalterlichen Klosters heute von der Stadt oder dem Bundesland übernommen werden.*

3 *Berichtet, was ihr über Klöster, die Tätigkeiten von Nonnen* und Mönchen heutzutage wisst.*

Die Regeln des heiligen Benedikt

Die Mönche lebten, von der Außenwelt durch Mauern abgeschirmt, nach festen Regeln unter der Leitung eines Abtes. Gebet und Arbeit bestimmten den Tagesablauf. Diese Lebensform wurde zum Vorbild für Benedikt von Nursia in Italien. Er hatte einige Jahre als Eremit gelebt, bevor er 529 auf dem Monte Cassino ein Kloster gründete. Nicht viel später wurde auch seine Schwester Scholastika Äbtissin* eines Frauenklosters in der Nähe des Monte Cassino.

Frauen und Männer, die in ein Kloster eintreten wollten, mussten drei Gelübde ablegen: Sie verpflichteten sich, arm, also ohne Besitz, zu leben. Ferner gelobten sie, ehelos zu bleiben und dem Abt* unbedingt zu gehorchen. In 73 Kapiteln gab Benedikt klare Anweisungen für das Leben im Kloster. Diese Regeln wurden die Grundlage des ersten Mönchsordens, der Benediktiner.

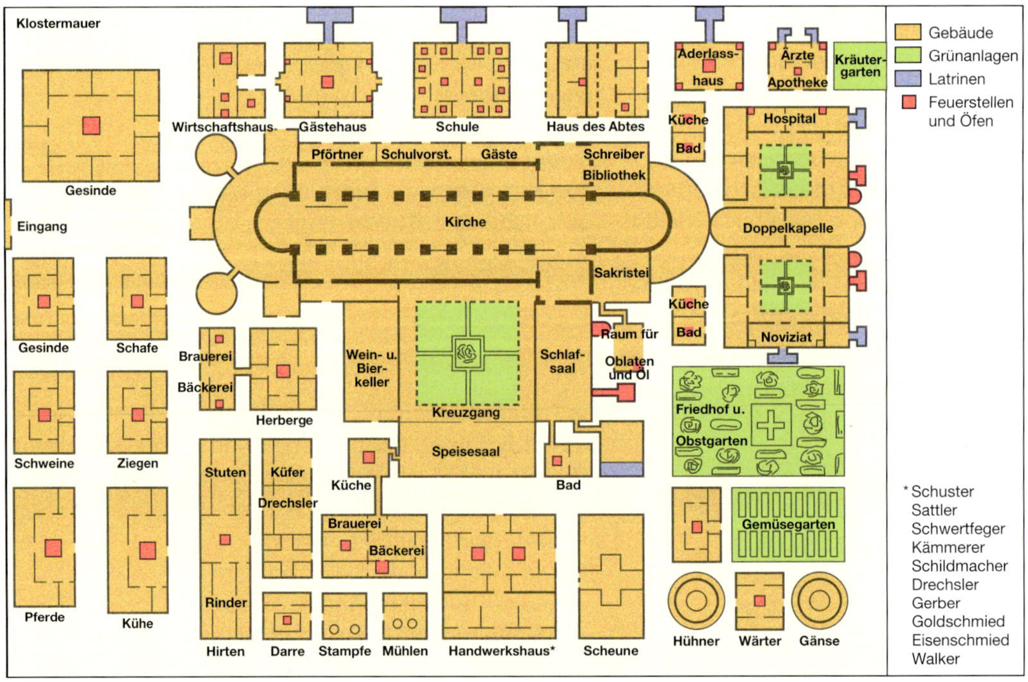

1 **Klosterplan von St. Gallen.** Die Abbildung ist eine moderne Umgestaltung des Originals von 820.

Leben im Kloster

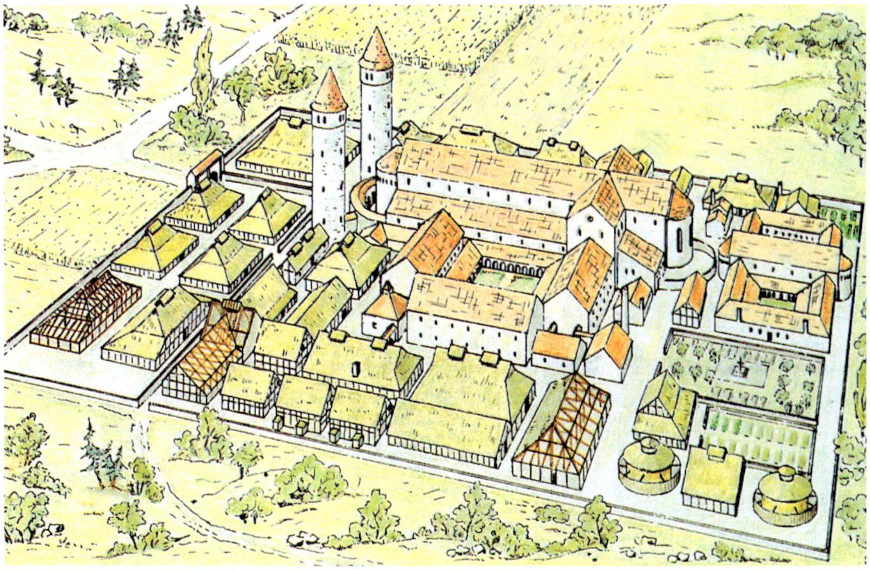

2 **Modell nach dem Klosterplan von St. Gallen.** Um 820.

Mönch mit Kutte. *Rekonstruktionszeichnung. Die Ordenskleidung bestand aus einer Kutte, einem Hemd, das bis zu den Knöcheln reichte, mit einem Strick oder Ledergürtel. Dazu kam ein Schulterumhang mit einer Kapuze (bei den Ordensfrauen der Schleier).*

In den Ordensregeln des heiligen Benedikt heißt es unter anderem:

Q1 … 33: Vom Eigentum

Keiner wage es, ohne Erlaubnis des Abtes etwas wegzunehmen oder zu empfangen oder etwas zu Eigen zu besitzen, durchaus nichts, weder Buch noch Tafel, nein, überhaupt nichts. Alles sei allen gemeinsam …

48: Von der täglichen Handarbeit

Müßiggang ist ein Feind der Seele. Deshalb sollen sich die Brüder beschäftigen: zu bestimmten Zeiten mit Handarbeit, zu bestimmten anderen Stunden mit heiliger Lesung. Wenn die Ortsverhältnisse oder die Armut fordern, dass sie das Einbringen der Ernte selbst besorgen, sollen sie deswegen nicht missmutig werden. Sie sind nämlich erst wahre Mönche, wenn sie von der Arbeit ihrer Hände leben …

66: Von der Anlage des Klosters

Wenn möglich ist das Kloster so anzulegen, dass alles Notwendige, nämlich Wasser, Mühle, Garten und die verschiedenen Werkstätten, sich innerhalb der Klostermauern befinden. So brauchen die Mönche nicht draußen umherzulaufen, was für ihre Seelen durchaus nicht zuträglich ist …

4 *„Bete und arbeite" („ora et labora") – diese Forderung sollte das tägliche Leben im Kloster bestimmen. Erklärt, wie diese Forderung im Klosterplan (Abbildung 1) sichtbar wird.*

5 *Zeichnet eine Uhr und tragt die unten angegebenen Zeiten ein. Markiert die Zeiten zum Beten bzw. Arbeiten jeweils farbig.*

Tagesablauf in einem Benediktinerkloster heute

4.40 Uhr	Wecken
5.00–6.00	Nachtgebet und Morgenlob
6.00–7.00	Bibellesung und Besinnung der Mönche in ihren Zimmern
7.00–7.30	Jeder Mönch kann für sich das Frühstück einnehmen
7.30–11.00	kurzes gemeinsames Morgengebet; Beginn der Arbeit
11.15–12.00	gemeinsamer Gottesdienst
12.20	kurzes gemeinsames Mittagsgebet
12.30–13.00	gemeinsames Mittagessen
13.00–14.00	Ruhepause
14.00–18.00	Arbeit
18.00–18.30	feierlicher Gottesdienst am Ende des Arbeitstages
18.40–19.00	gemeinsames Abendessen
19.00–19.40	Zeit zur eigenen Verfügung
19.45	Abendgebet
20.00– 4.40	strenges Stillschweigen im Kloster. Die Mönche sind auf ihren Zimmern.

Lesetipp: *Charlotte Kerner, Alle Schönheit des Himmels. Die Lebensgeschichte der Hildegard von Bingen. Beltz & Gelberg, Weinheim 2003.*

Besuch in einem Kloster

1 Mönche bauen ein Kloster. Gemälde, 1450.

2 Mönche spalten bei Rodungsarbeiten einen Baum. Buchmalerei, 12. Jahrhundert.

3 Mönche bei der Ernte. Buchmalerei, 12. Jahrhundert.

Mönch in der Schreibstube. *Buchmalerei, um 1150.*

Ein Herzog besucht das Kloster

In der Abgeschiedenheit der Klöster wollten Männer und Frauen Gott allein dienen. Doch ihr Wirken ging weit über die Klostermauern hinaus.

In einer erfundenen Geschichte wird erzählt, wie der bayerische Herzog im Jahr 756 das erst zehn Jahre zuvor gegründete Kloster Tegernsee besucht:

M1 … Das Bild der Landschaft hat sich in wenigen Jahren völlig verändert. Früher traf man in diesen endlosen Wald- und Sumpfgebieten nur alle paar Stunden auf ein ärmliches Dorf mit niederen, strohgedeckten Hütten.
Jetzt zieht sich eine breite, ausgeholzte Fläche am östlichen Ufer des Sees dahin. Auf den Feldern treiben Mönche die Ochsengespanne, Bauern, die dem Kloster zinspflichtig sind, fällen im nahen Wald die Bäume, andere roden Bäume und eine Schar von Jungen verbrennt das Astwerk in großen Haufen zu Asche …
Der Abt des Klosters führt seine Gäste durch das Klostergebiet: „Wir haben den Ackerbau wesentlich verbessert“, erklärt der Abt seinen Gästen. „Vor uns kannte man in dieser Gegend nur Spelt, Hafer und Roggen. Unsere Bruderabtei Bobbio in (Nord-)Italien schickte uns vor einigen Jahren mehrere Säcke Sämereien über den Brennerpass. Nicht nur der Weizenanbau ist seitdem ansehnlich gewachsen, auch die Zucht von Edelobst haben wir eingeführt.“
… Der Abt weist auf einen lang gestreckten, hölzernen Bau, aus dem Sägen, Hobeln und Hämmern erschallen. „Das ist die Schreinerei“, sagt er, „ich habe angeordnet, dass ihre Erzeugnisse zusammen mit anderen Klosterarbeiten im Speisesaal ausgelegt werden.“
Der Herzog wendet sich den langen, roh gezimmerten Tischen der Mönche zu, auf denen die Schaustücke bereitliegen.
Neben höfischen Kleidern, die eines Königs würdig sind, prunken gestickte Messgewänder mit Gold- und Silberborten; da gibt es wunderbar weich gegerbte Schaftstiefel aus der Klosterschusterei, Zaumzeug aus Holz, Eisen und Kupfer von den Brüdern Werkzeugmachern, Schreinern und Schmie-

Besuch in einem Kloster

4 **Arbeiten in den Weinreben.** Zeitgenössische Darstellung.

5 **Schreibstube des Klosters Echternach.** Zeitgenössische Darstellung.

den verfertigt. Wagenräder, Fässer, Truhen mit eingesetzten Bildern, mit Einlagen aus farbigem Holz, aus Metall und Elfenbein, getriebene, ziselierte und gegossene Waffen, Schilde, Helme und vor allem Kelche, Weihegeräte und Schmuck entlocken dem Herzog und seinen Mannen laute Rufe der Bewunderung. „Wer sind die Künstler, die solche Dinge schaffen?“, fragt der Herzog erstaunt. „Unsere Mönche kommen aus Franken“, antwortet der Abt, „aus Angelsachsen und Italien. Hier im Orden Sankt Benedikts lebt vieles fort, was schon vergessen schien.“

Anschließend führt der Abt seinen Gast in die Schreibstube: „Wir erziehen unsere Schreiber zu größter Sorgfalt“, bemerkt der Abt, „ein Buchstabe muss wie der andere sein.“ Ein fleißiger Schreiber liefert von Sonnenaufgang bis Sonnenuntergang nicht mehr als zwei Seiten. Ein besonders kunstvoll gefertigtes Buch stellt manchmal die Lebensarbeit eines Mönches dar. „Man bezahlt es mit einem kleinen Bauerngut.“

Zum Schluss besuchte der Herzog noch die Klosterschule. Junge Männer, die sich auf ihr Leben im Kloster vorbereiteten, erhielten hier ihre Ausbildung im Lesen, Rechnen und Schreiben. Einige von ihnen würden später am Hof des Königs, bei einem Grafen oder Fürsten als Lehrer oder Schreiber tätig sein …

1 *Schreibt einen kurzen Bericht über die Gründung und Entwicklung des Klosters Tegernsee in den ersten zehn Jahren.*

2 *Verfasst gemeinsam einen Brief an ein Kloster in der Nähe eures Ortes. Erkundigt euch nach dem Gründungsjahr der Klosteranlage und den Aufgaben des Klosters heute.*

3 *Erklärt folgende Behauptung: Mittelalterliche Klöster waren wirtschaftliche, kulturelle und religiöse Zentren, die das Leben der Menschen stark beeinflussten. Beachtet dabei auch die Abbildungen auf dieser Doppelseite.*

6 **Das 1093 gegründete Kloster Maria Laach in der Eifel.** Foto, 1987.

Nonne beim Studieren. *Holzschnitt, um 1550.*

Novize, Novizin: *Mönch bzw. Nonne während der Probezeit zu Beginn ihrer Zeit im Kloster.*

Internettipp: ***www.nrw-tourismus.de/index.hp?id=339.*** *Hier findet ihr Informationen zu einigen Klöstern in Nordrhein-Westfalen.*

Die Vielfalt romanischer Kunst

1 **Doppelkirche Schwarzrheindorf, Bonn, erbaut im 12. Jahrhundert.** Foto, 2004.

Kapitell*:
Oberster Teil (Kopf) bei Säulen und Pfeilern.

Apsis*:
Halbrunde Nische einer Kirche zur Aufnahme des Altars.

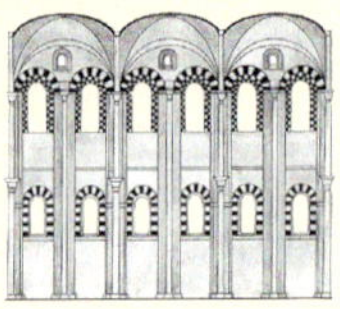

Rundbogen-Fenster

Rundbogen-Portal

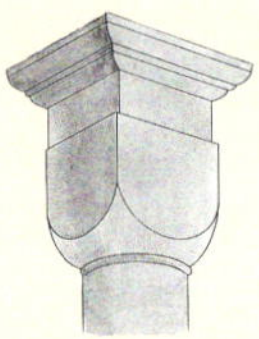

Würfelkapitell

Romanische Kirchen in Europa

Zwischen 950 und 1250 entstanden in ganz Europa Tausende von christlichen Kirchen. Sie wurden erbaut im Auftrag von Kaisern und Königen, Fürsten, Bischöfen und Äbten. Die uns erhaltenen Bauten reichen von einfachen Dorf- und Klosterkirchen bis hin zu mächtigen Domen und Stiftskirchen. Sie alle weisen gemeinsame Baumerkmale auf. Die mittelalterlichen Bauleute verwendeten Bauformen und -teile, die für die Bauten im Römischen Reich kennzeichnend gewesen waren; deshalb wurde die Bezeichnung „Romanik/romanisch" für diesen Baustil gewählt.

Merkmale einer romanischen Kirche

Kennzeichnend für romanische Bauten sind die gewölbten Bögen, die sich schon bei den Römern finden. Rundbögen finden sich an den Türen (Portale) und bei den kleinen Fenstern an den Seitenwänden. Zusammen mit den dicken Mauern und den zahlreichen massigen Türmen wirken romanische Kirchen oft wie wehrhafte Burgen.

Die Grundform der Kirchen entspricht der Basilika (= Königshalle), die im alten Rom als Markt- und Gerichtshalle diente.

Eine Basilika besteht aus einer großen, lang gestreckten Halle, die Haupt- oder Mittelschiff genannt wird. Das Dach des Mittelschiffes steht auf kurzen, dicken Säulen. Sie enden mit einem Aufsatz (Kapitell*), der wie ein Würfel aussieht. Das Ende des Hauptschiffes bildet die Apsis*. Hier steht der Altar.

An den beiden äußeren Seiten der Säulengänge, die das Hauptschiff umschließen, sind niedrigere Räume angegliedert. Sie heißen Nebenschiffe.

Durch die kleinen Fenster dringt nur spärliches Licht in das Innere. Die Kirchenwände und die Holzdecken waren mit Darstellungen aus dem Leben Jesu und der Heiligen bemalt. Im Laufe der Jahrhunderte sind diese Fresken verblasst und verwittert, sodass romanische Kirchen heute recht düster wirken.

1 *Erklärt mithilfe der Abbildungen in der Randspalte die Merkmale einer romanischen Kirche.*

2 *Schaut euch die Abbildungen 1–4 genau an. Begründet, warum es sich jeweils um romanische Bauten handelt.*

2 **Romanische Dorfkirche St. Agatha in Münster-Angelmodde aus dem 12. Jahrhundert.** Foto, 2005.

3 **St. Maria im Kapitol in Köln.** Foto, 2004.

4 **St. Maria im Kapitol in Köln. Blick im Innern nach Osten.** Foto, 2004.

Geschichte vor Ort: Das Kloster Corvey

1 **Das karolingische Westwerk der Abteikirche von Corvey.** Foto, 2003.

Die Gründung von Corvey

Corvey ist ein ehemaliges Benediktinerkloster in der Nähe von Höxter im Weserbergland. Gegründet wurde es im Jahr 822 von Ludwig dem Frommen, einem Sohn Karls des Großen. Das Kloster hatte besondere Beziehungen zum Westfrankenreich, denn das so genannte Mutterkloster war in Corbie an der Somme (heute im Nordosten Frankreichs) und es waren Benediktinermönche von dort, die das Kloster bezogen.

Das noch erhaltene karolingische Westwerk, erbaut 873 bis 855, gehört zu den ältesten noch erhaltenen Baudenkmälern des frühen Mittelalters in Westfalen. An Hoftagen hielt sich der Kaiser mit seinem Gefolge hier auf.

Blütezeit und Niedergang

Im 9. und 10. Jahrhundert wurde Corvey zu einem der wichtigsten kulturellen Zentren Nordeuropas mit einer Schreibschule und einer der wertvollsten Bibliotheken des Landes. Das Kloster war außerdem ein wichtiger Stützpunkt der Missionierung: Corveyer Mönche brachten das Christentum sogar bis nach Skandinavien.

Ab dem 11. Jahrhundert verlor das Kloster dann langsam seine Bedeutung. In den folgenden Jahrhunderten hinterließen Kriege und Misswirtschaft ihre Spuren. Im Dreißigjährigen Krieg (1618 bis 1648) wurden die Gebäude vollständig zerstört. Danach wurde das Kloster in seiner heutigen Form wieder aufgebaut. 1803 wurde Corvey als Benediktinerkloster aufgelöst.

Corvey heute

Seit 1843 gehört Corvey den Fürsten des Hauses von Ratibor und Corvey. Sie haben große Teile der ehemaligen Klosteranlage der Öffentlichkeit zugänglich gemacht: Hier finden nun wechselnde Museumsausstellungen und Konzerte statt.

1 *Beschreibt die Bedeutung des Klosters im Mittelalter.*

2 *Besorgt euch Informationen über Ausstellungen in Corvey (z. B. www.corvey.de).*

3 *Überlegt, welche Bedeutung Corvey heute hat.*

2 **Der Kaisersaal aus dem 17. Jahrhundert mit Bildnissen von 20 deutschen Kaisern.** Hier finden viele Veranstaltungen statt. Foto, 2003.

Zusammenfassung

Mittelalterliche Ständegesellschaft
Das Leben der Menschen im Mittelalter hing weitgehend davon ab, in welchen Stand sie hineingeboren wurden. Das tägliche Leben eines Bauern verlief anders als dasjenige von Adligen, Geistlichen oder Stadtbürgern.

Alltagsleben der Bauern
Im Mittelalter lebten die meisten Menschen auf dem Land. Zur Zeit Karls des Großen, um 800, gab es noch viele freie Bauern. Sie waren jedoch verpflichtet, mit ihrem König in den Krieg zu ziehen. Da Karl der Große viele Kriege führte, konnten sich die Bauern nicht um ihr Land kümmern. Daher übergaben sie es einem Herrn, der ihre Kriegspflicht übernahm und ihr Grundherr wurde. Sie mussten nun nicht mehr in den Krieg ziehen, waren aber ihrem Herrn zu Frondiensten und Abgaben verpflichtet. Ihr Alltag bestand aus schwerer Landarbeit, bei einfachsten Wohnverhältnissen und eintöniger Ernährung. – Eine erhebliche Steigerung der Ernteerträge brachten technische Neuerungen sowie die Einführung der Dreifelderwirtschaft.

Ausbildung des Ritterstands
Zu Beginn des 8. Jahrhunderts entwickelten die Franken eine neue Art der Kriegführung: das gepanzerte Reiterheer. Die teure Ausrüstung und das langwierige Erlernen des Waffenhandwerks machten den Beruf des Kriegers zu einer Vollzeitbeschäftigung. Ende des 11. Jahrhunderts hatte sich aus diesen Reiterkriegern ein eigener abgeschlossener Stand gebildet. Die Ritter wurden mit einem Lehen versehen, das ihren Lebensunterhalt sicherte. Die Burg war ihr typischer Wohn- und zugleich Herrschaftssitz. Der Ritterstand besaß feste Vorstellungen davon, wie standesgemäßes Leben von Mann und Frau auszusehen hatte. Den Idealen der Treue und Gerechtigkeit sollte sich jeder Ritter verpflichtet fühlen, während die Frauen bereits im Mädchenalter auf ihre zukünftige Rolle als Dame des Hofes vorbereitet wurden.

Leben im Kloster
Seit dem 5. Jahrhundert zogen sich in Europa Christen aus der Alltagswelt zurück, um in der Einsamkeit ihr Leben ganz Gott zu weihen. Manche von ihnen schlossen sich zusammen und gründeten Klöster. Der Tageslauf der Mönche und Nonnen vollzog sich in einer strengen Ordnung von Gebets- und Ruhezeiten. Durch die vielen Tätigkeiten der Mönche wurden die Klöster zu Mittelpunkten von Bildung, Wissenschaft, Landwirtschaft und Handwerk.

800–1000

Die Bauern werden von Grundherren abhängig und müssen Abgaben und/oder Frondienste leisten.

Seit 1100

Fortschritte in der Landwirtschaft.

Seit dem 10. Jahrhundert

Burgen dienen den Rittern als Wohn- und Herrschaftssitze.

Seit dem 10. Jahrhundert

Die Klöster entwickeln sich zu kulturellen Zentren.

Standard-Check: Das solltet ihr wissen

Arbeitsbegriffe

- ✓ Ständegesellschaft
- ✓ geistliche und weltliche Herrschaft
- ✓ Grundherrschaft
- ✓ mittelalterliches Alltagsleben
- ✓ 7.–15. Jahrhundert

Was wisst ihr noch?

1 In welche Stände wurde die mittelalterliche Bevölkerung eingeteilt?
2 Wie kam es, dass viele Bauern ihre Freiheit verloren?
3 Welche Fortschritte steigerten die Erträge in der Landwirtschaft?
4 Was musste ein Junge lernen, bevor er zum Ritter geschlagen wurde?
5 Welchen Zwecken dienten die Burgen?
6 Wie wurden die Töchter der Ritter erzogen?
7 Nach welchen Regeln lebten Nonnen und Mönche?

Tipps zum Weiterlesen

Tonke Dragt: Der Brief für den König. Beltz & Gelberg, Weinheim 2000

Neil Grant: Alltagsleben damals. Das Mittelalter. Tessloff, Nürnberg 2002

Max Kruse: Der Ritter. Arena, Würzburg 2002

Fabian Lenk: Der Mönch ohne Gesicht. Ein Ratekrimi aus dem Mittelalter. Loewe, Bindlach 2002

David Macaulay: Es stand einst eine Burg. dtv, München 1996

Freya Stephan-Kühn: Viel Spaß im Mittelalter. Arena, Würzburg 1993

Arnulf Zitelmann: Unter Gauklern. Beltz & Gelberg, Weinheim 2003

Standard-Check: Das solltet ihr wissen

1 *Beantwortet die folgenden Fragen mit richtig oder falsch:*

a) Die meisten Menschen lebten im Mittelalter in der Stadt.
b) Der Grundherr übernahm für die Bauern den Heeresdienst.
c) Die Mönche lebten nach festen Regeln unter der Leitung eines Abtes.
d) Bischöfe waren keine Grundherren.
e) Ein Page lernte höfisches Benehmen, nicht aber unbedingt Schreiben und Lesen.
f) Burgen standen meist im Tal in der Nähe eines Flusses.
g) Die Zugehörigkeit zu einem mittelalterlichen Stand wurde durch Herkunft, Vermögen oder Beruf bestimmt.

2 *Erklärt die Dreifelderwirtschaft.*

3 *Ordnet die Begriffe in den Kästen den folgenden Begriffen zu: Landleben – Ritterleben – Klosterleben:*

Tjost
Knappe
Brache
Äbtissin
Schwertleite
Leibeigener
„ora et labora"
Schultheiß
Novize

4 *Was wisst ihr über das Leben der Frauen im Mittelalter? Stellt eure Informationen in einem Cluster zusammen und übertragt es in euer Heft.*

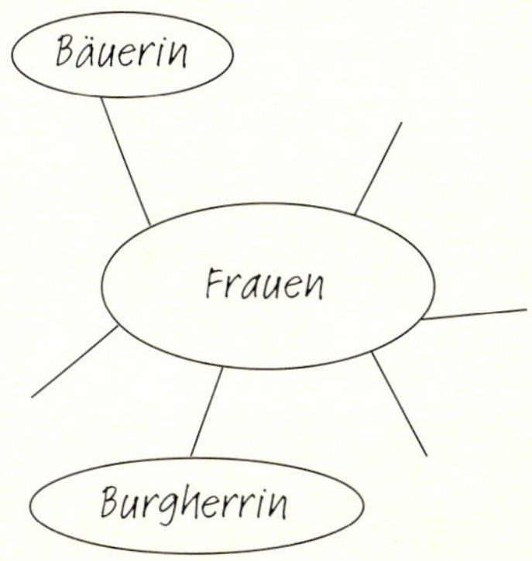

5 *Informiert euch über die Geschichte eures Heimatortes im Mittelalter. Hinweise findet ihr vielleicht in Prospekten oder Veröffentlichungen eines Vereins, der sich mit Heimatgeschichte befasst.*

6 *Viele Feste und Veranstaltungen erinnern an Brauchtümer aus früheren Zeiten. Findet heraus, wo Ritterspiele oder mittelalterliche Märkte abgehalten werden.*

4. Städte im Mittelalter

1150–1450	1150–1500	1347–1353
ZAHLREICHE STÄDTE WERDEN GEGRÜNDET	KUNSTSTIL DER GOTIK	PESTEPIDEMIE IN EUROPA

Ein Leben ohne Städte mit Einkaufszentren, lärmendem Autoverkehr und grellem Neonlicht können wir uns heute kaum noch vorstellen. Doch noch im 15. Jahrhundert lebten 80 Prozent der Menschen auf dem Land. Zahlreiche Siedlungen entwickelten sich seit dem 11. Jahrhundert zu Städten, wie Soest oder Münster, und natürlich sahen sie ganz anders aus als unsere heutigen Städte. Was früher zu einer Stadt gehörte, könnt ihr herausfinden, wenn ihr euch die Zeichnung auf dieser Seite genau anschaut. Fragen aber bleiben: Welche Gebäude waren wichtig? Wie viele Menschen lebten in dieser Stadt? Wovon lebten sie? Wovor hatten sie Angst und worauf waren sie stolz? …

1300–1400

ZÜNFTE ERKÄMPFEN SICH POLITISCHEN EINFLUSS

1356

ZUSAMMENSCHLUSS NORDDEUTSCHER STÄDTE ZUR „HANSE“

Die Bewohner einer Stadt

1 Vor dem Stadtherrn, einem Bischof und seinen Beratern erscheinen ein Bürger, ein Bauer und ein Patrizier. Buchmalerei, um 1500.

2 Ein Patrizier mit seiner Familie. Gemälde von Jean Bourdichon (etwa 1457–1521).

Patrizier *(vornehme Bürger) in der Kleidung des 16. Jahrhunderts.*

Kampf der Städte gegen ihre Stadtherrn

Wie die Bauern auf dem Land einem Grundherrn unterstanden, so unterstanden anfangs auch die Stadtbewohner ihrem Stadtherrn. Im Laufe der Jahrhunderte wurden die Städte immer größer. Mit der Größe einer Stadt wuchs auch das Selbstbewusstsein ihrer Bürger. Vor allem die Kaufleute, die es zu beachtlichem Wohlstand gebracht hatten, wollten sich nicht länger von ihrem Stadtherrn bevormunden lassen. Voller Stolz nannten sie sich in vielen Städten selbst Patrizier, ebenbürtig den Adligen. Zu den Freiheiten, die die Patrizier anstrebten, gehörten neben einer eigenen Gerichtsbarkeit und Verwaltung vor allem Handelsprivilegien wie Zollfreiheit, Messeprivilegien* oder das Münz- und Stapelrecht*. In einigen Städten widersetzten sie sich immer häufiger den Anordnungen des Stadtherrn. Es kam zu langjährigen bewaffneten Auseinandersetzungen. In anderen Städten kauften die Bürger ihrem Stadtherrn ein Recht nach dem anderen ab.

Privilegien*: *Sonderrechte, Vorrechte.*

Stapelrecht*: *Recht einer Stadt, einen durchreisenden Kaufmann, der Waren mit sich führt, zu zwingen, diese dort drei Tage lang anzubieten.*

In einer erfundenen Erzählung heißt es:

M1 … Stadtherr war Graf Bernhard. Von den reichen Kaufleuten seiner Stadt brauchte er immer wieder Geld: Er wollte für seine Tochter eine teure Aussteuer kaufen. Er nahm an einem prunkvollen Turnier teil. Er schuldete einem Mailänder Händler eine größere Summe. Er begleitete den König zur Kaiserkrönung nach Rom. – Die Kaufleute gaben ihm das Geld. Sie verlangten aber jedes Mal, dass der Graf ihnen bestimmte Rechte überließ. Eines Tages hatten sie ihr Ziel erreicht. Im großen Rathaussaal legten die versammelten Bürger dem Grafen eine Urkunde vor. Darin stand: „Ich schwöre, den Bürgern der Stadt für immer und ewig alle Freiheiten zu lassen." Der Graf schwor und unterschrieb. …

1 *Spielt folgende Szene: Der Graf bittet die Landsleute, ihm Geld zu leihen. Die Kaufleute beraten, was sie ihrem Stadtherren antworten sollen.*

Die Bewohner einer Stadt

3 **Handwerkerfamilie.** Gemälde von Jean Bourdichon.

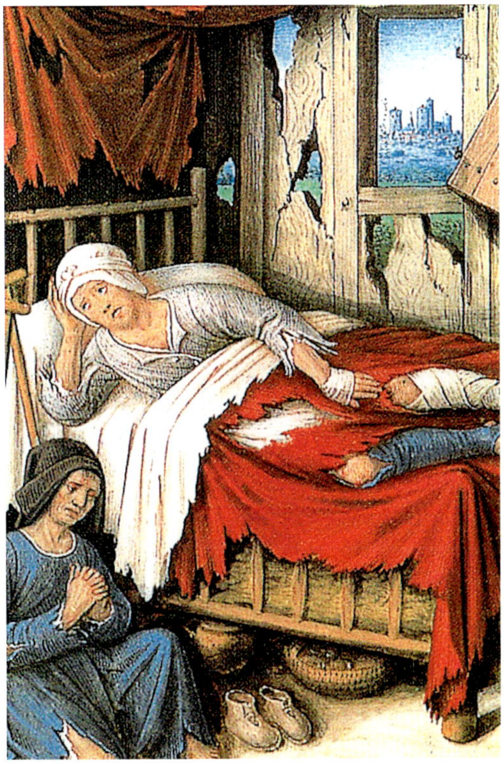

4 **Tagelöhner.** Gemälde von Jean Bourdichon.

Die Bevölkerung in den Städten ist nicht gleich

Am Ende des 12. Jahrhunderts hatten fast alle Stadtherren ihre Rechte an die Bürger abgetreten. Jetzt wurden die Städte von den mächtigen und angesehenen Kaufleuten, den Patriziern, regiert. Sie hatten es durch Fernhandel zu großem Wohlstand gebracht. Die Patrizier wählten aus ihren Reihen die Ratsherren und stellten auch den Bürgermeister. Der Rat setzte die Steuern fest, zog die Zölle ein und entschied, für welche Maßnahmen diese Gelder verwendet werden sollten. Ebenso setzte der Rat Löhne und Preise fest und die Zeiten für das Öffnen und Schließen der Stadttore. Er bestimmte sogar, wie lange Familienfeste und Hochzeitsfeiern dauern durften.

Die Patrizier lebten in der Stadt in ähnlichem Stil wie der Adel auf dem Land. Der Sohn einer Patrizierfamilie heiratete normalerweise nur die Tochter einer anderen Patrizierfamilie. Ihre prächtigen Häuser standen um den Marktplatz im Zentrum der Stadt.

In den anschließenden Straßenzügen wohnten Handwerker und Krämer, die Mitglieder eines Gewerbes häufig zusammen in der gleichen Straße. Sie bildeten die Mittelschicht. Unter ihnen gab es Wohlhabende, wie z. B. die Goldschmiede, und auch Ärmere, wie etwa die Leinweber.

Nicht zu den Bürgern zählten die Juden sowie die Angehörigen der Unterschicht. Dazu gehörten Mägde, Gesellen, Lehrlinge, Bettler, Krüppel, Arme, aber auch die „unehrlichen" Berufe wie z. B. Henker und Totengräber. Während die Gesellen, Lehrlinge und Mägde im Haushalt ihres Handwerksmeisters wohnten, lebten die übrigen Angehörigen der Unterschicht meist in abseits gelegenen schäbigen Hütten

2 *Beschreibt mithilfe der Abbildungen die Lebensbedingungen von Patriziern, Handwerkern und Tagelöhnern.*

***Bettlerfamilie** auf dem Weg zur Stadt. Holzschnitt, 1510.*

Kaufleute, Handwerker und Zünfte

1 Die Ehefrau führt für ihren Mann, der Geldwechsler ist, die Bücher. Gemälde, 1538.

Pfennig des Kölner Erzbischofs, *2. Hälfte 12. Jahrhundert. Münzen wurden in vielen wichtigen Städten geschlagen, denn sie waren für den Handel nötig. Das Münzrecht war eines der Rechte, das dem jeweiligen Stadtherrn zustand. Er zog daraus Gewinn, weil der Nennwert der Münzen höher lag als der Metallwert. Münzen aus verschiedenen Städten wurden aufgrund ihres Metallwertes zu verschiedenen Kursen gehandelt – so wie heute ausländisches Geld. Das verschaffte den Geldwechslern Arbeit. Der Münzherr konnte kurzfristig mehr Gewinn machen, wenn er den Metallwert seiner Münzen verschlechterte. Allerdings schädigte er damit den Tauschwert seiner Münzen und das Ansehen der Händler, die mit diesen Münzen bezahlen wollten – oft ein Grund für Streit zwischen Bürgern und Stadtherrn.*

Kaufleute

In jeder Stadt gab es zahlreiche Kleinhändler, so genannte Krämer, die die Waren des täglichen Bedarfs anboten. Auch die umliegenden Dörfer wurden von ihnen mitversorgt.

Hoch angesehen waren jene Kaufleute, die im Fernhandel tätig waren. Oft waren sie wochen- oder monatelang unterwegs, um ihre Waren in Frankreich oder Italien anzubieten. Wenn sie von dort nach Hause zurückkehrten, brachten sie kostbare Tuche mit, aber auch orientalische Gewürze, Weine vom Mittelmeer, Parfüm oder Südfrüchte.

Fremde Kaufleute kamen ebenfalls in die Städte, um ihre Waren anzubieten. Auf der städtischen Ratswaage mussten sie ihre Waren wiegen und kontrollieren lassen, Zölle und Schutzgelder entrichten. Außerdem waren sie gezwungen, einen Teil ihrer Ware in der Stadt zu verkaufen. Alle Kaufleute wollten für ihre Waren natürlich „gutes Geld". Da fast jede Stadt ihre eigene Währung hatte, wurde der Wert des Geldes berechnet nach der Menge an Silber oder Gold, das in jeder Münze enthalten war.

1 *Erklärt mithilfe von Abbildung 1, wie der Wert einer Münze festgestellt wurde.*

Gilden und Handelsniederlassungen

In den großen Fernhandelsstädten schlossen sich die Kaufleute in Gilden zusammen, um den Handel erfolgreich durchführen zu können. Die Gilden vertraten auch die Interessen ihrer Mitglieder vor dem Rat der Stadt. Als die Städte immer größer wurden und der Handel immer mehr zunahm, konnten die Fernhandelskaufleute nicht mehr selber ihre zahlreichen Warentransporte begleiten. Fuhrleute brachten jetzt die Waren, die vorher durch Boten bestellt und bezahlt worden waren. Mächtige Kaufmannsfamilien, wie etwa die Fugger in Augsburg, errichteten in vielen Städten eigene Niederlassungen, so genannte Handelskontore. So konnten vor Ort die besten Einkaufs- und Verkaufsmöglichkeiten erkundet werden. Wie reich man durch den Handel werden konnte, zeigt das Testament eines Kaufmanns aus Regensburg:

Q1 … Ich vermache meiner Frau Agnes 1600 Pfund Silber, meinen Töchtern Katrin und Anne je 200 Pfund, meinen vier Söhnen Hans, Matthäus, Wolfgang und Jörg mein Wohnhaus, meine zwei Badstuben, mein Brauhaus und meine übrigen Höfe und Häuseranteile in Stadt und Umgebung. …

Kaufleute, Handwerker und Zünfte

2 **Bäuerliches Ehepaar beim Schuster.** Holzschnitt, 16. Jahrhundert.

1300–1400:
Die reichen Kaufleute saßen im Stadtrat und regierten über die Städte. Dagegen lehnten sich im 14. Jahrhundert in vielen Städten die Handwerker erfolgreich auf. Sie wollten ebenfalls ihren Einfluss auf die Stadtregierung, schließlich zahlten sie auch Steuern.

Einem Pfund Silber entsprachen cirka 480 Pfennige. Es kosteten damals ein Huhn ungefähr 2–3 Pfennige, ein Pfund Butter 2 Pfennige und 100 kg Gerste etwa 44 Pfennige.

Handwerker

Handwerker stellten in den Städten den größten Teil der Bevölkerung. In kleinen Städten gab es oft nur wenige Berufsgruppen für den Bedarf der näheren Umgebung. In großen Städten wie etwa Frankfurt arbeiteten über hundert verschiedene Berufsgruppen, oft für den Fernhandel. Doch auch kleine Städte konnten mit bestimmten Produkten Fernhandel treiben, wenn es in der Umgebung besondere Rohstoffe gab oder wenn die Handwerker spezielle Techniken beherrschten.
Die Frauen der Handwerker waren nicht nur für den Haushalt und die Kindererziehung zuständig, sie sorgten auch für den Verkauf der hergestellten Waren im Geschäft oder auf dem Markt.

2 *Beschreibt die Tätigkeiten der Frauen auf Abbildung 1 und 2. – Was sagen diese Bilder über die Stellung der Frau aus?*

Aufgaben der Zünfte

Zur Verteidigung gemeinsamer Interessen schlossen sich die Handwerker seit dem 12. Jahrhundert zu so genannten Zünften zusammen. Jedes Handwerk hatte seine eigene Zunft.

Jede Zunft
- erließ feste Regeln zur Ausbildung;
- setzte die Zahl der Lehrlinge und Gesellen für jeden Betrieb fest;
- überwachte die Qualität der Produkte und die Einhaltung der vorgeschriebenen Preise;
- schrieb den Mitgliedern genau vor, wie viel Ware sie produzieren durften;
- schlichtete Streitigkeiten der Zunftmitglieder untereinander.

Die Vorschriften waren für alle verbindlich. „Schaumeister" überwachten die Zunftgenossen. Pfuschern, d. h. Handwerkern, die nicht Mitglied waren, „legten sie das Handwerk". Minderwertige Erzeugnisse wurden eingezogen und die Hersteller bestraft.

3 *Erklärt die Aussage: Die Zunftmitglieder wollten nicht Reichtum, sondern Sicherheit.*

Die enge Verbundenheit der Zunftmitglieder zeigte sich auch im alltäglichen Leben. An den Stadt- und Kirchenfesten nahm man gemeinsam teil. Kranke und arme Mitglieder wurden unterstützt und gemeinsam sorgte man für Witwen und Waisen verstorbener Zunftgenossen. Auch an der Verteidigung der Stadt waren die Zünfte beteiligt. Jede Zunft hatte ein bestimmtes Stück der Stadtmauer zu verteidigen.

4 *Sucht auf der Straßenkarte eurer Stadt Straßennamen, die an mittelalterliches Handwerk erinnern. Wo liegen diese Straßen?*

Zunftwappen

Müller

Fleischer

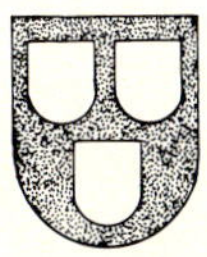

Maler

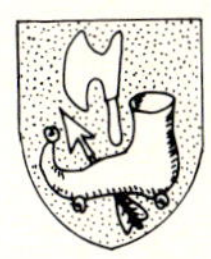

Schuster

Familien und Kinder

1 **Eine Stadtbürgerin bei der Hausarbeit.** Szenenfoto aus dem Film „Stadt im Wandel", 1985.

Kleinhändlerinnen *wie Krämerinnen mussten ihre Ware an fliegenden Ständen verkaufen und suchten sich Nischen auf den Märkten.*

Frauen in Handwerk und Handel

Neben den Handwerksmeistern gab es selbstständige Meisterinnen wie Bäckerinnen, Fleischerinnen, Fassbinderinnen oder Gerberinnen. Fast immer handelte es sich dabei um Witwen, die nach dem Tod ihres Mannes die Werkstatt leiteten. Von den Zünften erhielten diese Frauen meist den Auftrag, einen erfahrenen Gesellen einzustellen, der der Zunft angehörte. Eine wichtige Rolle spielten Frauen im Handel. Eine heutige Wissenschaftlerin schreibt:

M1 … In erstaunlichem Umfang waren Frauen am Groß- und Fernhandel beteiligt. Möglich war dies nur, weil die Frau seit dem 13. Jahrhundert als voll geschäftsfähig galt. Sie konnte eigenständig Geschäfte tätigen, Prozesse führen, über ihr Eigentum testamentarisch verfügen und haftete bei Schulden oder Konkurs. Frauen führten die Bücher, vertraten den Mann in Zeiten der Abwesenheit oder, wenn dieser durch städtische Ämter belastet war. Sie besuchten Märkte und Messen, unternahmen Handelsreisen. …

Er verdient – sie führt das Haus: Männer- und Frauenrollen im Mittelalter

Die meisten Frauen heirateten im Alter zwischen 18 und 22 Jahren; manche waren auch jünger. Die Hausfrau hatte selbstständig für den manchmal recht großen Haushalt zu sorgen; neben Eltern, Großeltern und Kindern konnten dazu auch die unverheirateten Verwandten sowie Knechte und Mägde zählen. Überarbeitet und von den vielen Schwangerschaften erschöpft, überlebten viele Frauen die Geburt eines Kindes nicht. So kam es vor, dass viele Männer dreimal und mehr heirateten und die Kinder nacheinander bei verschie-

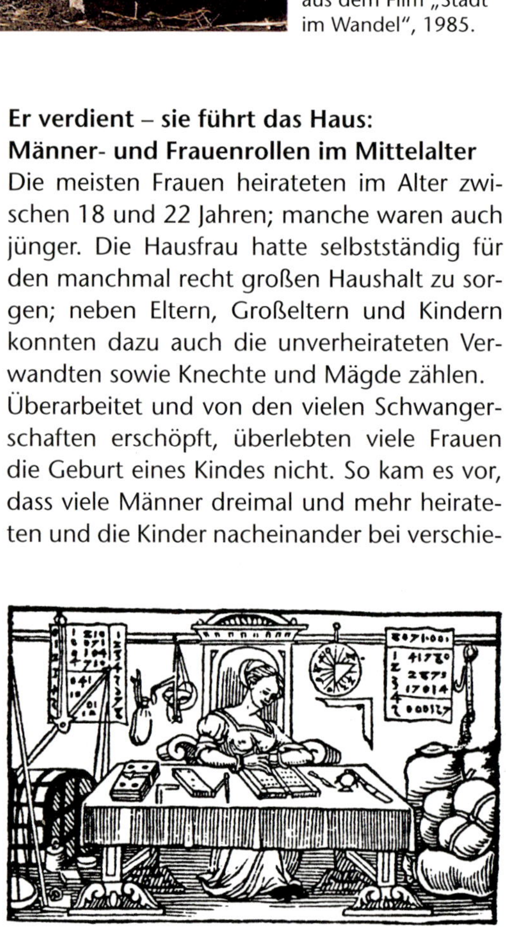

2 **Kauffrau in ihrer Schreibkammer.** Holzschnitt.

Familien und Kinder

3 **Eine Geburt.** Darstellung auf einer Altartafel, 1481.

4 **Eine Kaufmannsfamilie.** Holzschnitt, 16. Jahrhundert.

denen „Stiefmüttern" aufwuchsen. Im Mittelalter gab es zahlreiche „Hausbücher"; in ihnen wurden die Aufgabenbereiche von Männern und Frauen genauer beschrieben.

In einem Hausbuch aus dem Jahre 1393 lässt der unbekannte Verfasser einen über 60-jährigen Ehemann zu seiner 15-jährigen Ehefrau sagen:

Q1 … Pflegt euren Ehemann sorgsam und bitte haltet ihn in sauberer Wäsche, denn das ist eure Aufgabe.

Und weil die Sorge für die Geschäfte draußen Männersache ist, muss der Ehemann … hierhin und dorthin reisen, bei Regen, Wind und Schnee, schlecht verpflegt, schlecht untergebracht, schlecht gewärmt und schlecht gebettet. Und alles macht ihm nichts aus, denn ihn tröstet die Hoffnung auf die Fürsorge seiner Frau, wenn er zurückkommt, und auf die Gemütlichkeit, … die sie ihm bereitet: die Schuhe beim warmen Feuer anziehen, die Füße waschen lassen, frische Schuhe und Strümpfe anziehen, gutes Essen und Trinken vorgesetzt bekommen, schön bedient und versorgt werden. …

1 *Beschreibt die Rollenverteilung zwischen Mann und Frau, wie sie hier gefordert ist. Diskutiert darüber und vergleicht mit der heutigen Zeit (siehe Randspalte).*

Frau und Familie

Kinder wurden zu Hause geboren. Zehn, aber auch vierzehn oder sechzehn Kinder im Verlauf einer Ehe waren keine Seltenheit. Mangelnde Hygiene und für uns heute harmlose Kinderkrankheiten führten dazu, dass in der Regel die Hälfte oder mehr aller Kinder starben, bevor sie das 14. Lebensjahr erreicht hatten. Bis zum Alter von sechs Jahren trugen Jungen und Mädchen die gleiche Kleidung, spielten zusammen und wuchsen zusammen auf. Erst dann entschied es sich, ob Jungen und Mädchen auch eine Schule besuchten und eine Ausbildung erhielten. Häufig ließen die Eltern aber die Mädchen im Haus; sie lernten von der Mutter Nähen, Kochen, Weben und Spinnen, um sich auf ihre künftige Rolle als Haus- und Ehefrau vorzubereiten.

2 *Erklärt, warum so viele Ehefrauen und Mütter schon nach wenigen Ehejahren starben.*

3 *Sprecht darüber, was der frühe Tod der Ehefrau für die Kinder bedeutete.*

Aus dem Grundgesetz für die Bundesrepublik Deutschland:
Artikel 3 (2) Männer und Frauen sind gleichberechtigt. Der Staat fördert die tatsächliche Durchsetzung der Gleichberechtigung von Frauen und Männern und wirkt auf die Beseitigung bestehender Nachteile hin.

Sorgfältige ***Kinderpflege.*** *Damit der Säugling nicht in die Wanne rutschen und ertrinken konnte, wurde er mit einem Band festgebunden. Kupferstich, 15. Jahrhundert.*

Arbeit und Leben in der Stadt

Die Marktfahne wird aufgezogen
An festgelegten Tagen – häufig an drei Tagen – der Woche war Markt. An diesen Tagen strömten die Menschen aus der ganzen Umgebung in die Stadt, kamen Bauern mit ihren Wagen oder zu Fuß, brachten Händler ihre Waren aus fernen Ländern herbei. Am Stadttor herrschte großes Gedränge; alle Wagen wurden von den Torhütern erst gründlich kontrolliert, bevor sie in die Stadt durften.
Pünktlich um sieben Uhr in der Früh wurde die Marktfahne aufgezogen. Metzger, Bäcker, Bauern, Händler und Handwerker boten ihre Waren feil. Doch die Märkte dienten nicht nur dem Kaufen und Verkaufen. Sie waren ein Treffpunkt, wo Nachrichten ausgetauscht wurden. Die fahrenden Kaufleute brachten Nachrichten aus der großen, weiten Welt, fahrendes Volk, Gaukler und Musikanten traten auf und sorgten für Vergnügen. An den Markttagen hatten auch die Bader ihren Stand aufgestellt (siehe Abbildung 2). Sie behandelten kleinere Beschwerden, zogen Zähne und ließen zur Ader*. Auch Schreiber fanden sich auf dem Markt (siehe Abbildung 3). Über sie heißt es in einer heutigen Erzählung:

M1 ... Weil nur wenige lesen und schreiben konnten, war der Schreiber am Markttag ein viel besuchter Mann. Bei ihm ließen sich die Leute Briefe oder Verträge, Listen und Abrechnungen schreiben. Als Werkzeuge dienten ihm das Tintenhorn, Federn und Messerchen zum Radieren. Man schrieb auf Pergamentblätter, die aus Kalbs- oder Schafhäuten hergestellt waren. ...

1 *Beschreibt den Markttag auf den Abbildungen 1–3.*

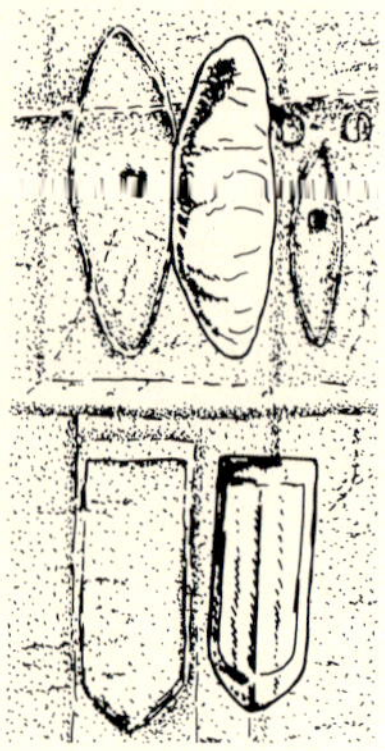

***Maß** für Brot und Dachziegel am Freiburger Münster.*

Aderlass, jemanden zur Ader lassen*: *Der Aderlass war im Mittelalter eine medizinische Maßnahme, die gegen verschiedene Krankheitserscheinungen eingesetzt wurde. Den Patienten sollte dadurch Linderung verschafft werden, dass ihnen eine größere Menge Blut abgezapft wurde.*

1 **Markt in einer mittelalterlichen Stadt.** Rekonstruktionszeichnung nach schriftlichen und archäologischen Quellen von Jörg Müller, Biel, 1994.

Die Stadt als Markt

Öffentliche Bestrafung *eines Bäckers, der zu kleine Brote gebacken hat. Darstellung auf einer Postkarte um 1900. Betrügerische Bäcker wurden häufig in einen Käfig gesperrt und so lange immer wieder unter Wasser getaucht, bis sie fast zu ertrinken drohten.*

2 **Stand eines Baders auf dem Markt.** Rekonstruktionszeichnung nach schriftlichen und archäologischen Quellen von Jörg Müller, Biel, 1994.

2 *Vergleicht anhand des Textes und der Abbildungen einen Markt im Mittelalter mit einem heutigen Wochenmarkt.*

Die Marktordnung

Kauf und Verkauf wurden durch die Marktordnung geregelt. Zuwiderhandlungen konnten hart bestraft werden. So heißt es in einer Marktordnung aus dem Jahre 1256:

Q1 … 10) Wir verordnen, dass kein Kauf außerhalb des öffentlichen Marktes stattfindet. Dies gilt für Leute, die Waren in die Stadt bringen. … Wer gegen diese Anordnung verstößt, muss der Stadt 6 Schilling und dem Richter 60 Pfennig bezahlen. Wenn einer kein Geld besitzt, wird ihm die Hand abgeschlagen werden.

11) Wir verordnen, dass zwei gute Würste, die die vorgeschriebene Größe besitzen, für einen Pfennig verkauft werden, sie dürfen aber nur aus reinem Schweinefleisch gemacht sein. Zuwiderhandelnde müssen 1 Pfund (= 240 Pfennig) zahlen und werden ein Jahr lang von ihrem Handwerk ausgeschlossen. …

3 *Erklärt den Sinn der Verordnungen (Q1). Überlegt, welche Strafen eurer Meinung nach für die genannten Vergehen sinnvoll wären.*

3 **Ein Schreiber auf dem Markt.** Rekonstruktionszeichnung nach schriftlichen und archäologischen Quellen von Jörg Müller, Biel, 1994.

Wohnungen, Straßen und Gassen

1 Eine vornehme und eine einfache mittelalterliche Stadtwohnung. Rekonstruktionszeichnung, 1994.

„Entsorgung" im Mittelalter: *Ein Nachttopf wird ausgeleert.*

Städte aus Holz und Lehm

Nur sehr reiche Händler oder Stadtadlige konnten sich Häuser aus Stein leisten. Das teure Baumaterial verwendete man nur beim Bau der Stadtmauer, für das Rathaus, für Kirchen oder Klöster. Bei allen anderen Bauten handelte es sich um Holz- oder Fachwerkbauten, für die einfachstes Baumaterial verwendet wurde (Holz, Lehm, Sand). Viele Menschen wohnten zur Miete und die Wohnungen hatten meist nur einen oder zwei Räume. Wer nicht einmal dafür Geld hatte, lebte in Bretterhütten unter den Bögen der Stadtmauer.

1 *Vergleicht die beiden Räume (Abbildung 1). Notiert Unterschiede von Bauweise und Ausstattung. Bedenkt dabei auch, dass das Zimmer der vornehmen Familie nur eines von mehreren war.*

Gestank in Straßen und Gassen

In einer heutigen Darstellung über die mittelalterliche Stadt heißt es:

M1 ... Wer am Morgen die Stadt betritt, der begegnet sicher zuerst dem Stadtvieh. In den Gassen der Stadt traben die Kühe, ein Schäfer führt mit seinem Hund die Schafherde auf die nahe Höhe. Große Tauben heben sich aus den Gassen, sie sind Lieblinge der Bürger. Noch mehr Mühe machen dem Rat die Borstentiere und ihr Schmutz, denn die Schweine laufen durch die Haustüren in die Häuser und suchen auf dem Weg ihre unsaubere Nahrung. In den Flussarmen, welche durch die Stadt führen, hat das Vieh seine Schwemmen. Dort brüllt und grunzt es und verengt den Weg für Menschen und Karren. Da fehlt auch der Mist nicht. Auf abgelegenen Plätzen lagern große Haufen. Wenn die Stadt sich

Wohnungen, Straßen und Gassen

2 **Aussätzige vor der Stadt.** Ausschnitt aus einer französischen Buchillustration (zwischen 1333 und 1350).

einmal zu einem Kaiserbesuch oder einer großen Messe schmückt, dann lässt sie, um säuberlich auszusehen, nicht nur die Gehängten vom Galgen nehmen, sondern auch den Dung von Straßen und Plätzen schaffen. …

Viele Städte erließen daher Vorschriften wie diese:

Q1 … Niemand soll Mist oder Kot vor sein Haus legen, wenn er ihn nicht gleich wegfahren will, außer auf den hierzu bestimmten Plätzen, nämlich neben dem Fleischmarkt, ferner neben dem Brunnen auf dem Pferdemarkt und bei dem Platze, welcher Gewirke heißt. … Jeder, der sein Nachtgeschirr auf die Straße entleeren will, muss nach dem Öffnen des Fensters zunächst rufen: Achtung, Wasser! …

2 *Nennt Maßnahmen, mit denen heutzutage die Sauberkeit der Städte und ihrer Abwässer gewährleistet wird.*

Spitäler und Siechhäuser

Die Unsauberkeit in den Straßen begünstigte die Entstehung und Ausbreitung von Krankheiten. Manchmal rafften Seuchen bis zu einem Drittel der Bewohner hinweg.
Zur Pflege von Kranken gab es in allen Städten Spitäler. Sie waren häufig einem Kloster angeschlossen, dessen Mönche oder Nonnen sich um die Krankenpflege kümmerten. Die Krankenzimmer waren teilweise äußerst klein, manchmal nur sechs Quadratmeter, oder es handelte sich um riesige Säle, in denen zwanzig oder dreißig Betten aufgereiht standen. Häufig mussten sich zwei Kranke ein Bett teilen und daher war die Ansteckungsgefahr sehr groß.
Menschen mit schweren ansteckenden Krankheiten wie der Lepra* mussten außerhalb der Stadt in den Siechhäusern wohnen. Ihnen war das Betreten der Städte bei Strafe untersagt. Mit Klappern warnten sie jeden, der sich ihnen näherte.

Lepra*: *Infektionskrankheit, die zu entstellenden Veränderungen der Haut führt.*

Die Pest im 14. Jahrhundert

Die Unsauberkeit in den Städten begünstigte auch die rasche Ausbreitung der Pest, eine meist tödlich verlaufende Krankheit. Die Pest, die vermutlich durch Kaufleute und Matrosen im Jahre 1347 aus dem Orient nach Italien eingeschleppt worden war, breitete sich in kürzester Zeit über fast ganz Europa aus. Sie hinterließ verödete Städte, verlassene Dörfer. Fast ein Drittel der Bevölkerung – so schätzt die heutige Forschung – starb an dieser Seuche, die allein im 14. Jahrhundert noch weitere drei Mal aufloderte.

3 *Tragt zusammen, welche Folgen die Pest hatte, wenn ein Drittel der Bevölkerung plötzlich starb. Denkt dabei auch an den Handel, das Handwerk und die Landwirtschaft.*

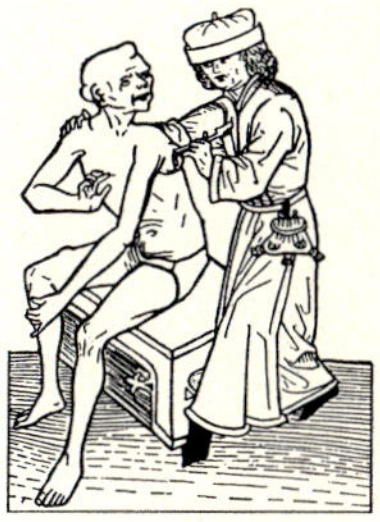

Pestkranker. *Holzschnitt. Der Arzt sticht die Pestbeule aus.*

Fernhandel und Städtebünde

1 **Überschwemmte Landstraße.** Gemälde von Jan Breughel dem Älteren, 1614.

Transportarten im Mittelalter:

Handelswege im Mittelalter

Die Bewohner der mittelalterlichen Städte mussten ständig mit frischen Lebensmitteln versorgt werden. Die Handwerker benötigten außerdem zahlreiche Rohstoffe. Viele Waren wurden von weither gebracht. Tag für Tag rollten die Planwagen der Fernhandelskaufleute durch die Stadttore. Sie brachten Getreide, Mehl, Fisch, Wein, Salz und Honig, aber auch Tuche, Pelze, Leder, Farbstoffe, Eisen, Zinn usw.

Der Warentransport über weite Strecken bereitete den Kaufleuten große Schwierigkeiten. Die „Fernverkehrsstraßen" waren meist in schlechtem Zustand; es handelte sich häufig um holprige, unbefestigte Wege, die bei Regen oder im Winter kaum passierbar waren. Die von mehreren Pferden gezogenen Lastkarren blieben nicht selten mit Achsenbruch liegen, stürzten um oder versanken im Morast.

Gefährlicher für die Kaufleute als diese natürlichen Hindernisse waren Wegelagerer und Raubritter. Ständig mussten sie damit rechnen, durch Raubüberfälle ihr Hab und Gut, wenn nicht sogar das Leben zu verlieren. Die Landesherren beauftragten oft regionale Adlige mit dem Schutz der Straßen, die dafür von den Marktstädten Schutzgelder einziehen durften, sich aber nicht selten selbst als Raubritter erwiesen. So schlossen sich schon im 12. Jahrhundert Kaufleute aus verschiedenen Städten zu Fahrtgenossenschaften zusammen, so genannten Hansen (= Schar). In großen Geleitzügen, von Söldnern gegen Überfälle und Plünderungen geschützt, wurden die Waren jetzt zu ihren Bestimmungsorten gebracht. Im 13. Jahrhundert, als die Macht der Könige in Deutschland sehr geschwächt war, kleinere Herren überall neue Zollstellen errichteten und die Überfälle immer mehr zunahmen, kam es zur Bildung von verschiedenen Städtebünden, die jetzt den Schutz der Transporte übernahmen.

1 *Schreibt mithilfe von Text und Abbildung eine kleine Geschichte: „Bauern und Händler auf dem Weg zur Stadt."*

Lesetipp:
Boy Lornsen: Klaus Störtebeker. Carlsen, Hamburg 2005.

Die Hanse

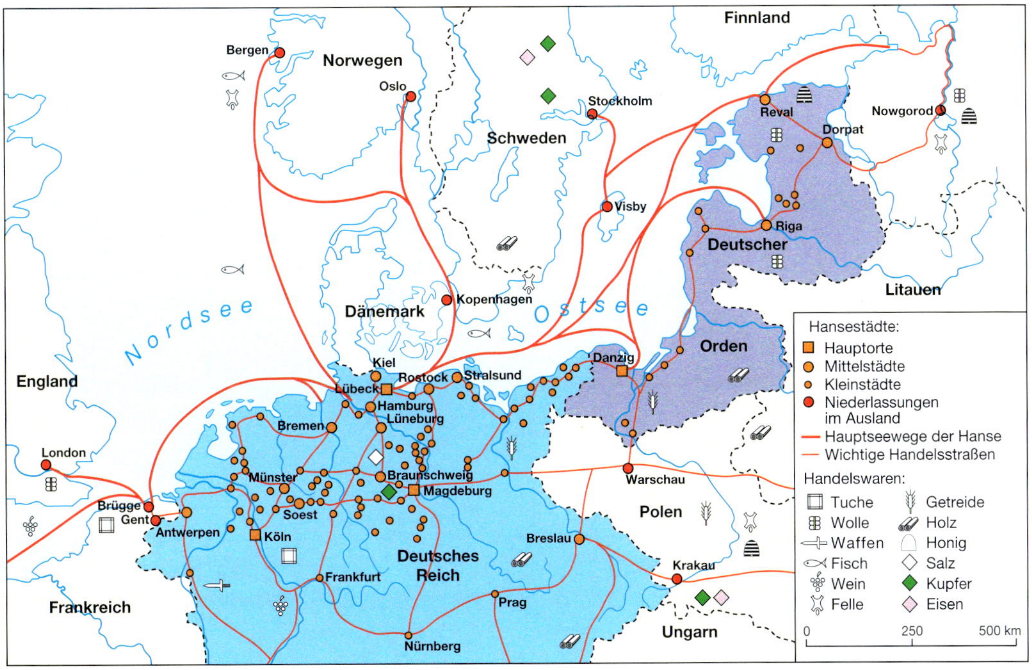

2 Wirtschaftsgebiet der Hanse um 1400.

Hanseschiff um 1500. *Die Kogge war das Handels- und Kriegsschiff der Hanse. Sie war 23 m lang, 7 m breit und erheblich größer und schneller als die bis dahin gebräuchlichen Schiffe. Das Beladen einer Kogge – sie konnte bis zu 200 Tonnen Fracht aufnehmen – dauerte bis zu zwei Wochen.*

Aufbau der Hanse

Einer dieser Städtebünde, der sich schließlich über den gesamten Nord- und Ostseeraum erstreckte, war die Hanse. Sie wurde nie richtig gegründet. Es gab keine Mitgliedslisten und kein gemeinsames Gesetz. Als Mitglieder wurden die Städte angesehen, die ihre Gesandten regelmäßig zu den Beratungen schickten. Der erste dieser „Hansetage" fand 1356 in Lübeck statt. Auf den Hansetagen wurde über das gemeinsame Vorgehen der Hansestädte beraten. Wer sich nicht an diese Beschlüsse hielt oder den anderen Städten schadete, konnte „verhanst", das heißt aus der Hanse ausgeschlossen werden. Zur Blütezeit der Hanse hatte sie ca. 180 Mitglieder. Da es häufig Probleme gab, die nur die Städte eines bestimmten Gebietes etwas angingen, traf man sich zwischen den großen Hansetagen in so genannten „Viertelstagen". Hier wurde auch besprochen, wie man sich gegenüber der gesamten Hanse verhalten wollte. 1384 trafen sich die Vertreter der preußischen Hansestädte am Sonntag vor Weihnachten in Marienburg. Dort beriet man:

Q1 … über den Hansetag, der am 5. März mit den gemeinen Städten in Lübeck abgehalten werden soll: Soll man dort mit Briefen oder durch Boten vertreten sein?
Es wird einstimmig beschlossen, Boten von hier aus zu dem Tage zu schicken wegen allerlei Dingen, die uns, die gemeinen Städte und Kaufleute, angehen. …

Zum Viertel der wendischen Hanse gehörten die Städte der südwestlichen Ostseeküste und Pommerns. Diese Städte standen unter der Vorherrschaft Lübecks. Während sich die rheinisch-westfälischen Hansestädte unter der Leitung Kölns und die sächsischen unter der Braunschweigs trafen, war der Hauptort der preußisch-livländischen Hansestädte Danzig. Da Lübeck die wichtigste Hansestadt war und hier die meisten Hansetage stattfanden, wurde Lübeck auch die Königin der Hanse genannt.

2 *Zeigt die Hauptorte der Hanseviertel auf der Karte.*

3 *Erklärt, weshalb man in Marienburg erst darüber beraten hat, ob man Briefe oder Boten nach Lübeck schicken soll.*

Westfälischer Hansebund heute: *1983 ließen einige ehemalige Hansestädte den alten Hansebund neu aufleben. 20 Städte aus Westfalen, aber auch aus Niedersachsen und Hessen, gründeten am 25. Juni 1983 in Herford den Westfälischen Hansebund mit dem Ziel, die gemeinsame Geschichte und Traditionen als Hansestädte herauszustellen; im Jahr 2003 waren es bereits 42 Mitglieder, darunter Städte wie Dülmen, Coesfeld, Osnabrück oder Lemgo. Alljährlich findet in einer der Städte ein Hansetag statt (**www.hansebund.org**).*

Methode: Arbeiten mit Karten

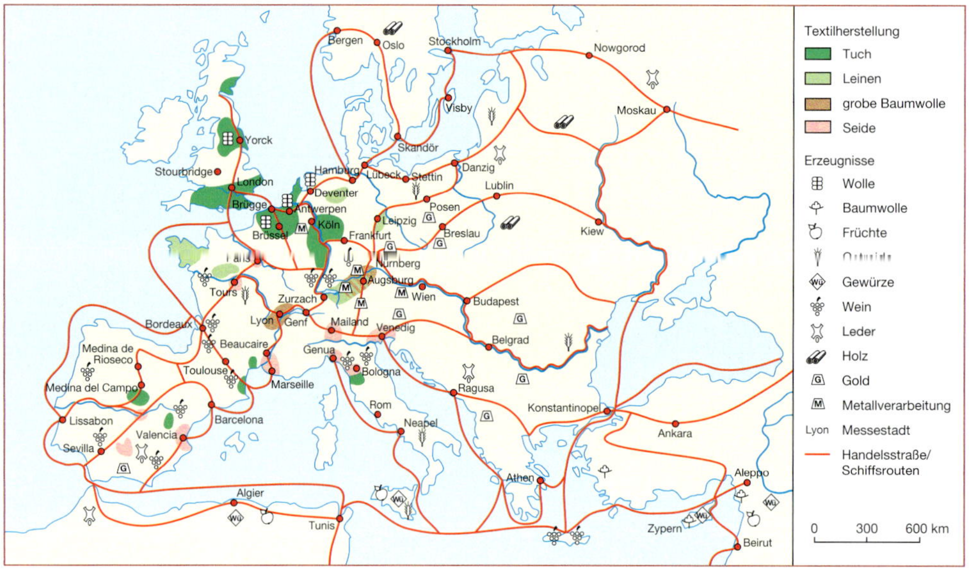

1 Handelswege und Handelswaren im Spätmittelalter.

Was zeigt eine Geschichtskarte?

Neben den geographischen Karten, die ihr aus dem Erdkundeunterricht kennt, gibt es Geschichtskarten. Sie zeigen entweder zu einem ganz bestimmten Thema einen Zustand in der Vergangenheit oder geben eine Entwicklung über einen größeren Zeitraum wieder. Man kann mit Geschichtskarten genauso arbeiten wie mit den geographischen Karten: Man muss zusätzlich darauf achten, welcher Zeitraum dargestellt ist.

Fragen an eine Geschichtskarte

Wenn man mit einer Geschichtskarte arbeitet, sind folgende Fragen wichtig:

- Welcher Zeitraum ist dargestellt?
- Welches Gebiet ist abgebildet?
- Welches Thema wird behandelt?
- Welche Signaturen (Zeichen) oder Flächenfarben werden verwendet? Was bedeuten sie?
- Kann man die Aussagen der Karte in kurzen Sätzen zusammenfassen?

Wenn ihr diese Fragen beantwortet, kommt ihr bei dieser Karte etwa zu folgenden Ergebnissen:

zu 1: Der Titel (die Kartenunterschrift) gibt an, dass es sich um die Zeit des Spätmittelalters, also um die Zeit zwischen etwa 1250 und etwa 1500 handelt. Eine genauere Zeitangabe fehlt.

zu 2: Die Karte zeigt Europa, Teile Nordafrikas und des Vorderen Orients.

zu 3: Thema sind die Handelswege und Handelswaren im Spätmittelalter. Es handelt sich also um eine „Wirtschaftskarte“, eine Karte, die die wirtschaftliche Situation oder Entwicklung eines bestimmten Gebietes über einen längeren Zeitraum zeigt.

zu 4: Aus der ausführlichen Legende (rechts von der Karte) könnt ihr erkennen: Die Karte zeigt ganz unterschiedliche Handelswaren und ihre Herkunftsorte oder Orte, an denen sie verarbeitet wurden. Sie zeigt ferner Handelswege zu Lande und zu Wasser, d. h. Handelsstraßen und Schiffsrouten. Erkennbar sind auch die Messestädte, in denen diese Waren hauptsächlich zum Verkauf gelangt sind.

zu 5: Der Handel im Spätmittelalter erstreckte sich über ganz Europa und das gesamte Mittelmeergebiet. Aus Nord- und Osteuropa kamen vor allem Holz, Getreide und Felle bzw. Leder, aus den südeuropäischen Ländern vor allem landwirtschaftliche Produkte wie Wein und Südfrüchte. In mehreren Gebieten West- und Mitteleuropas wurde Wolle produziert, einzelne Städte waren Zentren der Textilherstellung und Metallverarbeitung. In einigen Gebieten Deutschlands wurde sogar Gold gefördert und verarbeitet. Aus den orientalischen Ländern kamen u. a. Gewürze und Gold, aber auch landwirtschaftliche Produkte wie Baumwolle oder Südfrüchte. Zentren des Handels waren vor allem die Messestädte. Befördert wurden die Waren auf den Fernhandelsstraßen oder auf dem Wasserweg.

Methode: Arbeiten mit Statistiken und Grafiken

Jahr	Stadt	Einwohner (ca.)	zur Unterschicht gehörig (ca.)
1362	Esslingen	7000	2590
1415	Schwäbisch Hall	4500	1125
1420	Frankfurt	10000	7000
1440	Straßburg	18000	5220
1444	Basel	10000	2700
1460	Lübeck	22000	11880
1475	Augsburg	18000	11440
1500	Rostock	14000	8400

2 **Einwohnerzahl und Anteil der Unterschichten in mittelalterlichen Städten.** Statistik.

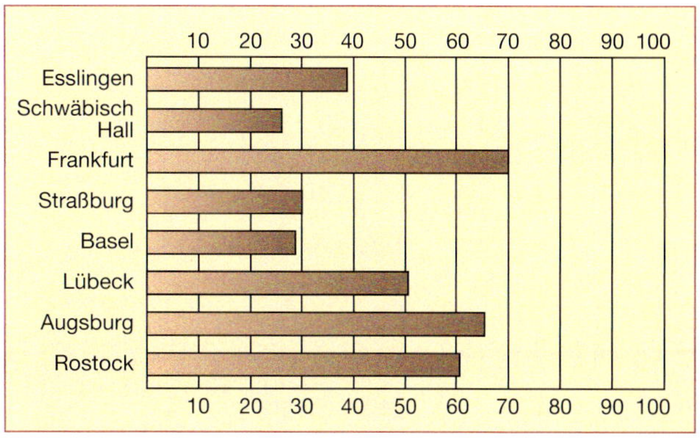

3 **Anteil der Unterschichten in mittelalterlichen Städten in Prozent.** Grafik.

Häufig ziehen wir im Geschichtsunterricht Statistiken und Schaubilder heran. Sie sollen uns helfen, historische Entwicklungen über einen längeren Zeitraum darzustellen und sie miteinander zu vergleichen. Wie das funktioniert und was dabei zu beachten ist, könnt ihr am Beispiel der Bevölkerung einer mittelalterlichen Stadt erarbeiten.
Eine Statistik enthält Zahlenmaterial in Tabellenform. Unser Beispiel in Abbildung 1 zeigt, wie viele Einwohner mittelalterliche Städte in einem bestimmten Jahr hatten und wie viele davon zur Unterschicht gehörten. Um die Zahlen der Statistik zu veranschaulichen, kann man eine zeichnerische Darstellung, eine Grafik, anlegen. Hier ermöglicht ein Balken- oder Säulendiagramm (Abbildung 2), zu vergleichen, wie groß der Anteil der Unterschichten war.
Bei der Übertragung der Zahlen aus der Statistik in eine Grafik nimmt man folgende Berechnung vor: Von 7000 Einwohnern Esslingens im Jahre 1362 gehörten etwa 2590 der Unterschicht an, von 100 Einwohnern waren dies etwa 37. Das zeigt der obere Balken im Diagramm. Berechnet man alle Angaben aus der Statistik in dieser Weise, dann ergibt sich eine Darstellung wie in der Grafik (Abbildung 2).
Statistik und Grafik zeigen also in unserem Beispiel einen Zustand zu einem ganz bestimmten Zeitpunkt, die Grafik ist aber wesentlich anschaulicher. Statistik und Grafik können aber nicht nur einen Zustand, sondern auch eine Entwicklung aufzeigen.
Ein anschauliches Beispiel hierfür ist das Schaubild 2 auf S. 105, ein Kurvendiagramm, das die Bevölkerungsentwicklung im Mittelalter darstellt.
Schaut man sich die Statistik (Abbildung 1) und die Grafik (Abbildung 2) genauer an, dann ergeben sich folgende Fragen:

- Wie kommt es, dass in einigen Städten die Zahl der zur Unterschicht gehörenden Einwohner sehr hoch, in anderen vergleichsweise gering ist?
- Gab es Möglichkeiten, für diese zur Unterschicht gehörenden Menschen zu sorgen?
- Welche Einwohner bildeten innerhalb der Unterschicht die größte Gruppe?

Auf diese Fragen geben aber Statistiken und Grafiken keine Antwort, dazu brauchen wir weitere Informationen und Quellen.

1 *Bearbeitet die folgende Statistik (Abbildung 4). Stellt im Vergleich der einzelnen Städte ein Säulendiagramm für die Zusammensetzung der Bevölkerung her. Verwendet für jede Schicht eine andere Farbe.*

	Lübeck	Esslingen	Augsburg	Basel
Oberschicht	22,3 %	9,7 %	8,5 %	5,4 %
Mittelschicht	38,3 %	36,5 %	5,0 %	26,0 %
Unterschicht	39,4 %	53,8 %	86,5 %	68,6 %

4 **Bevölkerungsschichten in deutschen Städten um 1450.**

Gotische Kirchen wachsen in den Himmel

Chartres

Notre-Dame, Paris

Reims

Canterbury

1 **Kölner Dom.** Baubeginn 1248. Foto, 1989.

Die gotische Kirche – Zeugnis städtischen Selbstbewusstseins

Auffallendstes Bauwerk vieler Städte war nicht das neu erbaute Rathaus, waren nicht die schönen Patrizierhäuser am Markt, sondern die Kirche. Die romanischen Kirchen, wie man sie seit dem 11. Jahrhundert gebaut hatte, waren zumeist von Klöstern, Bischöfen, dem Kaiser oder Fürsten errichtet worden. Das änderte sich im 13. Jahrhundert. Jetzt war es die Bürgerschaft der einzelnen Städte: Patrizier, Zünfte und die Armen – sie alle halfen durch Spenden und eigene Tätigkeit mit beim Bau des Gotteshauses. Jahrhundertelang dauerte es manchmal, bis eine Kirche fertig war. Die Kirchen, die jetzt zum Lobe Gottes gebaut wurden, sahen ganz anders aus als vorher. In einer erfundenen Geschichte heißt es dazu:

M1 ... Es war an einem trüben Herbstabend des Jahres 1180, da zog durch das Gereonstor der Stadt Köln ein fremder Wanderbursche. Er erkundigte sich nach der Zunftherberge der Bauleute und bald saß er am Tisch und erzählte:
„Daheim im Schwäbischen habe ich das Steinmetzhandwerk gelernt und bin dann auf Wanderschaft gegangen. Zuerst bin ich über die Alpen gewandert bis in die Heilige Stadt Rom. Dort hörte ich davon, dass man in Frankreich auf eine neue Art baut, und das wollte ich sehen. Meine römischen Freunde spotteten wohl über diesen barbarischen Baustil. So wanderte ich zurück und zog rheinabwärts. Dann wandte ich mich nach Westen bis zur großen Stadt Paris. Da bauen sie gerade dem heiligen Denis eine Kirche, wie ich sie in noch keinem Land gesehen habe. Sie hat fast keine Wände, man meint, es gäbe nur Fenster. Diese reichen vom Boden bis zum Dach, sind lang und schmal und haben dort einen spitzen Abschluss. Die Glasmaler haben dort goldene Zeiten! Und im Kircheninnern steigen schlanke Säulen empor, dass man meint, man wäre in einem deutschen Wald mit hohen Tannen. Das Dach ist nicht flach, von den Säulen streben Rippen in die Höhe, die sich hoch oben zu einem Schlussstein vereinigen. Alles drängt in die Höhe, hinauf zu Gott, unserem Ziel." Da meinte einer der Umsitzenden: „Wie kann man eine Kirche bauen ohne Wände, aber mit vielen Fenstern und einem Dach? Der nächste Sturm wird das ganze Bauwerk umblasen!" Der Fremde erklärte: „Daran haben die Baumeister wohl gedacht. Nicht mehr die Wände tragen das schwere Dach; das besorgen die vielen Säulen. Damit diese Säulen sich nicht nach außen biegen, bringt man außen schwere Stützpfeiler an." – Und schon zeigte er Zeichnungen von Gotteshäusern mit schlanken Säulen, hohen Fenstern und Bogenrippen an der Decke. ...

Gotische Baukunst

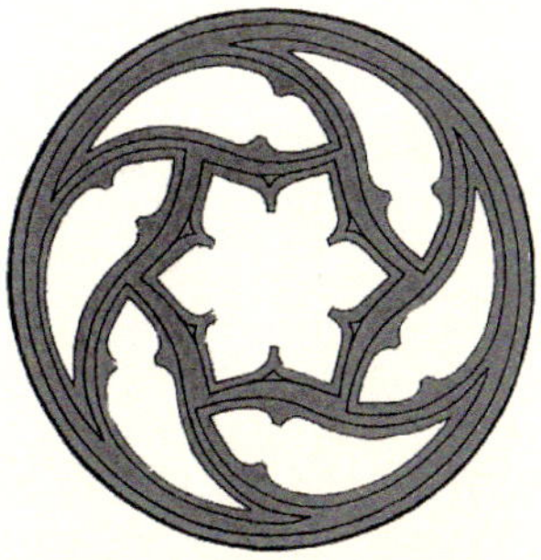

2 **Gotische Fenster.** 3 **Spitzbogen.** 4 **Maßwerk.**

Häufig waren die Dachrinnen in den Strebebögen der Kathedrale verborgen. Durch ***Wasserspeier*** *wurde das Regenwasser in weitem Bogen zur Erde geleitet, sodass es die Wände nicht berührte. Die Steinmetze gestalteten sie meist als Ungeheuer. Man glaubte nämlich, böse Geister durch Fratzen, die ihnen ähnlich sehen, vertreiben zu können. Die Wasserspeier konnten aber auch Dämonen darstellen, die hier zum Dienst an der Kirche gezwungen wurden. Manchmal erhielten diese Dämonen auch die Gesichtszüge eines unbeliebten Bischofs oder eines Kollegen.*

Ganz allmählich setzte sich diese Art des Bauens auch in Deutschland durch. Die Italiener bezeichneten diesen Baustil als „gotisch", was so viel wie „barbarisch" oder „fremd" hieß.

Bis zum Beginn des 16. Jahrhunderts wurden jetzt überall gotische Kirchen errichtet.

1 *Benennt mithilfe des Textes und der Abbildungen jene Merkmale, die für eine gotische Kirche typisch sind.*

5 **Mittelschiff des Kölner Doms.** Foto.

6 **Altar.** Foto, 1998.

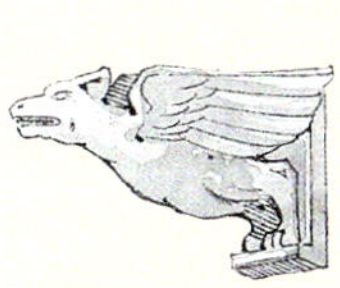

Zum Weiterlesen: Fluch über dem Kölner Dom?

Köln, im Jahr 1275: Johannes und Klara, die Kinder des Dombaumeisters Arnold, verfolgen gespannt die Bauarbeiten am Kölner Dom, während sie auf ihren Vater warten:

Klara setzte sich an der Dombauhütte auf einen Steinblock. „Lass uns hier auf ihn warten. Lange ist er bestimmt nicht weg." Johannes ließ sich neben der Schwester nieder. Begeistert sah er den Handwerkern zu. Sie alle – Gerüstbauer, Zimmerleute, Schmiede, Dachdecker und Steinmetze – arbeiteten für ein Ziel: die Fertigstellung dieser gewaltigen Kathedrale, die trotz ihrer Größe scheinbar schwerelos gen Himmel strebte. Johannes träumte davon, später selbst Dombaumeister zu werden. Die Vorstellung, wie sein Vater ein so gigantisches Bauwerk weiterzuführen, erfüllte ihn mit brennendem Ehrgeiz. Schließlich war der Kölner Dom nicht einfach irgendeine Kirche – er sollte die größte Kathedrale der Welt werden. Denn in seinem Innersten bewachte der Dom etwas einmalig Schönes und Wertvolles: den berühmten Schrein mit den Gebeinen der Heiligen Drei Könige. ...

Ein Schrei ließ sie zusammenfahren. ... Die Kinder sprangen auf und liefen, so schnell sie konnten, zum Fuß des Gerüsts an der Innenseite des Doms. Hoch über ihnen sahen sie Meinhard, einen der Maurer, auf dem Gerüst stehen.

„Der Teufel", stammelte er. „Das ist bestimmt das Werk des Teufels."

Schon kamen der Vorarbeiter und ein paar Steinmetzen herangestürmt und schoben die Geschwister zur Seite.

„Was ist los?"

„Hier ist alles voller Blut!", rief der Maurer und bekreuzigte sich. „Seht doch selbst!"

Wolfgang erklomm das Gerüst. Die anderen folgten ihm – zum Schluss auch Johannes und Klara. ...

Als sie oben ankamen, deutete Meinhard mit bleichem Gesicht auf die Mauer. Die Kinder erschauderten. Eine rote Flüssigkeit perlte an der Wand hinab. Daneben stand in großen roten Buchstaben das Wort „Satan" an der Mauer, ...

„Die Steine bluten", flüsterte der Maurer. Seine Augen waren weit aufgerissen. „Satan ist unter uns!"

„Red keinen Unsinn!", herrschte ihn der Vorarbeiter an.

Aber auch er wirkte verängstigt. „Vielleicht hat sich jemand einen bösen Scherz erlaubt!"

„Das glaube ich nicht", flüsterte Meinhard. Ich jedenfalls habe niemanden gesehen. Wir haben dort drüben gearbeitet ..."

Klara gab ihrem Bruder einen leichten Stoß in die Rippen. Als er zu ihr sah, deutete sie mit den Fußspitzen auf einen Eimer mit Mörtel. Johannes erkannte, was sie meinte: Neben dem Eimer lag ein Zirkel. ... Johannes war sich sicher – das war der Zirkel des Vaters! Wie kam er nur hierher? Instinktiv machte er einen Schritt nach vorne und setzte einen Fuß auf das Werkzeug. Dann beugte er sich unauffällig nach unten, als müsse er eine Schnalle an seinen Sandalen festzurren, und ließ den Zirkel blitzschnell im Ärmel seines Hemdes verschwinden. ...

Inzwischen waren immer mehr Männer auf das Gerüst geklettert. Es schwankte bereits bedenklich. Beim Anblick des Blutes begannen die Männer erschrocken miteinander zu tuscheln. Wilde Vermutungen wurden laut und immer wieder fiel der Name des Teufels. ... Doch plötzlich erhob sich Meinhards schrille Stimme über das beunruhigte Raunen: „Hier arbeite ich nicht länger! Die Baustelle ist verflucht!"

Die Arbeiter nickten zustimmend und gleichzeitig verängstigt. ...

Meinhard rang die Hände. „Der Herr hat uns verlassen. Wir sind verloren!"

Wütend packte ihn der Vorarbeiter am Kragen, schüttelte ihn und drohte: „Sei endlich still! Du sorgst noch für einen Aufstand!"

Meinhard warf ihm einen finsteren Blick zu, schwieg jedoch.

„Alle Mann runter vom Gerüst!", befahl Wolfgang jetzt. „Sonst bricht es noch zusammen!"

Widerwillig gehorchten die Handwerker und kletterten nach unten. Dort hatte sich bereits eine Traube von Schaulustigen gebildet.

„Wird wirklich Zeit, dass Vater zurückkommt!", flüsterte Johannes seiner Schwester zu.

Wie geht es weiter? Lest nach in dem Buch von Fabian Lenk: Fluch über dem Dom. Ein Ratekrimi aus dem Mittelalter. Loewe Verlag, Bindlach 2004.

Zusammenfassung

Von der Siedlung zur Stadt

Städte, wie wir sie aus dem alten Griechenland oder dem Römischen Reich kennen, entwickelten sich in Deutschland aus alten Römer- und Bischofsstädten oder aus Kaufmannssiedlungen. Immer mehr Menschen zog es vom Land in die befestigten Städte, die ihnen Sicherheit, Arbeit, ein bequemeres Leben und vor allem Freiheit bieten konnten.

Seit dem Hochmittelalter wurden immer häufiger Städte von einem Stadtherrn gegründet, der dadurch seine Herrschaft sicherte und wichtige zusätzliche Einnahmen erhielt.

Die Rechte der Stadtherren wurden seit 1200 fast überall von den Patriziern, reichen Kaufleuten, übernommen. Sie wählten aus ihren Reihen den Rat der Stadt und stellten den Bürgermeister. Erst im Spätmittelalter erkämpften sich die Zünfte der Handwerker in vielen Städten ein Mitspracherecht. Von der politischen Mitwirkung ausgeschlossen blieben die Frauen ebenso wie die Angehörigen der Unterschichten.

Städtisches Leben

Der Markt, Kauf und Verkauf bestimmten das Leben in der Stadt. Der Rat erließ hierfür genaue Vorschriften, deren Übertretung hart bestraft wurde.

Geplagt war jede Stadt auch vom Gestank und Schmutz auf den Gassen und in den Straßen – ein Zustand, der zur Ausbreitung von Seuchen beitrug.

Der sichtbare Mittelpunkt jeder Stadt waren nicht der Marktplatz oder die stolzen Patrizierhäuser, sondern die Kirchen, die in einem neuen, dem gotischen Stil errichtet wurden. In diesen prächtigen Kathedralen, Domen und Münstern spiegelten sich der Reichtum und das Selbstbewusstsein der Städte und ihrer Bürger wider.

Städte schließen sich zusammen

Ständigen Gefahren ausgesetzt waren die Fernhandelskaufleute: Seeräuber, Wegelagerer und Raubritter überfielen ihre Warentransporte. Daher schlossen sich die Kaufleute zu Genossenschaften zusammen. Aus einem solchen Schutzbündnis entstand auch die Hanse, die schnell zu einer bedeutenden Wirtschaftsmacht im Nord- und Ostseeraum heranwuchs und in zahlreichen europäischen Städten Handelsniederlassungen unterhielt.

Seit 1100

Städte entstehen in ganz Europa.

Um 1400

Zünfte erkämpfen sich ein Mitspracherecht im Stadtregiment.

1150–1500

Mit der Gotik entsteht in Europa eine neue Stilrichtung in der Baukunst.

1356

In Lübeck schließt sich ein Städtebund zur deutschen Hanse zusammen.

Standard-Check: Das solltet ihr wissen

Arbeitsbegriffe

- ✓ mittelalterliche Stadt
- ✓ Markt
- ✓ Zunft
- ✓ Hanse
- ✓ Gotik

Was wisst ihr noch?

1 Welche Voraussetzungen waren für die Entstehung von Städten wichtig?
2 In mittelalterlichen Städten konnten sich Krankheiten schnell ausbreiten. Warum?
3 Wozu dienten die Märkte in den mittelalterlichen Städten?
4 Wie kam es zur Gründung der Hanse?
5 Nennt Aufgaben der Zünfte.
6 Warum werden gotische Kirchen auch als „Zeugnis städtischen Selbstbewusstseins" bezeichnet?

Tipps zum Weiterlesen

Günther Bentele: Schwarzer Valentinstag. Bertelsmann, München 2005

David Macauly: Sie bauten eine Kathedrale. dtv, München 2004

Dieter Reiche: Der Bleisiegelfälscher. Beltz & Gelberg, Weinheim 2005

Ulrike Schweikert: Das Jahr der Verschwörer. Droemer/Knaur, München 2004

Kurt Wasserfall: Minona und der Schwarze Tod. Beltz & Gelberg, Weinheim 2000

Ruben Wickenhäuser, Mauern des Schweigens. Verlag G & G, Wien 2003

Standard-Check: Das solltet ihr wissen

1 Welche Begriffe passen nicht zum Thema Leben in der mittelalterlichen Stadt:

- PEST
- KATHEDRALE
- RITTER
- BÜRGER
- RATHAUS
- BAUERN
- ZÜNFTE
- BURGEN
- MARKGRAF
- GOLDSCHMIED
- PFALZ
- MARKTFAHNE
- TAGELÖHNER
- MINNESANG
- MESSEPRIVILEG
- PROPHETEN

2 *Ordnet die Berufe im Kasten den einzelnen Bevölkerungsschichten in der Stadt zu: Patrizier – Mittelschicht – Unterschicht.*

- Gesellen
- Handwerker
- Mägde
- Bettler
- Lehrlinge
- Henker
- Totengräber
- Krämer
- Fernhandelskaufleute

3 *Schreibt einen Bericht über den Bau und die Bedeutung von Kathedralen.*

4 *Ihr seht hier drei Abbildungen aus dem Kapitel, aber ohne Bildunterschrift. Schreibt in euer Heft zu jedem Bild, was ihr noch über das Thema wisst, für das es steht. Sucht dann die jeweilige Seite aus dem Kapitel und überprüft euer Wissen.*

2

1

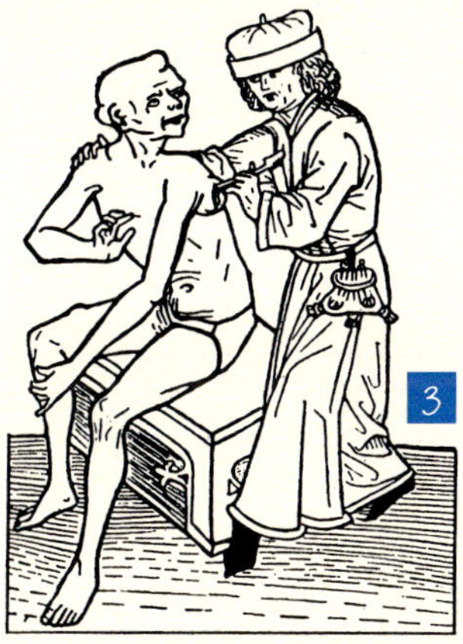
3

5. Begegnungen von Völkern, Religionen und Kulturen

1096–1099 — 1. KREUZZUG

1200 — DEUTSCHE OSTSIEDLUNG BEGINNT

1348/49 — HÖHEPUNKT DER JUDEN-VERFOLGUNG

1400 — BEGINN DER RENAISSANCE

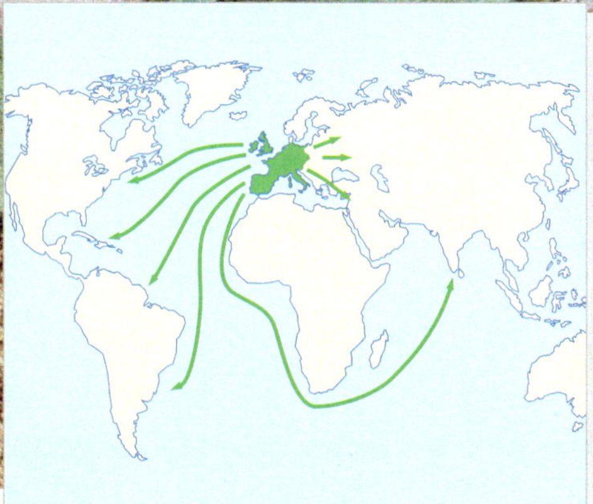

Die Menschen des Mittelalters waren nicht ortsgebunden, sondern erstaunlich mobil. Menschen aus unterschiedlichen Ständen waren unterwegs – nicht nur im eigenen Land, sondern in ganz Europa, aus unterschiedlichen Motiven und mit unterschiedlichen Zielen.

Seit dem 15. Jahrhundert entwickelten die Menschen dann eine neue Vorstellung von der Welt, sie befuhren die Ozeane und entdeckten neue Kontinente. So zeigt die Abbildung aus dem Jahr 1550 die Landung einer europäischen Expedition an einer Küste, beobachtet von den Einheimischen.

In diesem Kapitel erfahrt ihr von Begegnungen zwischen verschiedenen Völkern, Religionen und Kulturen – von friedlichen, aber auch sehr feindseligen …

1450	1492	1519–1534
GUTENBERG ERFINDET DEN BUCHDRUCK	KOLUMBUS ENTDECKT AMERIKA	SPANIER EROBERN REICHE DER AZTEKEN UND INKAS

Reisen im Mittelalter

1 Reiche Kaufleute und Adlige bevorzugten als Fortbewegungsmittel die Sänfte.
Illustration zu den Reisebeschreibungen Marco Polos, 1375.

Mobilität*:
Beweglichkeit.

Kommunikationsmittel*:
Moderne Mittel zur Verständigung, z. B. Telefon, Handy, Internet.

Hospiz*:
Von Mönchen errichtete Unterkunft für Reisende oder wandernde Mönche.

Meist nahm man auf Reisen seine gesamten Habseligkeiten mit.

Mobiliät* im Mittelalter

Mobil sein ist nicht nur ein Kennzeichen unserer Zeit – selbst im Mittelalter, einer Epoche ohne moderne Kommunikations*- und Verkehrsmittel, waren Menschen aller Gesellschaftsschichten außerordentlich mobil. Flucht und Auswanderung gab es schon immer, nicht selten waren Seuchen und Kriege der Anlass. Unterwegssein bzw. Reisen war deshalb kein Vergnügen. Man reiste, weil man reisen musste: als Pilger, als Kaufmann, selbst als König. Handwerksgesellen waren jahrelang „auf der Walz", das heißt auf Wanderschaft, Studenten bezeichnete man als „fahrende Schüler". Es gab sogar ein „fahrendes Volk", soziale Randgruppen der Gesellschaft, wie z. B. Bettler, Gaukler, Spielleute oder Aussätzige, die ständig unterwegs waren, von Dorf zu Dorf, von Stadt zu Stadt.

Reisen, das bedeutete vor allem Mühsal und Gefahr. Die Reisenden sahen nicht die Schönheit der Natur, sondern fürchteten ihre Gefährlichkeit: unwegsames Gelände, holprige und morastige Wege, Unwetter, wilde Tiere und Räuber. Man dankte dem heiligen Christophorus, wenn man am Ziel heil angekommen war. Gasthäuser oder Herbergen gab es nur selten. Wer unterwegs war, musste zusehen, dass er in einer Burg, einem Kloster, einem Zunfthaus oder in einem Hospiz* für die Nacht unterkam. Man ging meist zu Fuß, nur Frauen, Kranke oder Alte saßen in einem ungefederten Wagen oder in einer Sänfte. Wer es sich leisten konnte, reiste hoch zu Pferd. Wo immer es möglich war, benutzte man die Wasserwege; das Reisen zu Schiff war bequemer, sicherer und vor allem schneller.

Herrschaft aus dem Sattel

Kaiser Heinrich VI. (1190–1197) war während des Jahres 1193 ständig unterwegs. Im Lauf eines einzigen Jahres legte er von Pfalz zu Pfalz, von Reichstag zu Reichstag eine Strecke von über 4000 Kilometern zurück. Und Heinrich VI. war kein Einzelfall: Im Mittelalter regierten die deutschen Könige und Kaiser ihr Reich aus dem Sattel. Eine feste Hauptstadt gab es nicht und sie mussten selbst in den einzelnen Teilen des Reichs Recht sprechen und den Frieden sichern. Ein gewaltiger Tross begleitete die Herrscher auf ihren Reisen (siehe auch S. 44).

1 *Beschreibt die Mobilität der unterschiedlichen gesellschaftlichen Gruppen: Weshalb waren sie unterwegs und welche Probleme waren damit verbunden?*

Menschen unterwegs

Geschäftlich unterwegs

Die Mobilität der Kaufmannschaft, insbesondere der Fernhandelskaufleute, war enorm. Die Geschäftsverbindungen der hansischen Kaufleute reichten von England bis Russland, die der oberdeutschen Kaufleute bis nach Italien und sogar in den Vorderen Orient. Die Kontakte zu den ausländischen Geschäftspartnern und Niederlassungen mussten gepflegt werden und auf den großen europäischen Handelsmessen traf man sich, um Geschäfte abzuschließen.

Das Tagebuch des Augsburger Kaufmanns Lucas Rem (1481–1541) hält die emsige Reisetätigkeit eines in Ausbildung befindlichen Kaufmanns ab dem 13. Lebensjahr fest. Nach Aufenthalten in Leipzig und Ulm erlernte Rem in Venedig die italienische Sprache und wurde in Rechnen und Buchhaltung ausgebildet. Im Alter von 17 Jahren trat er in den Dienst von Anton Welser, einem der bedeutendsten Augsburger Kaufleute, und wurde von diesem in wichtigen geschäftlichen Missionen eingesetzt, zuerst in Mailand, Padua und Verona. Sein nächstes Ziel war Lyon, vom 10. Mai bis 21. Juli 1500 – also in 73 Tagen – reiste er nach Paris, Rouen und Brügge und war mit dem Einbringen von Schulden befasst, nachdem er sich zuvor in Avignon aufgehalten hatte. Im Dezember brach er von Lyon nach Gent, Fribourg und Bern auf und kehrte im Januar wieder nach Lyon zurück, wobei er sich bei allen Reisen der Pferde bediente.

Bei seinen Geschäftsreisen, die ihn später noch nach Spanien, Portugal, Nordafrika, den Azoren, den Kanarischen und Kapverdischen Inseln, in die Schweiz und in die Niederlande führten, vergaß er nie, „schön gepey und kirchen zuo besehen". Neben Deutsch sprach er Italienisch, Französisch, Portugiesisch, Spanisch und Flämisch. 1518 kehrte er nach Augsburg zurück, gründete eine eigene Handelsgesellschaft, heiratete und wurde sesshaft.

2 *Fertigt eine Karte mit den Zielen der Geschäftsreisen Lucas Rems an.*

3 *Welchen weiteren Nutzen hatten seine Reisen?*

2 **Reisenden des Mittelalters drohten Überfall und Raub.** Aus dem „Hortus deliciarum", 12. Jahrhundert.

Eine Pilgerreise nach Santiago de Compostela

Pilgerreisen, ob allein oder in der Gruppe, waren zweifelsohne die bedeutendste Reisebewegung des Mittelalters. So wie St. Peter in Rom oder der Schrein der Heiligen Drei Könige in Köln zog vor allem das Grab des Apostels Jakobus die Menschen an. Aus allen Gegenden Europas strömten die Gläubigen – mehr als eine halbe Million im Jahr – nach Santiago de Compostela im äußersten Nordwesten der Iberischen Halbinsel. Erkennbar an ihrer Pilgertasche – ein um den Hals gehängter Brotbeutel – und dem hölzernen Pilgerstab waren sie bei einer Tagesleistung von 35 bis 45 Kilometern wochen-, ja monatelang unterwegs. Der Besuch des Grabes und das Gebet vor dem Reliquienschrein* brachten sie in ihrer tiefen Gläubigkeit nicht nur dem Heiligen, sondern auch Gott näher und erlösten sie von vielfältiger Not und Sünde. Der Andrang war oft so groß, dass Pilger – wie Chronisten berichten – vor allem am Festtag des Heiligen von den Menschenmassen erdrückt oder zu Tode getrampelt wurden. Zugleich wurden die Wallfahrtsorte durch den Handel reich, das Geschäft mit den Pilgern blühte. Den Heiligen wurden Kerzen geopfert, nach Hause wurden Andenken mitgebracht.

4 *Erkundigt euch, ob es in eurer Nähe Wallfahrtsorte aus dem Mittelalter gibt.*

***Pilger**, zu Fuß unterwegs.*

***Pilgermuschel** aus Santiago de Compostela.*

***Reliquien*:** Überreste von Heiligen. Dazu zählten Skelette, Schädel, Knochen, Knochensplitter, Zähne, Zungen und andere Körperteile. Diese wurden in kunstvollen Reliquiaren aufbewahrt und bei Prozessionen umhergetragen.*

Die Slawen

1 Besiedlung Osteuropas durch die Slawen und die Entstehung slawischer Großreiche im 9. und 10. Jahrhundert.

Slawen:*
Sie sind wie Kelten und Germanen Indoeuropäer. Zwischen den Hauptstämmen gibt es aber große Unterschiede in Kultur, Sprache und Aussehen. Um 800 gelang es den Westslawen, bis nach Regensburg, Forchheim, Magdeburg und zur Elbmündung vorzudringen. Slawen wurden auch als Sklaven verkauft. Bald waren die Wörter „Slawe" und „Sklave" identisch. Das zeigt sich noch heute in der englischen Sprache: slave = Slawe und Sklave.

Während der Völkerwanderung verließen auch die Slawen* aus Angst vor den Hunnen ihr Siedlungsgebiet zwischen Weichsel, Dnjepr und Karpaten. Sie zogen bis zur Ostsee, nach Böhmen, ans Mittelmeer und zum Ural und ließen sich auch in den von ostgermanischen Stämmen verlassenen Gebieten nieder.

Die Slawen lebten in Großfamilien und Sippen zusammen. Mehrere Großfamilien bildeten einen Stamm. Sie wählten einen Anführer aus ihrer Mitte. Die Slawen organisierten sich nur in kleineren Herrschaftsverbänden; das erschwerte die Entstehung eines slawischen Reiches.

Die Wirtschaftsbasis bildeten Jagd, Fischfang und der gemeinschaftlich betriebene Ackerbau. Den großen Flüssen entlang (Wolga und Donau) sowie an der Ostsee und am Schwarzen Meer entwickelte sich ein reger Handelsverkehr mit den Nachbarreichen.

Die Slawen glaubten an Naturgötter wie den Feuergott Swarog oder den Gewittergott Perun, an Feen und Hausgeister.

Der Geschichtsschreiber Prokop (um 550) beschrieb die Slawen so:

Q1 … Die Slawen … stehen unter keinem Monarchen, sondern sie haben … eine demokratische Regierung. Daher beratschlagen sie ihre Interessen immer gemeinschaftlich. … Sie wohnen in schlechten und zerstreuten Hütten und ziehen oft von einem Ort zum anderen. In der äußeren Gestalt ist zwischen ihnen nicht der geringste Unterschied; denn sie sind durchgängig lang und stark von Gliedmaßen; ihre Haut ist nicht sehr weiß und ihr Haar nicht gelb und doch auch nicht schwarz, sondern bei allen rötlich. … Boshaft und tückisch sind sie gar nicht, sondern redlich. …

1 *Nach den Richtungen der slawischen Wanderungsbewegungen unterscheiden wir zwischen den Ost-, West- und Südslawen. Ordnet mithilfe der Karte 1 zu, welches Volk zu welchem Stamm gehört.*

2 *Benennt die von den Slawen gegründeten Reiche.*

3 *Wie beschreibt Prokop (Q1) die Slawen?*

Wie die Slawen Christen wurden

2 **Slawenapostel und Slawenlehrer: Kyrill und Method knien vor Christus, hinter ihnen stehen die Erzengel Michael und Gabriel sowie die Heiligen Andreas und Clemens.** Wandgemälde, 9. Jahrhundert.

Slawenapostel

Die oströmischen Kaiser sahen es als Schutzherren der Kirche und des Glaubens als ihre Aufgabe an, die heidnischen Slawen im Norden des Reiches zum Christentum zu bekehren. Daher schickte Kaiser Michael II. 863 n. Chr. die Mönche Kyrillos und Methodios zu den Slawen. Da die Slawen noch keine Schrift hatten, entwickelten Kyrill und Method ein Alphabet, das noch heute benutzt wird.

M1 Beispiele aus drei Alphabeten:

Lateinisch	Griechisch	Kyrillisch
A, a	Α, α	А, а
B, b	Β, β	Б, б
D, d	Δ, δ	Д, д
G, g	Γ, γ	Г, г
L, l	Λ, λ	Л, л
S, s	Σ, σ	С, с

4 *Vergleicht die drei Alphabete.*

Die Bibel konnte nun ins Slawische übersetzt werden. Kyrill und Method wurden für ihre Leistungen bei der Missionierung der Slawen heilig gesprochen.

Bulgaren, Serben und Russen wurden von Ostrom aus christianisiert, Polen, Tschechen, Slowaken, Ungarn, Kroaten und Slowenen von Westrom aus. Die Kirchenspaltung 1054 entzweite auch die slawischen Völker; und diese Trennung führte immer wieder und führt noch heute zu Konflikten und Kriegen innerhalb der slawischen Völkerfamilie.

5 *Nennt die Leistungen der Slawenapostel.*

6 *Welche Probleme traten bei der Missionierung der Slawen auf?*

Eine Heirat mit Folgen

Nachdem der russische Großfürst Wladimir (978–1015) dem Kaiser von Konstantinopel militärische Hilfe geleistet hatte, erhielt er dessen Schwester zur Frau. Bedingung für die Hochzeit war aber, dass sich Wladimir und seine Untertanen, die sich zum Teil heftig dagegen wehrten, taufen ließen. 988 fand die Taufe statt.

Das Christentum breitete sich über Russland aus, auch in der Architektur und Kunst sowie im Herrschaftssystem war das Byzantinische Reich Vorbild für Russland. In Kiew*, der damaligen russischen Hauptstadt, wurden Kirchen, Stadttore und Straßen nach dem Vorbild Konstantinopels gebaut. Als Konstantinopel 1453 von den Türken eingenommen wurde, wollte Moskau, die neue russische Hauptstadt, die Rolle des „dritten Roms" in der Geschichte des Christentums übernehmen.

Kiewer Rus*: *Bezeichnung für das Reich Wladimirs; daher leitet sich die Bezeichnung für die Bewohner ab: Russen. Ursprünglich stammt das Wort „Rus" aus dem Frühslawischen und bedeutet „Ruderer". Es bezieht sich auf die skandinavischen Wikinger, die seit dem 8. Jahrhundert in das ostslawische Siedlungsgebiet vordrangen und sogar das erste russische Herrschergeschlecht begründet haben sollen.*

988 n. Chr.: *Taufe des Großfürsten Wladimir.*

Deutsche Ostsiedlung

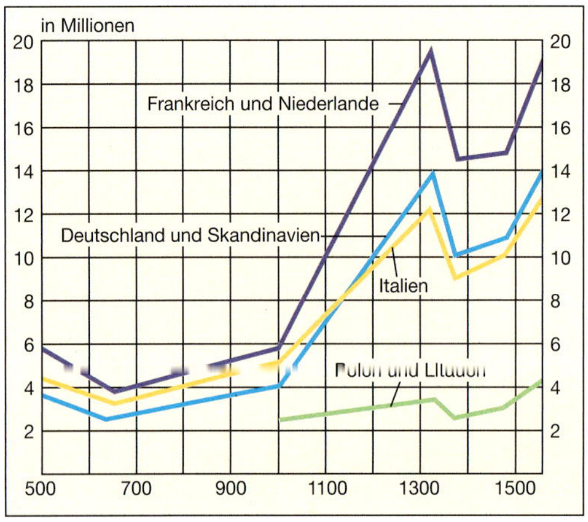

1 **Bevölkerungsentwicklung in Europa.**

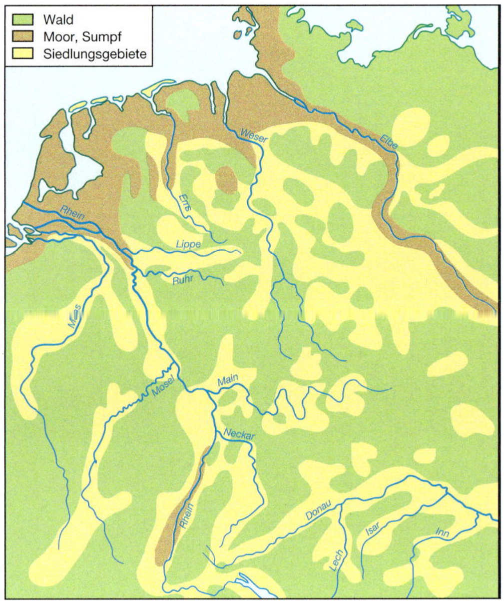

2 **Landschaftsbild um 1000 n. Chr.**

Binnenkolonisation*: *Urbarmachung von landwirtschaftlichen Nutzflächen im eigenen Land.*

Binnenkolonisation*

Durch die starke Bevölkerungszunahme in Westeuropa seit dem 11. Jahrhundert gerieten zahlreiche bäuerliche Familien in Not. In Norddeutschland erbte nur der älteste Sohn den Hof, alle anderen erhielten nichts. Wie sollten sie sich ernähren? In Süddeutschland wurde das vorhandene Ackerland unter allen männlichen Erben aufgeteilt. Schon bald aber reichten die kleinen Äcker kaum noch aus, um eine Familie zu versorgen. Naturkatastrophen verschlimmerten die Situation zusätzlich.

Der Mönch Sigebert von Gembloux berichtet in seinem Geschichtswerk zum Jahr 1144:

Q1 … Dieses Jahr brachte einen harten Winter mit viel Regen und Schlamm. Starke Waldbäume wurden entwurzelt, Kirchen, Türme und andere Gebäude, die man für fest gehalten hatte, größtenteils von Grund auf zerstört … Eine schwere Hungersnot bedrückte viele … und ließ die meisten Leute verarmen. Arme und auch wohlhabende Leute zwang der Hunger, abzuwandern, um dem Mangel zu entfliehen …

Viele Bauern begannen in den noch menschenleeren Gebieten Deutschlands Moore und Sümpfe trockenzulegen, an den Küsten Deiche und Marschen* anzulegen und Wälder zu roden. Die Eingriffe in die Natur waren weit reichend. Dass dadurch auch Umweltkatastrophen wie Bodenerosion, Sinken des Grundwasserspiegels und Überflutungen verursacht wurden, war den Menschen des Mittelalters noch nicht bewusst. Auch negative wirtschaftliche Folgen verbanden sich mit dieser Urbarmachung. Der Wald diente der bäuerlichen Bevölkerung als wichtige Nahrungs- und Rohstoffquelle, wo sie Beeren, Pilze und Kräuter fand und auch ihren Bedarf an Brenn- und Bauholz deckte. Die Arbeit war zudem hart und gefährlich. Dennoch nahmen die Bauern diese Mühen auf sich, weil der Grundherr von dem gerodeten Land nur geringe Abgaben verlangte, auf Frondienste verzichtete und oftmals sogar Saatgut und Vieh zur Verfügung stellte.

Viele Ortsnamen erinnern noch heute an diesen Landbau. Es sind Orte, deren Namen auf -rode, -reuth, -ried, -wald, -brand, -hau, -moos, -brach oder -marschen endet.

Marsch*: *Flaches Schwemmland am Meer mit fruchtbarem Boden, das als Weide oder Acker genutzt wird.*

1 *Seht euch Abbildung 1 an. Sprecht über mögliche Ursachen und Folgen der mittelalterlichen Bevölkerungszunahme.*

2 *Überlegt, wohin die Menschen auswandern konnten. Betrachtet die Abbildungen 1 und 2.*

3 *Erinnern auch in eurer Heimat Namen von Siedlungen an die Binnenkolonisation?*

Deutsche Ostsiedlung

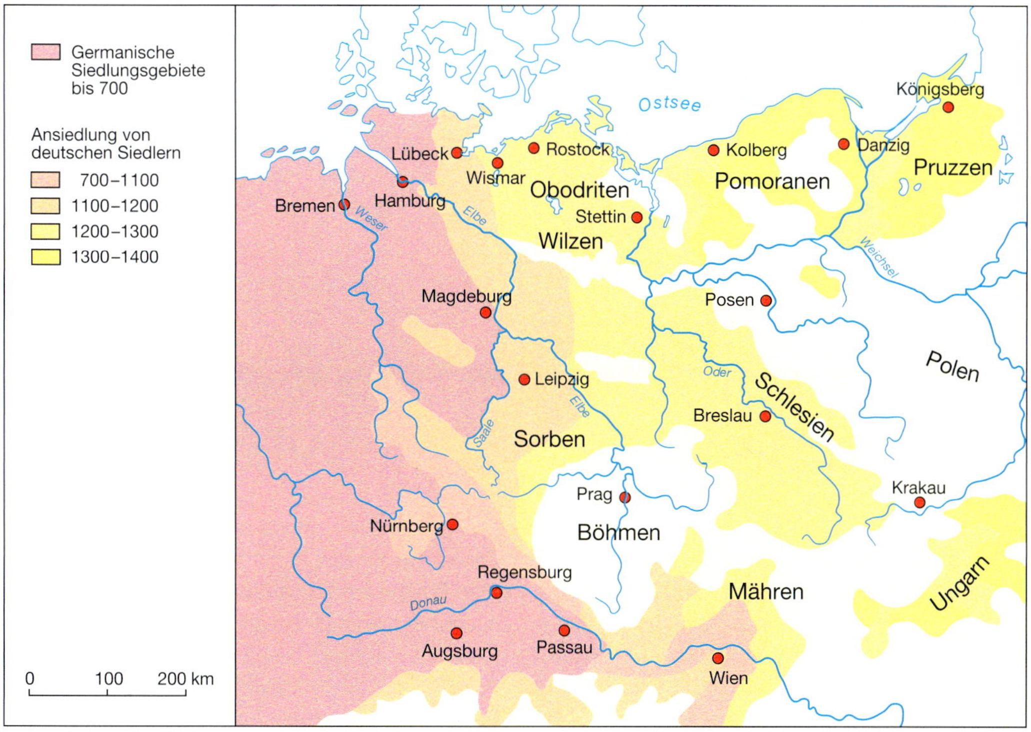

3 **Deutsche Ostsiedlung.**

Unterwerfung der Slawen

Aus dem Aufruf sächsischer Bischöfe und Adliger zum Kampf gegen den slawischen Stamm der Obodriten aus dem Jahr 1108:

Q2 … Schon lange werden wir durch Unrecht und vielerlei Gewalttaten bedrängt. Die Heiden haben sich mit unvergleichlicher Grausamkeit gegen uns erhoben und richten uns fast zugrunde. Sie sind Männer ohne Mitleid, denen es noch gefällt, sich ihrer Bosheit zu rühmen … Diese Heiden sind zwar verdorben und schlecht, aber ihr Land ist erstaunlich reich: Dort fließen Milch und Honig und die Ernten sind unvergleichlich gut … Auf denn, ihr Franken, Lothringer und Flamen … Hier könnt ihr euer Seelenheil erwerben und, wenn es euch gefällt, noch das beste Siedelland dazu …

4 *Wie wird der Krieg gegen die slawischen Obodriten in Q2 gerechtfertigt?*

5 *Mit welchen Versprechungen hofft man Unterstützung in dieser Auseinandersetzung zu finden?*

6 *Überlegt, warum die Slawen in diesem Bericht als verdorben und bösartig bezeichnet werden. Denkt daran, von wem der Aufruf stammt.*

7 *Zeigt mithilfe der Karte 3 die Gebiete Osteuropas, in die deutsche Siedler gezogen sind.*

Zur gleichen Zeit, als die Bauern in Westeuropa in Not gerieten, riefen sächsische Bischöfe und Adlige, die ihre Macht im Osten des Reiches zu erweitern suchten, zum Kampf gegen die Slawen auf. Fürsten und Herzöge, wie Albrecht der Bär (1100–1170) oder Heinrich der Löwe (1129–1195), eroberten weite Gebiete jenseits der Elbe, der Ostgrenze des Reiches, unterwarfen die slawischen Stämme, gründeten Marken* und holten Siedler ins Land, um es zu erschließen und gleichzeitig ihre Herrschaft zu sichern.

Mark*:
Gebiete an den Grenzen des Reiches, für deren Sicherung und Verwaltung Markgrafen mit besonderen Rechten zuständig waren.

Dörfer und Städte werden gegründet

1 Ein Dorf wird gegründet. Buchmalerei, 14. Jahrhundert.

Hufe*:
Im Mittelalter Bezeichnung für eine bäuerliche Hofstätte mit Ackerland und Anteil an der Allmende, den Wäldern und Weiden, die Dorfbewohner gemeinsam nutzten. Die Größe einer Hufe betrug etwa 10 ha und reichte aus für den Lebensunterhalt einer Familie.

Lokatoren*:
(von lat. locus = Ort, Stelle); Unternehmer, die im Auftrag der Landes- und Grundherren Dorf- oder Städtegründungen im Zuge der Ostkolonisation durchführten, Siedler anwarben und die Grundstücke verteilten; sie wurden meist mit doppeltem Landanteil und besonderen Ämtern und Rechten entlohnt.

„Steueroase" für Auswanderer

Zahlreiche slawische Fürsten in Ungarn, Polen, Böhmen und Schlesien sandten ihre Boten nach Süddeutschland, nach Holland, Friesland und Flandern aus, um deutsche Siedler ins Land zu holen. Viele folgten dem Ruf und wanderten aus, z. B. nach Schlesien.

Die schlesischen Bauern kannten die Dreifelderwirtschaft nicht und pflügten den Boden noch mit einem hölzernen Hakenpflug, der die Erde nur aufritzen konnte. Die Ernteerträge waren deshalb nur gering und die Menschen arm. Auch das städtische Leben, Handel und Handwerk hatten sich noch nicht entfaltet.

In einer Urkunde aus dem Jahr 1250 heißt es:

Q1 … 1. Wer als Siedler in der Stadt wohnen will, genießt sechs Freijahre. Er wird weder zur Steuer noch zur Heerfahrt gezwungen, außer bei unmittelbarer Gefahr für die Landschaft …

3. Wir gewähren freien Fischfang innerhalb einer Meile, freies Bauholz, freie Niederjagd beiderseits der Oder, sechs große Hufen* als Weide.

4. Die Siedler können ihre Geschäfte in unserem Land ohne Zoll und Abgaben treiben …

1 *Erklärt mithilfe von Q1 und der Abbildung 1, warum deutsche Siedler in den slawischen Ländern so begehrt waren.*

2 *Überlegt, warum viele diesem Aufruf folgten.*

Ostkolonisation

Die Lokatoren* hatten großen Erfolg: Viele Menschen waren bereit, in den Osten zu ziehen. Man schätzt ihre Zahl auf etwa 600 000. Es folgten ihnen: junge verarmte Adlige, von ihren Grundherren ausgebeutete Bauern, Handwerker und Kaufleute.

In der neuen Heimat gewährten ihnen die Grundherren gute Bedingungen: Sie mussten nur geringe Abgaben zahlen, meist keine Frondienste leisten und waren persönlich frei. Doch das Land zu roden, Felder und Dörfer anzulegen war sehr mühsam.

Gleichzeitig mit den Dörfern wurden auch zahlreiche Städte gegründet. Hier lebten die Bürger nach deutschem Recht. Die Städte wurden Zentren der Verwaltung und des Handels. Viele von ihnen, z. B. Prag, Breslau, Krakau und Danzig, Posen und Stettin wurden wegen ihrer Größe und ihres Reichtums berühmt. Über Jahrhunderte hinweg lebten Deutsche und die einheimischen Slawen, die ihre Kultur und Eigenständigkeit weitgehend erhalten konnten, friedlich zusammen. Erst das übersteigerte Nationalbewusstsein des 19. Jahrhunderts entzweite die Menschen und führte im 20. Jahrhundert zu zwei Weltkriegen. Die deutschstämmige Bevölkerung war zu Flucht und Auswanderung und zur Rückkehr in die alte Heimat gezwungen.

3 *Stellt Vermutungen darüber an, wie ein slawischer Bauer die Ankunft deutscher Siedler empfunden haben könnte.*

Der deutsche Ordensstaat

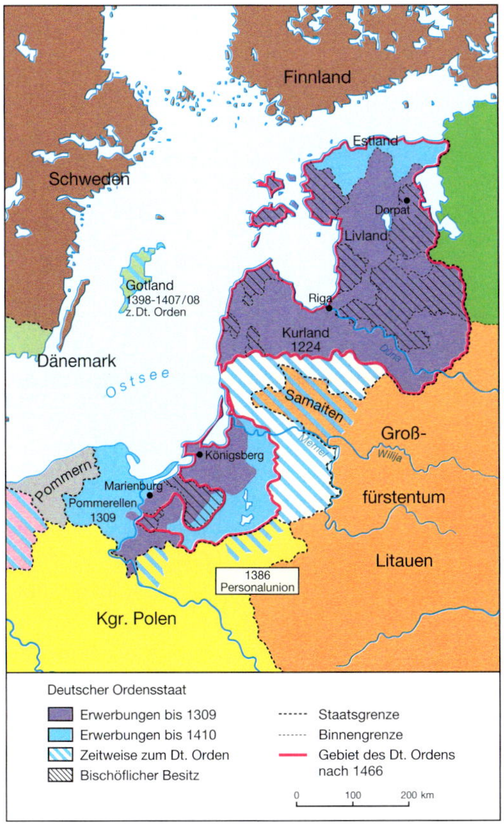

2 **Staat des Deutschen Ordens 1226–1466.**

Deutscher Ritterorden*

Der Deutsche Ritterorden war im Jahr 1190 von Kreuzfahrern im Heiligen Land gegründet worden (s. S. 145). Seine Aufgabe bestand vor allem in der Pflege der Kranken und Verwundeten. Nach dem Scheitern der Kreuzzüge hatte der Orden keine festen Aufgaben mehr, bis der polnische Herzog Konrad von Masowien ihn im Jahr 1225/26 um Hilfe bat. Der Orden sollte die heidnischen Pruzzen (Preußen) zum Christentum bekehren. Kaiser Friedrich II. erteilte dem Deutschordensmeister Hermann von Salza nur wenige Monate später folgendes Privileg:

Q2 … Wir überlassen dem Hochmeister, seinen Nachfolgern und seinem Haus für immer … das Land, das er vom Herzog gemäß seinem Versprechen erhalten wird, …; ferner alles Land, das er mit Gottes Hilfe in Preußen erobern wird. Sie sollen es frei von allem Dienst und Steuer behalten und gegen niemanden verpflichtet sein. Es sei ihnen ferner erlaubt, im ganzen Land Abgaben und Zölle anzuordnen, Märkte einzurichten, Münzen zu schlagen …

4 *Nennt die Rechte, die Friedrich II. dem Deutschen Orden einräumt.*

Durch Kriege zum Ordensstaat

Im Jahr 1231 begannen die Ritter mit der Unterwerfung und gewaltsamen Bekehrung der Pruzzen. An diesem Kampf beteiligten sich Fürsten aus ganz Europa. Nach fast 50-jährigem Kampf waren die Pruzzen besiegt. Es folgten Kämpfe gegen Esten, Letten und Litauer. In einem Schreiben der Samaiten, eines slawischen Stammes, aus dem Jahr 1399 heißt es:

Q3 … Alle Früchte unseres Landes haben uns die Ritter genommen. Sie gestatten uns weder zu jagen noch zu fischen noch mit den Nachbarn Handel zu treiben. Jedes Jahr führen sie unsere Kinder als Geiseln weg, unsere Ältesten haben sie nach Preußen verschleppt, andere samt ihren Familien durch Feuer ausgerottet, unsere Schwestern und Töchter haben sie mit Gewalt weggeführt – und dann tragen sie noch das heilige Kreuz auf dem Mantel! …

5 *Erklärt anhand der Karte (Abbildung 2), welche Gebiete die Deutschordensritter erobert haben. Zu welchen heutigen Staaten gehören diese Gebiete?*

6 *Schildert das Vordringen der Ordensritter aus der Sicht der Samaiten.*

Das Ende des Ordensstaats

Nach dem Zusammenschluss Litauens mit Polen zu einem Großreich begann der Niedergang des Ordensstaats. Zwischen Polen und dem Ordensstaat kam es wiederholt zu Kämpfen. Der Orden wurde besiegt. Schließlich musste der Orden den westlichen Teil seines Reiches an Polen abtreten und für das restliche Staatsgebiet die polnische Oberhoheit anerkennen. 1525 entstand aus dem Ordensstaat das weltliche Herzogtum Preußen.

Hermann von Salza, *Hochmeister des Deutschen Ritterordens 1209–1239. Holzschnitt, 1684.*

Ritterorden*: *Orden sind Gemeinschaften von Männern oder Frauen, die sich feierlich verpflichten, ihr Leben in den Dienst Gottes zu stellen. Am bekanntesten sind die Orden von Mönchen oder Nonnen. Bei den Ritterorden gehörte zum gottgeweihten Leben der Krieg gegen die Heiden.*

1226–1466: *Gründung und Ausbau des Deutschen Ordensstaats.*

1525: *Aus dem Ordensstaat entsteht das Herzogtum Preußen.*

Die Juden in den Städten

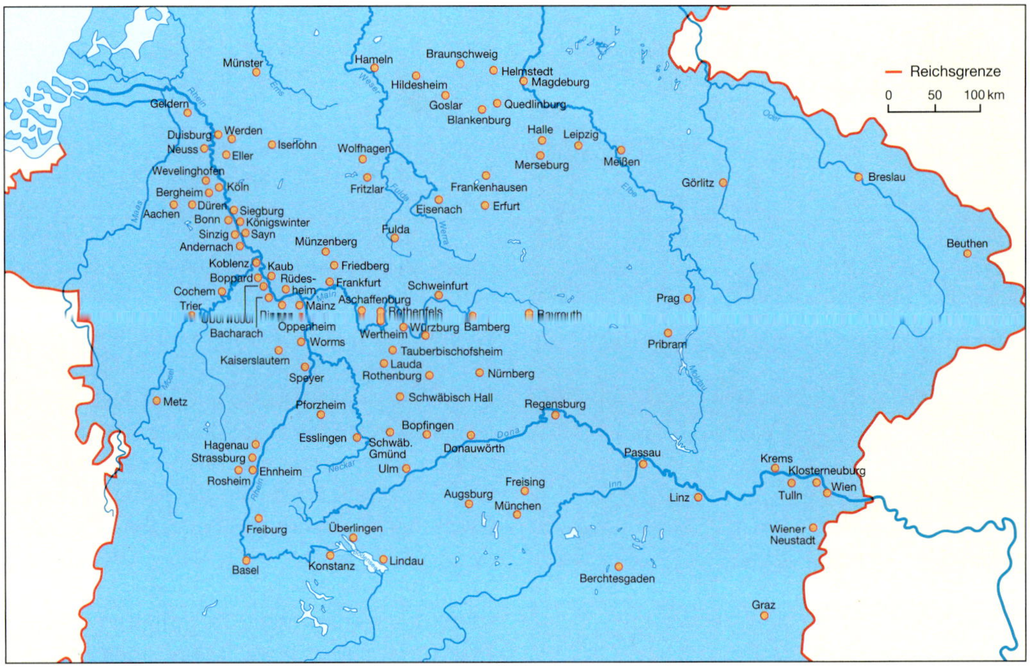

1 Jüdische Siedlungen in Deutschland vor 1238.

*Ein am **Judenhut** erkennbarer Arzt am Krankenbett des heiligen Basilius.*

Jüdischer Geldverleiher.

Lesetipp:
Gudrun Reinboth, Nenn mich noch einmal Jochanaan, Metz, Gaggenau 2004

Jüdische Gemeinden im mittelalterlichen Europa

Schon seit dem 4. Jahrhundert sind jüdische Gemeinden in Deutschland belegt. Ein Erlass des römischen Kaisers Konstantin aus dem Jahr 321 beweist, dass es bereits damals eine jüdische Gemeinde in Köln gab. Unter dem Schutz der karolingischen Herrscher, Karls des Großen und Ludwigs des Frommen, wuchsen jüdische Gemeinden in Trier, Worms und Speyer zu großer Bedeutung heran. Auch im maurischen Spanien legten arabische und jüdische Gelehrte, Philosophen, Ärzte und Diplomaten gemeinsam den Grundstein zu einer hohen, lange blühenden Kultur. Bei den christlichen Herrschern Europas waren Juden im 10. und 11. Jahrhundert vor allem wegen ihrer Vermittlerrolle im Fernhandel hoch angesehen. Jüdische Kaufleute knüpften über alle Grenzen hinweg Kontakte zu den jüdischen Gemeinden rund um das Mittelmeer und hielten so den Handel mit dem Orient aufrecht. Dafür wurden ihnen bestimmte Vorrechte und Schutz gewährt, wofür sie allerdings noch besondere zusätzliche Abgaben zu leisten hatten.

Juden in Deutschland

Jüdische Familien ließen sich vor allem in den Städten nieder. Insgesamt schätzt man die jüdische Bevölkerung Deutschlands im 11. Jahrhundert auf ca. 20 000 Menschen. Die Juden wirkten zunächst wie alle anderen Bewohner am städtischen Leben mit. Sie beteiligten sich an der Verteidigung der Städte, trieben Handel, kauften Häuser und kamen tagtäglich mit den christlichen Mitbürgern in Berührung: im Haus, auf der Straße, in der Werkstatt oder auf dem Markt. Trotz der unterschiedlichen Religion und Kultur gab es lange Zeit ein friedliches Zusammenleben von Juden und Christen, selbst wenn eine Eheschließung zwischen Juden und Christen verboten war. Eine Wende im christlich-jüdischen Verhältnis brachten erst die Kreuzzüge (siehe S. 142 ff.). Der Aufruf des Papstes zu einem Kreuzzug gegen die „Ungläubigen im Heiligen Land" wurde von vielen Menschen schon bald in einen Kampf gegen die „Ungläubigen im eigenen Land" umgedeutet.

1 *Betrachtet die Karte 1 und ermittelt, ob es auch in eurer Nähe jüdische Siedlungen gegeben hat.*

Die Juden werden ausgegrenzt

2 Seitenportal an der Lambertikirche zu Münster. Die Figur links stellt die siegreiche christliche Kirche mit Krone und Kreuz dar. Die rechte Figur versinnbildlicht das Judentum. Sie hat sich von Christus in der Mitte abgewandt und wird mit der Augenbinde als blind dargestellt. Zum Zeichen der Niederlage ist die Lanze in der linken Hand zerbrochen. Solche Darstellungen waren an vielen Kirchen zu sehen. Foto, 2001.

Pogrom*:
Gewalttätige Ausschreitungen gegen religiöse und nationale Minderheiten.

Diskriminierung*:
Benachteiligung.

Getto*:
Vom übrigen Stadtgebiet streng abgegrenztes Wohnviertel der Juden.

Ausgrenzung der Juden

Obwohl in den mittelalterlichen Städten die Juden als „Ungläubige" von den Bürgerrechten ausgeschlossen und jüdischen Handwerkern und Kaufleuten die Mitgliedschaft in Zünften und Gilden verwehrt war, erregte oftmals ihr wirtschaftlicher Erfolg den Neid, ihre fremdartige Kultur das Misstrauen, ja den Hass ihrer christlichen Nachbarn. Noch im 11. Jahrhundert, mit dem Aufruf zum ersten Kreuzzug, kam es zu den ersten Pogromen*. Eine Welle der Gewalt brach über die jüdischen Gemeinden herein; in vielen Städten wurden jüdische Häuser und Synagogen geplündert und zerstört und Tausende Juden ermordet.

Seit dieser Zeit verschlechterte sich die rechtliche Lage der Juden immer mehr. Sie wurden von allen öffentlichen Ämtern ausgeschlossen, durften keinen landwirtschaftlichen Besitz und keine Häuser erwerben und jegliches Handwerk wurde ihnen untersagt.

So blieb ihnen neben dem Handel, in dem aber die Konkurrenz christlicher Fernhandelskaufleute immer größer wurde, noch der Geldverleih gegen Zinsen, was den Christen verboten war. Vom einfachen Bauer, über den angesehenen Handwerker und Kaufmann bis hin zum mächtigen Bischof oder Grafen: Viele Menschen waren bei den jüdischen Geldverleihern hoch verschuldet; die hohen Zinsen – in den Augen vieler Zeitgenossen „Wucherzinsen" – führten zu weiteren Diskriminierungen*.

Um die Juden öffentlich zu kennzeichnen und um sie zugleich zu demütigen, wurden Kleidervorschriften erlassen: Die Juden mussten seit dem 12. Jahrhundert den Kaftan, einen weiten Mantel mit Streifen, sowie einen Spitzhut, seit dem 15. Jahrhundert einen gelben Fleck auf ihrer Kleidung tragen. In vielen Städten mussten sie abgesondert von der übrigen Bevölkerung in eigenen Stadtvierteln, den Gettos*, leben. Diese lagen abgelegen an der Stadtmauer, waren von einer Mauer umschlossen und mit Toren, die von Stadtknechten bewacht und verschlossen wurden, abgeriegelt. Auch wenn die jüdische Bevölkerung zunahm, wurden die Gettos nicht erweitert. So waren sie meist überbevölkert, verbaut, dunkel und schmutzig. Die christlichen Eigentümer waren nur an den Mieteinnahmen interessiert und ließen die Häuser verkommen.

2 *Nennt Beispiele für die Diskriminierung von Juden in den mittelalterlichen Städten und nehmt dazu Stellung.*

***Juden mit spitzen Hüten** gemäß der Anordnung des Laterankonzils (1215).*

*Jude in der üblichen **Judenkleidung** mit gelbem Ring auf der Schulter, 14. Jahrhundert.*

Die Juden werden verfolgt

1 Judenverfolgung. Mehrfach waren Judengemeinden im Mittelalter schweren Bedrohungen ausgesetzt. Die Juden – zu erkennen an dem gelben Fleck auf der Kleidung – werden niedergeschlagen, ihre Häuser ausgeraubt. Kolorierter Holzschnitt.

Ein Geistlicher aus Erfurt notierte 1349 in seiner Chronik:

Q1 ... Zwischen dem 2. und 24. Februar 1349 wurden die Juden in allen Städten, Burgen und Dörfern Thüringens erschlagen, ... weil sie Quellen und Brunnen verseucht hatten, wie damals für erwiesen galt ... Am 21. März wurden die Juden in Erfurt entgegen dem Willen des Rates von der Bürgergemeinde erschlagen, hundert oder mehr. Die anderen haben sich, als sie sahen, dass sie den Händen der Christen nicht entkommen konnten, aus einer Art Frömmigkeit in ihren eigenen Häusern selbst verbrannt ... Mögen sie in der Hölle ruhn! Man sagt auch, sie hätten in Erfurt die Brunnen und die Gera vergiftet und auch die Heringe, sodass niemand in den Fasten davon essen wollte und keiner der reicheren Bürger mit Wasser kochen ließ. Ob sie Recht haben, weiß ich nicht. Eher glaube ich, der Anfang ihres Unglücks war das unendlich viele Geld, das Barone und Ritter, Bürger und Bauern ihnen schuldeten ...

Verfolgung und Vertreibung

Nach den ersten Pogromen wurden die Juden im Reich unter den Schutz des Kaisers gestellt, der sich dies aber teuer bezahlen ließ. Dennoch kam es immer wieder durch die Verbreitung von Gerüchten über Ritualmorde* und Hostienfrevel* zu Ausschreitungen. Die Juden wurden als Sündenböcke für Missernten, Naturkatastrophen, Krankheiten, Armut und persönliches Leid verantwortlich gemacht. Die Feindseligkeit ihnen gegenüber erreichte einen Höhepunkt, als in Europa 1348/49 die Pest ausbrach und ein Drittel der Bevölkerung starb. Da man die Ursache dieser Seuche nicht kannte, beschuldigte man die Juden, Brunnen und Quellen vergiftet und dadurch die Epidemie ausgelöst zu haben. Aberglaube und religiöser Wahn führten zu einem Massaker; zigtausende Juden wurden ermordet und ganze Gemeinden ausgerottet. Auch vor jüdischen Friedhöfen machte der Mob nicht Halt, sogar die Gräber der Toten wurden geschändet. Auch in anderen Ländern Europas kam es zu Judenverfolgungen, welche die Herrscher als Schutzherren der Juden nicht verhindern konnten oder wollten. Viele Christen entledigten sich ihrer Schulden oder eigneten sich jüdischen Besitz an. Die wenigen überlebenden Juden wurden vertrieben oder wanderten nach Osteuropa aus, wo sie eine neue Heimat zu finden hofften.

Die Judenverfolgung des Jahres 1348 war eine von vielen. Vorurteile, Missachtung der Menschenrechte und Hass haben die Menschen in Europa seit der Zeit der Kreuzzüge immer wieder dazu gebracht, die jüdische Minderheit zu verfolgen – vor allem dann, wenn das eigene Leben durch Krisen oder Katastrophen erschüttert wurde und keine Strafe für die Vergehen zu befürchten war.

1 *Beschreibt die Haltung, die der Geistliche (Q1) gegenüber den Juden einnimmt.*

2 *Nennt die wahren und die vorgeschobenen Gründe für die Judenverfolgung.*

Ritualmord*:
Er wurde den Juden in Deutschland erstmals in Fulda vorgeworfen. Juden wurden beschuldigt, die Kinder ermordet zu haben, um aus ihrem Blut Heiltränke herzustellen.

Hostienfrevel*:
Es wurde behauptet, Juden durchbohrten angeblich Hostien, die dann, als der lebendige Leib Christi, zu bluten begännen. Die Grausamkeit der Verleumdung liegt darin, dass nach jüdischem Gesetz Blut ebenso wie Schweinefleisch unantastbar ist und weggeschüttet werden muss.

Geschichte vor Ort: Die Juden im mittelalterlichen Köln

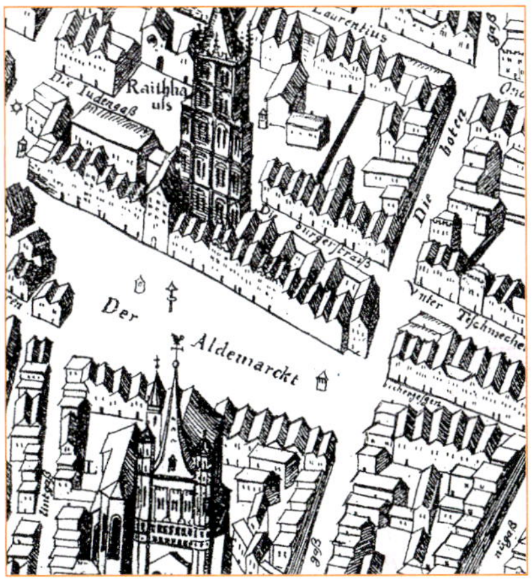

1 **Das Kölner Judenviertel am Rathaus.** Stadtplan von 1571.

2 **Der Straßenname „Judengasse" ist bis heute erhalten geblieben.** Foto, 2006.

Schon im Jahr 321 haben Juden in Köln gelebt. Es war die älteste jüdische Gemeinde Deutschlands (vgl. Seite 138). Das Viertel, in dem die Juden lebten, lag in der Nähe des Rathauses. Mauern und Holztore schlossen es nach außen ab. Hier fand man bei Ausgrabungen Reste der Synagoge, einer Bäckerei, eines Badehauses, eines Gästehauses und von Privathäusern. Juden betätigten sich als Kaufleute, Goldschmiede, Händler, Ärzte und Geldverleiher und nahmen so am wirtschaftlichen Aufstieg Kölns teil. Lange Zeit lebten Christen und Juden in Köln friedlich nebeneinander.

Während des ersten Kreuzzugs 1096 und der Pest 1349 kam es wie in vielen anderen Städten zu gewaltsamen Übergriffen gegen die Juden. 1424 wurden sie aus Köln vertrieben. Erst 1794 durften Juden wieder in Köln siedeln.

In der „Cölnischen Chronic" erfahren wir über die Vertreibung der Juden im Jahr 1424:

Q1 ... [1423] wurden die Juden in Köln ... ausgewiesen zu ewigen Tagen; doch ließ man sie noch ein Jahr zu Köln wohnen ... Das kam so: ... sie müssten der Stadt Köln so viel geben ..., dass sie ... binnen Köln beschirmt [beschützt] würden ... und hätten das gern abgestellt gehabt... Der Bischof schrieb ..., das Geld, das die Juden der Stadt gäben, das gehörte ihm ... und wollte es auch fortan haben. Darum wurden sie aus der Stadt verwiesen.

1 *Erklärt mithilfe von Q1, warum die Kölner die Juden vertrieben haben.*

3 **Die Kölner Juden wurden während der Pestepidemie 1349 verbrannt.** Schedelsche Weltchronik, 1493.

In einem Brief an den König aus dem Jahr 1431 erklärt der Rat zur Vertreibung der Juden im Jahr 1424:

Q2 ... Warum wir uns der Juden entledigt haben: ... Besonders weil sie ihr Geld ... zu Wucher und Zins verleihen möchten ... Zum anderen, weil unsere Stadt von Köln eine der heiligsten Städte der Christenheit genannt wird und ... dass die Juden mit ihren unchristlichen Füßen die heilige Erde darinnen ... nicht mehr betreten sollen. ... Besonders auch darum, weil eine Kunde und das Gerücht waren, dass die Juden die Wasserstellen und Brunnen in unserer Stadt vergiftet haben. ...

2 *Nennt die Gründe, die der Kölner Rat in Q2 für die Vertreibung angibt.*

3 *Beurteilt anhand der Materialien und des Textes das Verhältnis zwischen den Kölner Bürgern und ihren jüdischen Mitbürgern.*

4 **Nach der Zerstörung der jüdischen Gemeinde und der Vertreibung der Überlebenden 1349 wurden jüdische Grabsteine als Baumaterial verwendet.** Foto, 1995.

Der Kampf um Jerusalem

1 Lager der Kreuzfahrer vor Jerusalem. Zeitgenössische Miniatur.

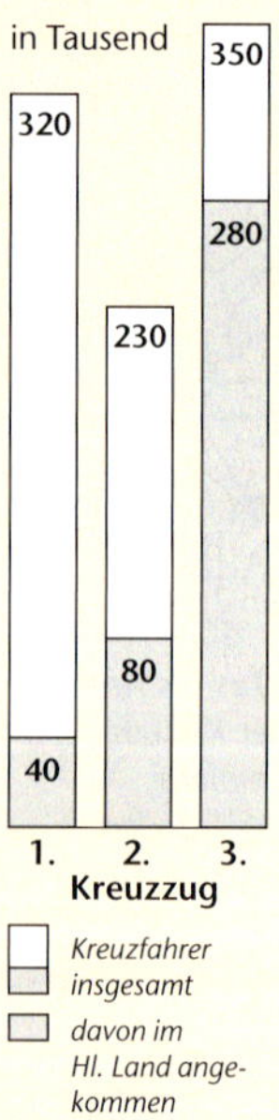

Beteiligung von Kreuzfahrern an den drei Kreuzzügen.

Blutbad in Jerusalem

Nach drei Jahren erst erreichten die Kreuzfahrerheere das Heilige Land, aber die Strapazen des Marsches, Krankheiten, das ungewohnte Klima und die ständigen Überfälle der Seldschuken hatten bereits hohe Verluste gefordert. Weitere schwere Kämpfe folgten, bis die Kreuzritter vor ihrem Ziel standen: Jerusalem. Fünf Wochen lang dauerte die Belagerung, dann erst konnten sie nach erbittertem Widerstand der Verteidiger im Juli 1099 in die Stadt eindringen und sie erobern. Unter der Bevölkerung richteten die enthemmten und fanatisierten Sieger ein unvorstellbar grausames Blutbad an.

Wilhelm von Tyrus, ein christlicher Geschichtsschreiber, schildert fast 100 Jahre später die Eroberung Jerusalems:

Q1 … Sofort durchzogen die Ritter die Straßen und Plätze der Stadt. Alle Feinde, die sie finden konnten, streckten sie mit dem Schwert nieder. Bald lagen überall so viele Erschlagene, dass man nur noch über Leichen gehen konnte. Über zehntausend Feinde sollen in diesem Bezirk umgebracht worden sein. Es geschah sicherlich nach dem gerechten Urteil Gottes, dass die, welche das Heiligtum des Herrn mit ihren abergläubischen Gebräuchen entweiht hatten, es mit ihrem eigenen Blut reinigen mussten. Als endlich auf diese Weise die Ordnung der Stadt hergestellt war, legten sie die Waffen nieder, wuschen sich die Hände und zogen reine Kleider an. Dann gingen sie mit demütigem und zerknirschtem Herzen an den heiligen Orten umher, an denen auch Christus gewesen war …

Der islamische Historiker Ibn-al-Atir (1160 bis 1223) berichtete, dass allein in der al-Aksa-Moschee mehr als 70 000 Muslime, selbst wehrlose Frauen und Kinder, getötet worden seien. Die das Massaker Überlebenden verloren ihren Besitz und wurden oftmals versklavt. Zum neuen Herrscher wurde Gottfried von Bouillon als „Beschützer des Heiligen Grabes" gewählt, dessen Machtbereich ganz Palästina und Syrien umfasste. Diesem ersten blutigen Kreuzzug sollten bis zum Jahr 1270 noch sechs weitere folgen.

1 *Ein Kreuzfahrer schreibt einen Bericht über die Eroberung Jerusalems an seine Angehörigen. Überlegt, was er über die Bewohner Jerusalems berichten wird.*

2 *Ein Bewohner Jerusalems, ein Muslim, berichtet seinen Angehörigen über das gleiche Ereignis. Schreibt dazu eine kurze Erzählung.*

3 *Sprecht über das Vorgehen der Kreuzfahrer und versucht euch ein Urteil zu bilden.*

Die Kreuzfahrer leben im Orient

2 **Kreuzfahrerburg Krak des Chevaliers in Syrien.** Foto.

Über die Kreuzfahrer schrieb Abt Fulcher von Chartres:

Q2 ... Wir, die wir Abendländer* waren, sind Orientalen geworden; dieser, der Römer oder Franke war, ist Galiläer oder Bewohner Palästinas geworden; jener, der in Reims oder Chartres wohnte, betrachtet sich als Bürger von Tyrus oder Antiochia. ... Manche von uns besitzen in diesem Land Häuser und Diener ..., ein anderer hat eine Frau geheiratet ..., eine Syrerin oder Armenierin; ... die verschiedensten Mundarten sind jetzt der einen wie der anderen Nation gemeinsam und das Vertrauen nähert die Rassen an. ...

4 *Erklärt mithilfe von Q2, wie es zur Annäherung zwischen Kreuzfahrern und Orientalen kam.*

Ritterorden

Da die europäischen Kreuzfahrer im Heiligen Land eine Minderheit blieben, gründeten sie zu ihrem Schutz vor den Muslimen, aber auch zur Pflege kranker oder Not leidender Pilger Ritterorden (siehe S. 137): die Templer, die Johanniter und die Deutschherren.

Diese „Mönchsritter" verpflichteten sich zwar auch zu Armut, Keuschheit und Gehorsam, aber auch zum Kampf gegen die Ungläubigen. Vom Papst wurden sie mit besonderen Privilegien ausgestattet und sie wurden durch Schenkungen und Stiftungen sehr reich, besaßen bald riesigen Grundbesitz, Hospitäler, Ordensburgen und eigene Handelsschiffe.

Als die Muslime weiter vordrangen, zogen sich diese Orden nach Europa zurück. Die Johanniter gingen nach Malta und werden deshalb heute auch Malteser genannt. Der Deutsche Ritterorden fand neue Aufgaben im späteren Ostpreußen.

5 *Informiert euch über die Aufgaben der Johanniter und der Malteser heute.*

Kreuzfahrer gründen Staaten

Da manche Kreuzfahrer auf Dauer im Heiligen Land blieben, gründeten sie in den eroberten Gebieten eigene Staaten, Kreuzfahrerstaaten, wie das Königreich Jerusalem oder die Fürstentümer Antiochia und Tripolis, die sie mit Burgen sicherten. Zugleich übernahmen sie auch den Lebensstil der Orientalen und heirateten Frauen aus ihrer neuen Heimat.

Doch die Muslime konnten die meisten Gebiete zurückerobern. Im Jahr 1291 wurden die Festung Krak des Chevaliers in Syrien und die Stadt Akkon in Palästina zurückerobert; damit war die christliche Herrschaft im Heiligen Land beendet.

Abendland*: *(Land der untergehenden Sonne = Westen); Bezeichnung für die europäischen Völker, die durch Antike und Christentum kulturell verbunden waren; Gegensatz zum Morgenland, dem Orient, und seinem Kulturkreis.*

Christen und Muslime beim ***Schachspiel.*** *Aus einem Schachbuch, um 1283.*

Schachspiel: *Das Spiel selbst und der im Spiel übliche Ausruf „Schah matt" (arab. = der König ist tot) sind persisch-arabischer Herkunft. Bekannt wurde es zunächst in Spanien durch die Herrschaft der Araber seit 711. Durch die Kreuzzüge fand es in ganz Europa Verbreitung.*

Europa und der Orient

1 **Kreuzfahrer und Kaufleute.** Zeitgenössische Darstellung.

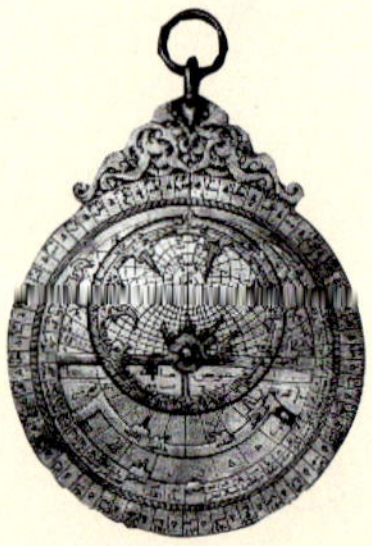

Mit diesem Instrument, einem so genannten ***Astrolabium,*** *berechneten islamische Astronomen im 13. Jahrhundert die Planetenbahnen. Durch das Einstellen des Zeigers auf die Sonne war es möglich, die geografische Breite zu messen und die genaue Tageszeit zu ermitteln.*

Astronomie*: *(griech. astron = Stern); Stern-, Himmelskunde als exakte Wissenschaft.*

Reconquista*: *(span. = Rückeroberung); zwischen dem 8. und 15. Jahrhundert eroberten die Spanier alle von den Mauren (span. los moros = Bezeichnung für die Muslime) beherrschten Gebiete zurück.*

Aufblühen des Fernhandels

Im Vorderen Orient kamen die Kreuzfahrer mit der hoch entwickelten Kultur und Zivilisation der Muslime in Berührung; ihr Interesse galt nicht nur der Befreiung des Heiligen Landes, sondern auch seinem Reichtum. Den größten wirtschaftlichen Nutzen aus den Kreuzzügen hatte der Fernhandel, da in Europa immer mehr Menschen nach den Luxusgütern aus dem Orient verlangten. Es waren vor allem die italienischen Kaufleute in Genua und Venedig, die diesen Handel organisierten. Sie übernahmen den Transport von Kreuzfahrern und Pilgern, Kriegsmaterial und Verpflegung ins Heilige Land. Dort beluden sie ihre Schiffe mit Waren, die arabische, türkische und jüdische Kaufleute über die Karawanenwege aus dem Innern Arabiens, Asiens und Afrikas herangeschafft hatten: Gewürze, feines Gewebe, Farbstoffe, Porzellan, Elfenbein, Edelsteine und Perlen. Den Weitertransport von den italienischen Hafenstädten über die Alpenpässe nach Norden besorgten insbesondere Kaufleute aus Süddeutschland, die selbst Getreide, Leinen, Pelze und Metallwaren nach Italien und bis in den Orient exportierten.

Ausbreitung der islamischen Kultur

Kaum interessiert waren die Kreuzfahrer hingegen an der islamisch-arabischen Kultur. So kamen die Kenntnisse muslimischer Gelehrter in Mathematik, Medizin, Geographie, Astronomie* und in anderen Wissenschaften nicht über die Kreuzfahrerstaaten nach Westeuropa, sondern über das von den Arabern lange Zeit beherrschte Sizilien und Spanien (siehe S. 23).

1 *Nennt verschiedene Bereiche, in denen die islamische Kultur Europa beeinflusst hat.*

Reconquista*

Nach dem endgültigen Verlust des Heiligen Landes kehrte der Kreuzzugswahn nach Europa zurück. In den folgenden Jahrhunderten galt der Kampf der christlichen Herrscher den Ketzern im eigenen Land und vor allem den Muslimen auf der Iberischen Halbinsel. In der so genannten Reconquista wurde Gebiet um Gebiet zurückerobert; bereits 1236 fiel Cordoba, 1248 Sevilla und schließlich 1492 als letzte maurische Festung die Stadt Granada in die Hand der spanischen Könige.

Das jahrhundertelange, meist friedliche Zusammenleben der Religionen war zu Ende. In den nun „befreiten" Gebieten durften keine Muslime mehr, sondern nur noch Christen leben. Auch viele Juden wurden 1492 aus Spanien vertrieben.

2 *Beschreibt mit eigenen Worten die Folgen der Reconquista.*

Methode: Arbeit mit Textquellen

Berichte geben uns ein Bild von der Vergangenheit. Doch ist dieses Bild richtig? Entspricht der Bericht der Wahrheit oder enthält er z. B. Übertreibungen, einseitige oder gar falsche Darstellungen? Das folgende Beispiel zeigt euch, mithilfe welcher Fragen ihr den Wahrheitsgehalt eines Textes überprüfen könnt.
Der Mönch Robert von Reims hatte an der Kirchenversammlung in Clermont im Jahr 1095 selbst teilgenommen (siehe Q1, S. 142).
Nach seinem Bericht sagte der Papst auf dieser Versammlung:

Q1 … Ihr Volk der Franken, ihr seid Gottes geliebtes und auserwähltes Volk. An euch richtet sich unsere Rede: Von Jerusalem und Konstantinopel kam schlimme Nachricht zu uns. Ein fremdes und gottloses Volk hat die Länder der dortigen Christen besetzt und durch Mord, Raub und Brand entvölkert. Die Kirchen wurden gründlich zerstört oder beschlagnahmt … Unerschrockene Ritter, gedenkt der Tapferkeit eurer Väter. Das Land, in dem ihr wohnt, ist von euch viel zu dicht bevölkert. Es hat keinen Überfluss an Reichtum und liefert seinen Bauern kaum die nötigste Nahrung.
Tretet den Weg zum Heiligen Grab an, nehmt das Land dort dem gottlosen Volk, macht es euch untertan. Jerusalem ist der Mittelpunkt der Erde, das fruchtbarste aller Länder. Wir aber erlassen allen gläubigen Christen, die gegen die Heiden die Waffen erheben, alle Strafen, die die Kirche für ihre Sünden über sie verhängt hat …

Fragen zum Bericht

1 *Wovon wird im Text berichtet?*
2 *Was steht im Mittelpunkt des Berichts? Wie kann man den Inhalt kurz zusammenfassen?*
3 *Welche Wertungen enthält die Darstellung? Enthält der Bericht Übertreibungen oder ist er einseitig?*
4 *Stimmen heutige Forschungsergebnisse mit diesem Bericht überein?*

1 **Mönch in der Schreibstube.**

Fragen zum Geschichtsschreiber

5 *Was wissen wir von dem Schreiber?*
6 *Kennt der Schreiber die Ereignisse, über die er berichtet, aus eigener Anschauung?*
7 *Verfolgt der Schreiber mit seiner Darstellung bestimmte Absichten, und wenn ja, welche?*
8 *Wie steht der Schreiber zu den Personen oder Gruppen, über die er schreibt? Ergreift er für eine Seite Partei?*

Das Ergebnis der Überprüfung

zu 1: Der Schreiber gibt laut eigener Angabe die Rede des Papstes wieder, die im Jahr 1095 auf der Kirchenversammlung in Clermont gehalten wurde.
zu 2: Im Mittelpunkt des Berichts stehen die Verfolgungen und Bedrohungen der Christen durch die Seldschuken sowie der Aufruf zur Eroberung Jerusalems.
zu 3: Die Rede des Papstes wurde aus dem Gedächtnis nachgeschrieben; sie ist also sicher keine wortwörtliche Wiedergabe. Möglicherweise hat der Verfasser also einige Aussagen schärfer formuliert, als dies der Papst tat. Andererseits: Allzu viel dürfte er nicht verändert haben; schließlich hatten Tausende von Zuhörern dieser Rede beigewohnt, die diesen Bericht dann als unglaubwürdig abgelehnt hätten.
zu 4: Es gibt neben diesem Bericht des Mönches Robert von Reims noch weitere Berichte von Zeitgenossen. Diese Rede dürfte also in dieser oder ähnlicher Form tatsächlich gehalten worden sein.
zu 5/6: Robert von Reims, ein Mönch, behauptet, selber an dieser Versammlung teilgenommen zu haben.
zu 7: Der Verfasser will mit der lebendigen Schilderung der Rede des Papstes offensichtlich auch seine Leser, die nicht in Clermont gewesen waren, für die Kreuzzugsidee begeistern.
zu 8: Der Bericht erweckt den Eindruck, dass auch der Verfasser in den Seldschuken die Feinde sieht, gegen die man einen heiligen Krieg führen muss. Er ist sicherlich ein Verfechter des Kreuzzugsgedankens.

Vom Mittelalter zur Neuzeit

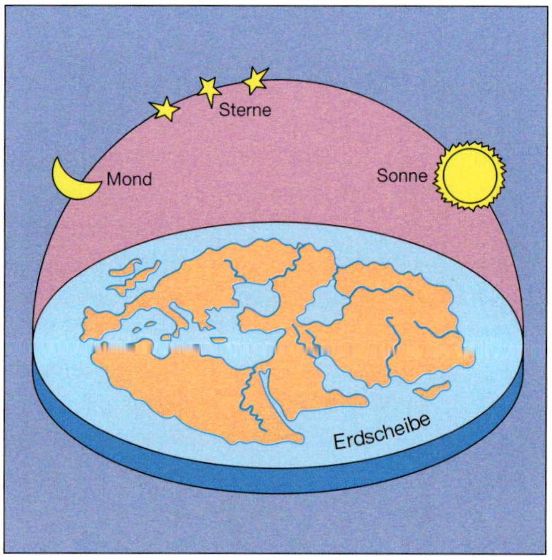

1 **Bewegung der Planeten nach der mittelalterlichen Vorstellung (= geozentrisches Weltbild).**

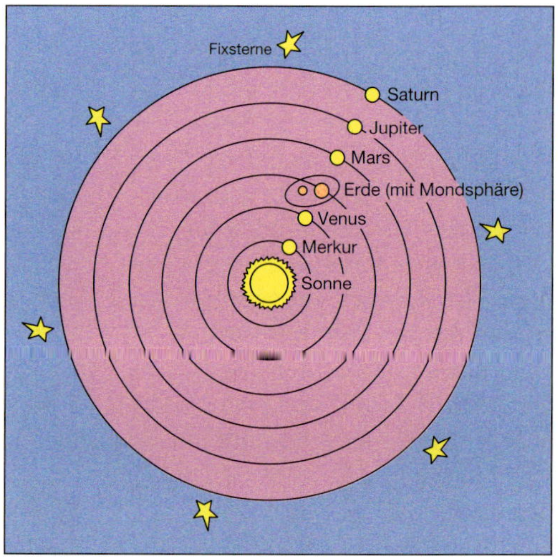

2 **Bewegung der Planeten nach der Berechnung des Kopernikus (= heliozentrisches Weltbild).**

Geozentrisches Weltbild *(griech. geo = Erde): Vorstellung, dass die Erde Mittelpunkt des Weltalls ist und dass sich die Planeten um die Erde drehen.*

Heliozentrisches Weltbild *(griech. helios = Sonne): Erkenntnis, dass sich die Erde und die Planeten um die Sonne drehen.*

Ein neues Bild der Erde entsteht

Im Mittelalter bestimmte in Europa der christliche Glaube das gesamte Leben. Auch in wissenschaftlichen Fragen gab man sich mit Antworten aus der Bibel zufrieden. Im 15. Jahrhundert aber entstand eine neue Art des Denkens. Jetzt wollte man selbst nachprüfen und nach Beweisen suchen.

Der niederländische Gelehrte Agricola (1444–1485) schrieb an einen Freund:

Q1 … Lass dir verdächtig sein, was du bisher gelernt hast. Verurteile alles und verwirf das, wofür du keine stichhaltigen Beweise findest. Auf dem Glauben beruht die Frömmigkeit, die wissenschaftliche Bildung aber sucht stets nach Beweisen …

1 *Formuliert die Aufforderung des Agricola mit eigenen Worten.*

2 *Überlegt, worin das Neue dieser Forderung liegt.*

Ein berühmtes Beispiel für diese neue Denkweise bietet uns der polnische Priester und Astronom Nikolaus Kopernikus. Als Geistlicher war er davon überzeugt, dass sich die Erde als flache Scheibe im Mittelpunkt des Weltalls befinde; Sonne und Planeten würden sich um die Erde drehen (Abbildung 1). Der Mensch – so glaubte er – lebe als „Krönung der Schöpfung" natürlich im Zentrum dieses Weltalls.

Kopernikus *(1473 bis 1543) mit einem astronomischen Modell.*

Als Wissenschaftler gelangte Kopernikus zu einer ganz anderen Ansicht. Immer deutlicher erkannte er, dass die Erde und die Planeten sich um die Sonne drehen. Kopernikus wagte es nicht, seine Beobachtungen zu veröffentlichen, da sie den Lehren der Kirche widersprachen. Erst 30 Jahre später, am Tag seines Todes, erschien sein Buch, das von der Kirche sofort verboten wurde. Aber die neuen Erkenntnisse setzten sich dennoch durch. Die Autorität der Kirche wurde in Frage gestellt.

3 *Erklärt mithilfe der Abbildungen 1 und 2 den Unterschied zwischen dem mittelalterlichen Weltbild und dem des Kopernikus.*

4 *Wir sagen noch heute: „Die Sonne geht auf." Welches der beiden Weltbilder steht hinter dieser Aussage?*

5 *Prüft, ob es Ähnlichkeiten in der Auffassung Agricolas (Q1) und dem Vorgehen des Kopernikus gibt.*

6 *Spielt folgende Situation: Kopernikus berät sich mit einem anderen Priester, ob er seine Erkenntnisse veröffentlichen soll.*

Der Beginn eines neuen Denkens

3 **Galilei führt dem Senat von Venedig sein Fernrohr vor.** Fresko von Luigi Sabatelli, um 1820.

„Und sie bewegt sich doch"

Ähnlich wie Kopernikus beobachtete auch der italienische Mathematiker und Physiker Galileo Galilei (1564–1642) jahrelang den Lauf der Gestirne. Erleichtert wurden seine Forschungen durch ein Fernrohr mit 20-facher Vergrößerung, das er im Jahr 1609 gebaut hatte. Auch für Galilei war es bald klar, dass die Erde die Sonne umkreist und dass sie sich gleichzeitig um die eigene Achse dreht. So war auch der Wechsel von Tag und Nacht leicht zu erklären.

Im Jahr 1610 veröffentlichte er seine Beobachtungen. Sie lösten heftige und erbitterte Diskussionen in ganz Europa aus.

In dem Schauspiel „Leben des Galilei" von Bertolt Brecht (1898–1956) sagt ein Mönch zu Galilei:

M1 ... Ich bin als Sohn von Bauern in der Campagna aufgewachsen. Es sind einfache Leute. Sie wissen alles über den Olivenbaum, aber sonst recht wenig ...

Es ist ihnen versichert worden, dass das Auge der Gottheit auf ihnen liegt, ... dass das ganze Welttheater um sie aufgebaut ist, damit sie ... sich bewähren können.

Was würden meine Leute sagen, wenn sie von mir erführen, dass sie sich auf einem kleinen Steinklumpen befinden, der sich unaufhörlich drehend im leeren Raum um ein anderes Gestirn bewegt ...

Wozu ist die Heilige Schrift noch gut, die alles erklärt ... und die jetzt voll von Irrtümern befunden wird. ...

7 *Schaut euch die Abbildung 3 genau an. Notiert, mit welchen Worten Galilei sein Fernrohr angepriesen haben könnte.*

8 *Erzählt mithilfe des Textes M1, welche Ängste die Behauptungen Galileis bei vielen Menschen vermutlich ausgelöst haben.*

9 *Schreibt auf, welche Antwort Galilei dem Mönch gegeben haben könnte.*

Im Jahr 1633 musste sich Galilei in Rom vor einem kirchlichen Gericht verantworten. Er wurde gezwungen, seinen „Irrtümern" abzuschwören. Angeblich soll er dabei geflüstert haben: „Und sie (die Erde) bewegt sich doch."

Galilei wurde bis zu seinem Tod unter Hausarrest gestellt. Seine astronomischen Forschungen musste er einstellen. Im Jahr 1992 erklärte Papst Johannes Paul II., dass Galilei sich damals weitsichtiger gezeigt habe als seine theologischen Gegner.

10 *Verfasst einen Brief an das Kirchengericht, in dem ihr Galilei verteidigt.*

Galileo Galilei.
Ausschnitt aus einem Gemälde, um 1636.

Die neue Denkweise war gar nicht so neu

1 Gemälde des italienischen Malers Raffael (1483–1520) aus dem Jahr 1510/11. Es zeigt große griechische Wissenschaftler und Gelehrte, die vom 6. bis zum 2. Jahrhundert v. Chr. gelebt haben: ① Plato, ② Aristoteles, ③ Sokrates, ④ Pythagoras, ⑤ Euklid (mit dem Zirkel), ⑥ Ptolemäus.

Antike*:
(lat. antiquus = alt); Bezeichnung für die alte, griechische und römische Geschichte von etwa 1000 v. bis 500 n. Chr.

Renaissance*:
(ital. rinascita = Wiedergeburt); Begriff für die Wiederentdeckung der Antike durch Gelehrte, Künstler und Architekten (1300–1600).

Skulptur*:
Plastisches Werk der Bildhauerkunst, z. B. Statue.

Humanismus*:
Geistige Bewegung, die sich während der Renaissance von Italien aus in ganz Europa verbreitete. Die Humanisten waren überzeugt, dass die Menschen durch das Studium der antiken Vorbilder vollkommener würden.

Die „alten Griechen" sind wieder modern

Die griechischen Wissenschaftler fragten schon seit dem 6. Jahrhundert v. Chr. nach den Ursachen für alle Naturerscheinungen: Warum donnert es bei Gewitter? Warum wird es Tag und Nacht? Warum sieht man von einem Schiff am Horizont zuerst die Masten? Das Bild des Malers Raffael (siehe Abbildung 1), auf dem viele griechische Gelehrte und Wissenschaftler zu sehen sind, trägt deshalb die Inschrift: Erkenntnis der Ursachen. Nach den Ursachen begann man seit dem 15. Jahrhundert erneut zu fragen, wie z. B. Kopernikus, Galilei und viele andere. Wenn man Antworten auf naturwissenschaftliche Fragen nicht in der Bibel fand, dann vielleicht bei den „alten Griechen". So suchte man in Bibliotheken und in den Klöstern nach alten Büchern und Handschriften aus der Antike*. Jeder neue Fund wurde abgeschrieben und anderen Gelehrten zugeschickt. Man sprach von einer Wiedergeburt der Antike.

1 *Erklärt mithilfe von Sachbüchern oder des Internets die Bedeutung der griechischen Gelehrten, die ihr auf der Abbildung 1 seht.*

Wiedergeburt heißt Renaissance*

In dem Roman „Sofies Welt" fragt das Mädchen Sofie den Lehrer Alberto Knox:

M1 … „Hast du nicht gesagt, dass ‚Renaissance*' Wiedergeburt bedeutet?" „Doch, und das, was wiedergeboren werden sollte, waren die Kunst und Kultur der Antike … Das Motto lautete: Zurück zu den Quellen! … Es wurde fast zum Volkssport, alte Skulpturen* und Handschriften aus der Antike auszugraben … Das führte zu einem erneuerten Studium der griechischen Kultur … Das Studium führte zur ‚klassischen Bildung', die den Menschen auf eine höhere Daseinsstufe heben sollte. ‚Pferde werden geboren', hieß es, ‚Menschen dagegen werden nicht geboren, sie werden gebildet.'" „Wir müssen also zum Menschen erzogen werden?" „Ja, das dachten sie damals." …

Man bezeichnet diese Menschen, die sich für eine umfassende Bildung einsetzten, als Humanisten* (von lat. humanus = menschenfreundlich, gebildet).

2 *Sprecht in der Klasse darüber, welche Erziehungsziele euch wichtig erscheinen.*

Künstler, Forscher und Erfinder

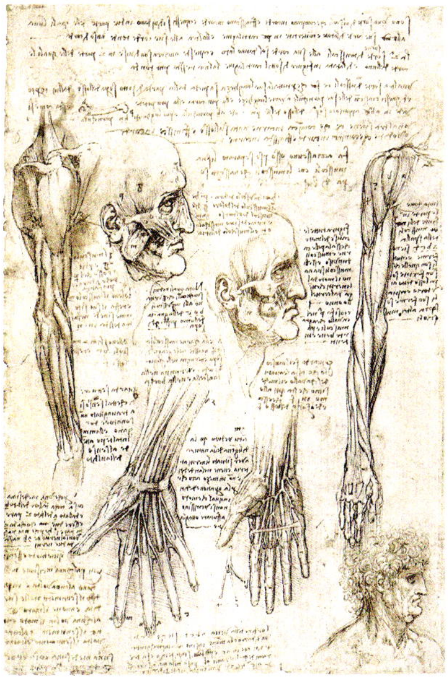

2 **Leonardo da Vinci.** Anatomische Studien, um 1515.

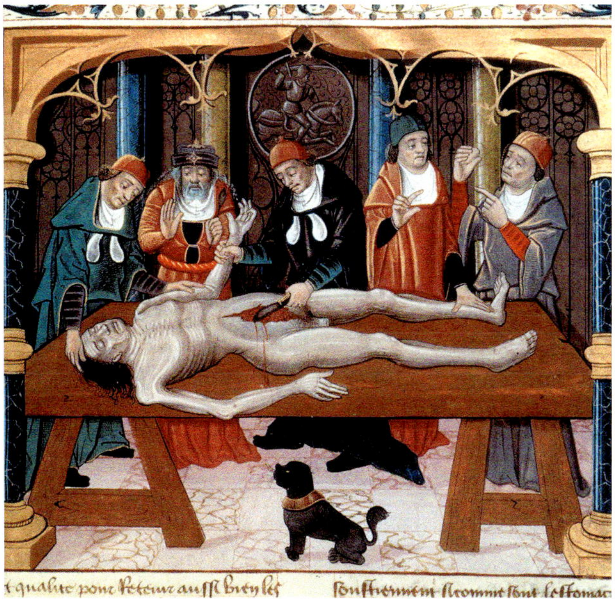

3 **Ärzte öffnen einen menschlichen Leichnam.** Französische Buchmalerei, 15. Jahrhundert.

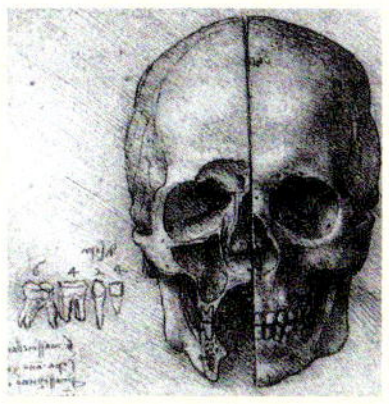

Geteilter Schädel, *um 1490. Zeichnung aus den Skizzenbüchern Leonardo da Vincis.*

Leonardo – ein Mensch der Renaissance

Als Renaissance-Menschen bezeichnet man jemanden, der sich für alle Bereiche des Lebens, der Kunst und der Wissenschaft interessiert. Das berühmteste Beispiel hierfür ist sicherlich Leonardo, der 1452 in dem Dorf Vinci bei Florenz geboren wurde.

Jahrelang beschäftigte er sich intensiv mit dem Flug von Vögeln, Fledermäusen und Insekten. Genaue Beobachtungen waren die Grundlage für Konstruktionen von Flugapparaten, aber auch von Waffen und U-Booten. Begeistert dachte sich Leonardo Maschinen aus, die zur damaligen Zeit unvorstellbar erschienen. So finden wir in seinen Notizbüchern Entwürfe für einen Fallschirm, für ein Auto mit Federantrieb oder auch für eine Schwimmweste. Leonardo war aber nicht nur Künstler, genialer Forscher und Erfinder. Ihn interessierte beinahe alles. Obwohl das Sezieren* menschlicher Körper durch die Kirche verboten war, nahm Leonardo über 30 Leichenöffnungen selbst vor, um sich ein genaues Bild vom menschlichen Körper und seinen Organen sowie den Krankheitsursachen zu machen.

Seine Vorgehensweise begründete Leonardo mit folgenden Worten:

Q1 … Mir aber scheint, es sei alles Wissen eitel und voller Irrtümer, das nicht von der Erfahrung, der Mutter aller Gewissheit, zur Welt gebracht wird.
Hüte dich vor den Lehren jener Spekulanten, deren Überlegungen nicht von der Erfahrung bestätigt sind … Wir müssen von der Erfahrung ausgehen und mit dieser das (Natur-)Gesetz erforschen …

3 *Leonardo wendet sich gegen die „Lehre der Spekulanten". Was meint er damit?*

4 *Sucht Beispiele aus dem naturwissenschaftlichen Unterricht, in denen ihr durch genaue Beobachtung zur Erkenntnis eines Naturgesetzes kommt.*

Wie in der Mathematik und Physik, in der Medizin und Kunst, so wurde etwas Neues auch in der Architektur gewagt. Man begann z. B. in dieser Zeit den Petersdom in Rom zu bauen, 200 m lang und 130 m hoch. Eine neue Epoche schien angebrochen. Die vorhergehenden Jahrhunderte, die zwischen der Antike und der eigenen Zeit lagen, bezeichnete man jetzt als „Mittelalter", das man endlich überwunden hatte.

Leonardo da Vinci *(1452–1519); Selbstbildnis, um 1512–1515.*

Sezieren*: *Öffnen und Zergliedern des toten menschlichen Körpers zu Forschungszwecken.*

CD-ROM-Tipp: *Der Codex über den Vogelflug. Die Multimedia-Manuskripte von Leonardo da Vinci. CD-ROM, 1999.*

Neue Perspektiven für die Seefahrt

1 **Globus des Martin Behaim, 1492.** Foto.

2 **Kompass, um 1550.** Foto.

3 **Federuhr des Peter Henlein, 1510.** Foto.

*Ein **Seeungeheuer** verschlingt ein Segelschiff. Die Seefahrer waren auf See großen Gefahren und scheinbar unerklärlichen Naturerscheinungen ausgeliefert. In ihrer Angst glaubten sie daher an Seeungeheuer und Geister, um sich diese Erscheinungen zu erklären. Holzschnitt, um 1550.*

Eine Uhr für die Tasche

Johannes Cochlaeus, ein Gelehrter, schrieb im Jahr 1512:

Q1 … Die Nürnberger Handwerker erfinden von Tag zu Tag immer feinere Dinge. So bringt Peter Henlein … Werke hervor, die selbst die gelehrtesten Mathematiker in Staunen setzen. Aus wenig Eisen fertigt er Uhren an, die, wie man sie auch wendet, ohne irgendein Gewicht 40 Stunden gehen und die Stunden anzeigen, selbst wenn sie an der Brust oder im Beutel getragen werden …

Die Erfindung der ersten Federzuguhren im 15. Jahrhundert kam zunächst einer genauen Regelung der Arbeitszeiten zugute, wurde dann aber auch in der Seefahrt wichtig: Wenn man die genaue Zeit wusste, konnte man aus dem Stand der Sonne oder der Sterne die genaue Position errechnen.

1 *Überlegt: Wann seid ihr täglich auf die genaue Uhrzeit angewiesen?*

Mit Globus und Kompass auf hoher See

Ganz neue Möglichkeiten für die Seefahrt eröffneten sich, als immer mehr Forscher die Ansicht vertraten, dass die Erde keine Scheibe, sondern eine Kugel sei.

Verdeutlicht wurde diese Entdeckung mit einem Globus (Abbildung 1), den der Kaufmann Martin Behaim 1492 in Nürnberg anfertigen ließ. Eine Kugel aus Pappe wurde mit Pergamentblättern beklebt. Auf die Blätter wurden die damals bekannten Länder eingezeichnet. Wenn die Erde eine Kugel ist, dann kann man sich auch auf das offene Meer hinauswagen, ohne befürchten zu müssen, hinunterzufallen. Wollte man aber auf das offene Meer hinausfahren, brauchte man gute Schiffe und Messinstrumente, um auch wieder zurückzufinden.

Es war daher sehr wichtig, dass gerade zu dieser Zeit ein Kompass (Abbildung 2) erfunden wurde, der auch bei rauer See zu verwenden war. Außerdem gab es jetzt Tabellen, die den täglichen Stand der Sterne angaben. Wusste man, wie hoch ein Stern zu einer bestimmten Zeit über dem Horizont stand, brauchte man nur in den Tabellen nachzusehen und fand dort, auf welchem Breitengrad man sich be-

Reisen und Entdeckungen

4 **Kogge, um 1350.** Zeichnung.

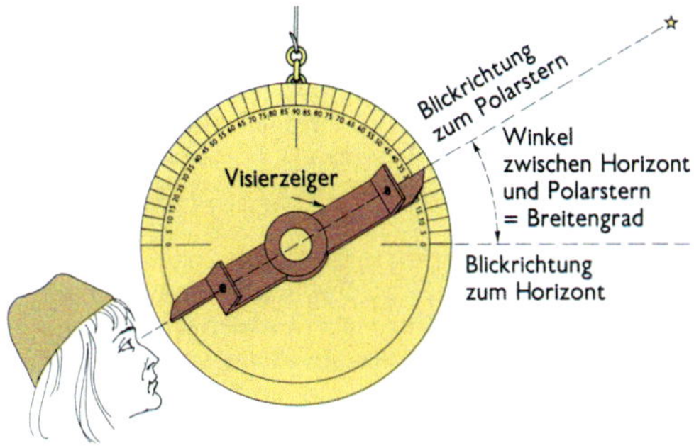

6 **Astrolabium.** Zeichnung.

5 **Karacke.** Zeichnung.

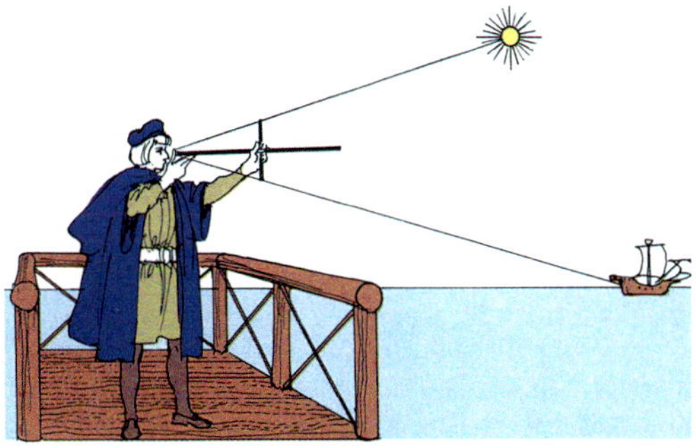

7 **Jakobsstab.** Zeichnung.

Ein Seefahrer bei Eintragungen auf dem **Globus**. Holzschnitt, 1517.

fand. Die Sternenhöhe über dem Horizont wurde mit dem Jakobsstab angepeilt.
Gebaut wurden jetzt auch neue Schiffe, die Karacke (etwa 30 m lang) und die Karavelle (etwa 20 m). Die gedrungene Form des Schiffskörpers machte sie sehr seetüchtig. Sie hatten in der Mitte den Hauptmast mit einem großen Vierecksegel, das bei Rückenwind für eine hohe Geschwindigkeit sorgte. Die kleineren Dreiecksegel am vorderen und hinteren Mast erlaubten aber auch ein Segeln fast gegen den Wind. Die Voraussetzungen für weite Seefahrten waren damit geschaffen.

2 *Besorgt euch einen Kompass und erklärt, wie er funktioniert.*

3 *Seht euch die Abbildungen 6 bis 9 an und findet heraus, welche Rolle die Instrumente bei der Seefahrt übernahmen.*

4 *Die Abbildung 10 zeigt einen Gegenstand, mit dem die Tiefenmessung vorgenommen wurde. Versucht zu erklären, wie der eigentliche Vorgang funktionierte.*

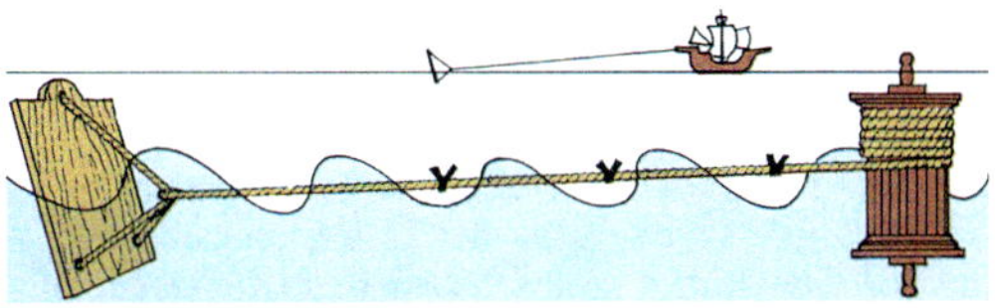

8 **Log mit Knoten.** Zeichnung.

9 **Sanduhr.** Zeichnung.

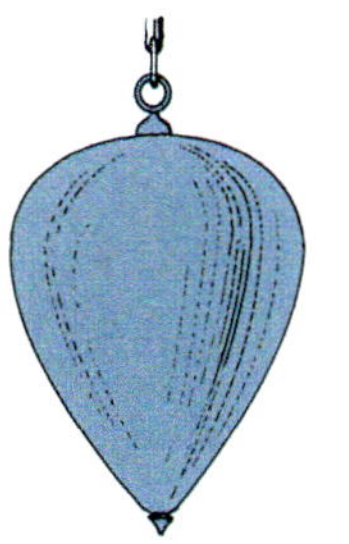

10 **Lot (Gewicht an markierter Leine).** Zeichnung.

5 *Wenn man von Europa immer nach Westen oder Osten fährt, kommt man schließlich wieder am Ausgangspunkt an. – Überprüft diese Behauptung mithilfe eines Globus.*

Mit dem Buchdruck in die Zukunft

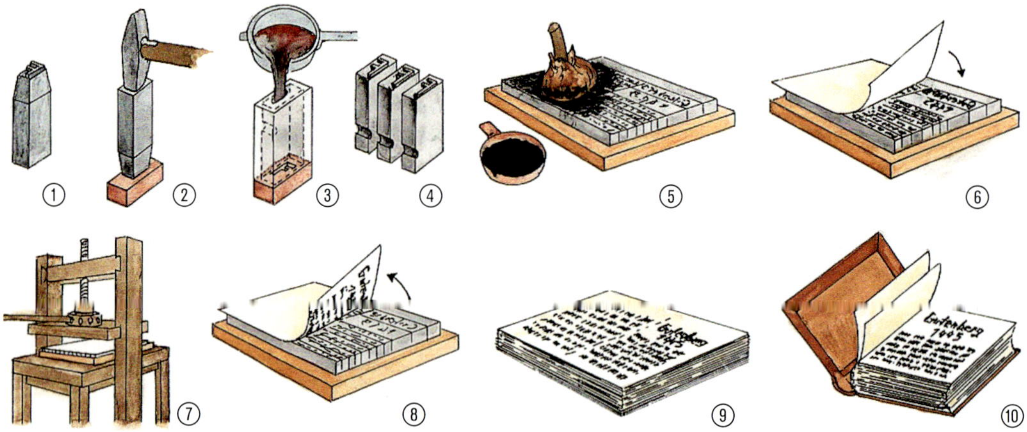

1 Ein Buch entsteht. So stellte Gutenberg eine Letter her: ① Er formte eine Musterletter aus hartem Material. ② Dann schlug er sie in ein Klötzchen aus weichem Kupfer. So entstand eine Matrize. ③ In die Matrize goss er flüssiges Blei. ④ Daraus entstand dann eine Bleiletter. ⑤ Die Lettern setzte er zu einer Druckform zusammen, die er schwarz färbte. ⑥ Darauf legte er einen Bogen Papier. ⑦ Er presste Papier und Druckform zusammen. ⑧ Nun war der Bogen bedruckt. ⑨ Die Bögen wurden zu einem Buch zusammengetragen. ⑩ Der Buchblock erhielt einen Einband.

*Johannes Gensfleisch, genannt **Gutenberg** (1397 bis 1468), Erfinder des Buchdrucks. Holzstich.*

*Das älteste deutsche **Verlagshaus** in Lübeck. Foto.*

Die Erfindung des Buchdrucks

Die Entdeckungen und Erfindungen hätten damals wohl kaum so schnell eine große Rolle gespielt, wäre nicht zu dieser Zeit auch der Buchdruck erfunden worden.

Im Mittelalter hatten sich neue Ideen oder Erfindungen nur langsam herumgesprochen. Zeitungen gab es nicht und Bücher auch nur sehr wenige. Bücher wurden nämlich – meist in Klöstern – mit der Hand geschrieben. Für die Anfertigung eines einzigen Buches brauchte man häufig viele Jahre. Bücher waren daher sehr teuer. Eine Bibel etwa kostete 60 Gulden; für diese Summe konnte man auch ein kleines Bauerngut erwerben. Nur Klöster, Fürsten oder sehr reiche Bürger konnten sich überhaupt eigene Bücher leisten. Dies änderte sich beinahe schlagartig mit der Erfindung von Johannes Gutenberg.

Der Abt des Klosters Hirsau berichtete darüber:

Q1 … Zu dieser Zeit (1450) wurde in Mainz jene wunderbare und früher unerhörte Kunst, Bücher mittels Buchstaben zusammenzusetzen und zu drucken, durch Johannes Gutenberg, einen Mainzer Bürger, erfunden und ausgedacht …
Sie druckten zuerst ein Wörterbuch, indem sie die Buchstaben der Reihe nach in hölzerne Tafeln geschnitzt hatten. Allein mit diesen Tafeln konnten sie nichts anderes drucken, eben weil die Buchstaben nicht von der Tafel ablösbar und beweglich waren. Nach diesen Erfindungen erfolgten kunstreichere. Sie erfanden die Kunst, die Formen aller Buchstaben des Alphabets aus Metall zu gießen. …

Die Buchstaben konnten zu Wörtern, zu Seiten zusammengesetzt werden. Nach dem Druck wurden sie wieder auseinander genommen. Dann konnten die Buchstaben für eine neue Seite wieder gesetzt werden.

1 *Erklärt anhand der Abbildung 1 das von Gutenberg erdachte Verfahren.*

2 *Erklärt den Vorteil beweglicher Metallbuchstaben gegenüber dem Druck mit Holztafeln.*

Bücher für alle

Die Druckerkunst verbreitete sich rasch über ganz Europa. Um 1500 gab es in Europa über 1100 Druckereien. Sie legten 40 000 verschiedene Werke mit einer Gesamtzahl von mehr als zehn Millionen Büchern auf. An erster Stelle wurden Bibeln und religiöse Schriften gedruckt, aber auch wissenschaftliche oder politische Flugschriften. Bücher konnten sich jetzt viele Menschen leisten, denn sie wurden stän-

Bewegliche Lettern aus Blei verändern die Welt

2 **Schriftsetzer in Gutenbergs Werkstatt.** Jugendbuchillustration.

*Als im 15. Jahrhundert gedruckte Bücher eingeführt wurden, stieg die Nachfrage nach **Brillen** sprunghaft an.*

dig billiger. Im Jahr 1522 betrugen z.B. die Kosten für die Bibel nur noch 1 1/2 Gulden. 1740 hieß es in einer Rede zur Erfindung der Buchdruckerkunst:

Q2 ... Die vormals kostbaren, so seltenen Bücher der alten Weltweisen, Geschichtsschreiber, Redner und Dichter, Rechtsgelehrten und Ärzte wurden nunmehr auf erstaunende Weise vervielfältigt ... Für das Geld, wofür man sonst kaum zwei oder drei Bücher hatte kaufen können, konnte man jetzt ganze Büchersäle auffüllen. Was vorher nur die Großen der Welt und Begüterte im Volk hatten tun können, das war jetzt auch dem einfachen Volk nicht versagt ... Es mehrte sich die Zahl hoher und niederer Schulen. Kurz, ganz Europa ward mit Künsten und Wissenschaften erfüllt ...

3 *Stellt fest, welche Vorteile des Buchdrucks in dieser Rede genannt werden.*

4 *Erläutert den Satz: „Der Buchdruck bildet das erste Massenmedium der Geschichte."*

5 *Erklärt die Behauptung: „Mehr als das Gold hat das Blei die Welt verändert. Und mehr als das Blei in der Flinte das Blei im Setzkasten." – Überlegt bei eurer Antwort, was es ohne die Erfindung des Buchdrucks nicht geben würde.*

3 **Auch die neue Methode der Papierherstellung senkte die Preise.** Leinenlumpen wurden zu einem Brei verkocht, der mit einem flachen Sieb abgehoben und ausgepresst wurde. Beim Trocknen verflochten sich die Fasern zu einem Papierbogen. Rekonstruktionszeichnung.

Entdeckungsfahrten

*Die „**Santa Maria**", das Schiff des Kolumbus:*
Länge: 21 m
Verdrängung: 240 t
Besatzung: 40 Mann

*Die „**Jahre Viking**", das größte (Tank-) Schiff der Welt:*
Länge: 458 m
Verdrängung: 564 000 t
Besatzung: ca. 40 Mann

*Mit den Schiffen „**Pinta**", „**Nina**" und „**Santa Maria**" verließ Kolumbus 1492 Spanien.*

Pinta

Nina

Santa Maria

Kartografie*: *Lehre und Technik, Karten herzustellen. Die ersten aussagekräftigen Karten stammen von den Griechen der Antike. Mit den Entdeckungsfahrten des 15. und 16. Jahrhunderts erlebte die Kartografie einen neuen Aufschwung.*

1 Schnitt durch die Karavelle „Santa Maria", das Schiff des Kolumbus. ① Admiralskajüte, ② Steuerruder, ③ Kompass, ④ Luke zum Schiffsladeraum, ⑤ Entwässerungspumpe, ⑥ Hebevorrichtung für Anker und Segel, ⑦ Waffen- und Munitionskammer, ⑧ Essensvorräte, ⑨ Wasservorrat, ⑩ Lagerraum/Weinfässer, ⑪ Abstellkammer für Segel, Lagerraum für Taue, ⑫ Steine als Ballast.

Auf dem Seeweg nach Indien?

1 *Seht euch die Zeichnung 1 an und erklärt, wozu die dort gezeigten Dinge auf die Seereise mitgenommen wurden.*

Christoph Kolumbus, geboren 1451 in Genua, fuhr seit seinem 14. Lebensjahr zur See. Auf diesen Fahrten lernte er die technischen Neuerungen und Erfindungen seiner Zeit kennen. Gleichzeitig informierte er sich über die neuesten Erkenntnisse der Sternenkunde, Kartografie* und Seefahrt. Beides machte ihn zu einem erfahrenen Seefahrer.
Mit Waren aus Indien und China hatten europäische Kaufleute lange Zeit regen Handel getrieben. Begehrt waren vor allem Seidenstoffe sowie Gewürze. Die wichtigsten Handelswege verliefen dabei von Europa über Konstantinopel nach Indien. Im Jahr 1453 eroberten die Türken Konstantinopel. Sie konnten nun die Preise bestimmen. Wenn die Waren auf dem Landweg zu teuer wurden, musste man es eben auf dem Seeweg versuchen. Im Auftrag ihres Königs suchten portugiesische Seeleute jahrzehntelang nach einem Weg um die Südspitze Afrikas. Jedes Mal drangen sie ein Stück weiter vor.
Kolumbus sah eine andere Möglichkeit. Er wollte Indien erreichen, indem er nicht, wie sonst üblich, in östliche Richtung segelte, sondern westwärts fuhr. Bestärkt in seinem Vorhaben wurde er von Paolo Toscanelli, einem berühmten Arzt und Astronomen aus Florenz. Toscanelli schrieb an Kolumbus:

Q1 … Ich habe Kenntnis genommen von deinem hochherzigen und großartigen Plan, auf dem Weg nach Westen, den dir meine Karte anzeigt, zu den Ländern des Ostens zu segeln. Besser hätte es sich mithilfe einer runden Kugel klarmachen lassen. Es freut mich, dass du mich richtig verstanden hast. Der genannte Weg ist nicht nur möglich, sondern wahr und sicher …

2 *Erläutert Toscanellis Brief an einem Globus.*

Neun Jahre lang bemühte sich Kolumbus zunächst beim portugiesischen, dann beim spanischen König um Unterstützung. Im Jahr 1492 erhielt er vom spanischen König und der Königin drei Schiffe, von denen das größte, die „Santa Maria", 21 Meter lang und sechs Meter breit war.

Eine Fahrt bis an das Ende der Welt?

Vor seiner Abreise ernannte der spanische König Kolumbus zum Vizekönig sämtlicher Inseln und aller Länder, die er entdecken würde. Am 3. August 1492 verließ Kolumbus mit drei Schiffen den spanischen Hafen Palos (s. Karte S. 158).

Kolumbus will nach Indien und landet in Amerika

2 Landung des Kolumbus auf der Insel Guanahani. Kolorierter Kupferstich, 1594.

Christoph Kolumbus *(1451–1506) aus Genua in Italien, wurde im Zuge seiner ersten Entdeckungsreise des Jahres 1492 zum spanischen Vizekönig der neu entdeckten Länder und zum Großadmiral ernannt. Bis 1504 unternahm er noch drei weitere Erkundungsreisen in die Karibik. Erst nach seinem Tod aber wurde erkannt, dass er nicht einen neuen Weg nach Indien, sondern einen neuen Kontinent entdeckt hatte.*

In sein Bordtagebuch schrieb Kolumbus:

Q2 … Bevor ich die erste Zeile niederschreibe, weihe ich dieses Buch der allergnädigsten Jungfrau Maria. Sie möge meine Gebete erhören und mich das finden lassen, was ich suche: INDIEN …

Woche um Woche fuhren die Schiffe westwärts. Die Vorräte wurden langsam knapp, die Schiffsbesatzung unruhig. Weit und breit war kein Land zu sehen. War die Erde doch nur eine Scheibe, wie die Matrosen glaubten? „In ihren Augen" – so notiert Kolumbus in sein Tagebuch – „sehe ich nur Hass." Doch Kolumbus hielt unbeirrt an seinem Kurs fest. Endlich, am 12. Oktober 1492, wurde Land gesichtet. Im Namen des spanischen Königs ergriff Kolumbus von der Insel Besitz und nannte sie San Salvador, „Heiliger Erlöser". Die Bewohner nannten ihre Insel Guanahani.

Kolumbus schrieb über sie:

Q3 … Die Eingeborenen sind ohne Zweifel gutmütig und sanft. Da ich ihre Freundschaft gewinnen wollte, gab ich einigen von ihnen ein paar bunte Mützen und Halsketten aus Glasperlen und andere Dinge von geringem Wert, worüber sie sich ungemein freuten … Sie sind gewiss hervorragende Diener. Sie haben einen aufgeweckten Verstand, denn ich sehe, dass sie sehr schnell alles nachsagen können, was man ihnen vorspricht …

3 *Beschreibt Abbildung 2. – Wie werden die Inselbewohner, wie die Spanier dargestellt? Warum wird ein Kreuz errichtet? Beachtet bei euren Überlegungen, wann Kolumbus San Salvador entdeckte und wann das Bild gemalt wurde.*

4 *Schreibt einen Bericht über die Ankunft des Kolumbus aus der Sicht eines Spaniers und eines Inselbewohners.*

5 *Erklärt den Satz: „Ein Irrtum verändert die Welt!"*

1492: *Kolumbus entdeckt Amerika.*

Von Kolumbus bis Magellan

Amerigo und Amerika: 1508 ernannte der König von Spanien den Italiener **Amerigo Vespucci** zum obersten königlichen Seelotsen. Auf drei Fahrten erkundete er die „Neue Welt“. Seine Karten waren so genau, dass die Seeleute die „Neue Welt“ bald nur noch „Amerigos Land“ oder Amerika nannten.

Ferdinand Magellan (1480–1521). Der Portugiese begann 1519 die erste Weltumsegelung in westlicher Richtung. Die Meeresstraße zwischen dem Atlantischen und dem Pazifischen Ozean ist nach ihm benannt worden.

Skorbut*: Krankheit durch Mangel an Vitamin C.

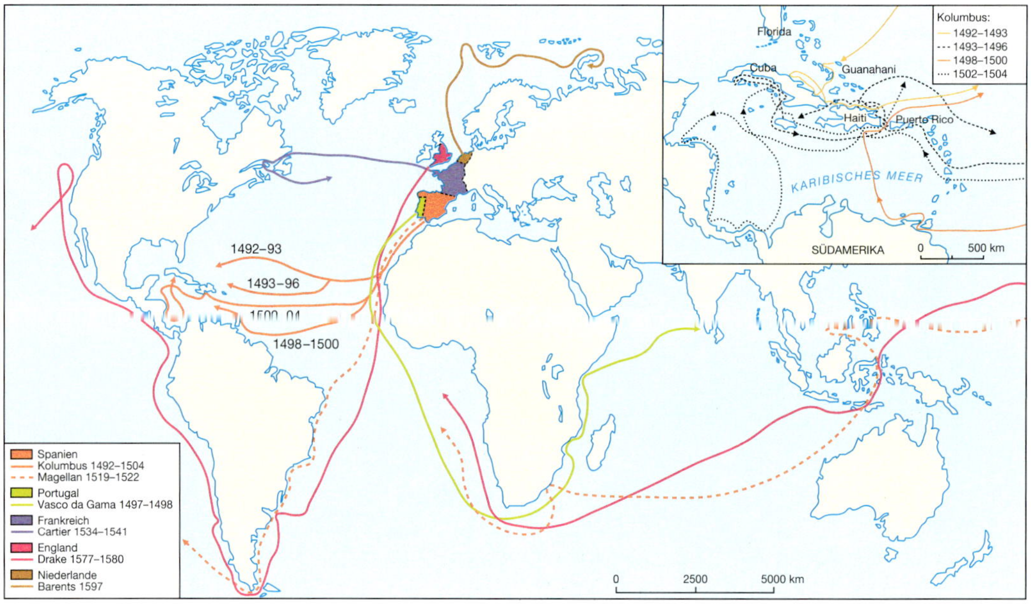

1 **Wichtige Entdeckungsfahrten im 15. und 16. Jahrhundert.**

Kolumbus' Rückkehr

In den nächsten Tagen und Wochen entdeckte Kolumbus weitere Inseln, z.B. Kuba und Haiti. Reich beladen mit Gold, Silber und Gewürzen und laut umjubelt kehrte er im April 1493 nach Spanien zurück. Die Menschen konnten über ihnen bisher unbekannte Pflanzen und Tiere – z.B. Papageien – staunen, Gold in Körnern und rohen Stücken und die Eingeborenen, die Kolumbus überredet hatte, mit nach Spanien zu reisen. Kolumbus nannte die Inselbewohner „Indianer“, weil er glaubte, auf indischen Inseln gelandet zu sein. Bis zu seinem Tod 1506 hat Kolumbus nicht erfahren, dass er in Wahrheit einen neuen Erdteil entdeckt hatte.

Seeweg nach Indien

Nach Kolumbus gingen viele weitere Seefahrer auf Entdeckungsreisen. Einer von ihnen war Vasco da Gama (1469–1524). Er brach am 8. Juli 1497 mit vier Schiffen auf, um einen östlichen Seeweg nach Indien zu finden. Er segelte südwärts um Afrika herum, vorbei am Kap der Guten Hoffnung und dann in nordöstlicher Richtung weiter. Tatsächlich erreichte er schließlich am 20. Mai 1498 den indischen Hafen Caligut. Vasco da Gama hatte einen Seeweg nach Indien gefunden. Bei seiner Rückkehr nach Lissabon 1499 waren es noch drei Schiffe, voll beladen mit kostbaren Gewürzen und Seide. So wurde die Reise ein wirtschaftlicher Erfolg, den aber viele Seeleute mit dem Leben bezahlen mussten. Sie waren an Skorbut* gestorben.

Erste Weltumsegelung

Unter dem Kommando Ferdinand Magellans begann im Auftrag der spanischen Krone 1519 die erste Weltumsegelung in westlicher Richtung. Er umrundete die Südspitze Südamerikas, das Kap Hoorn, und erreichte im November 1520 die Südsee. Weil das Wetter mild und das Meer ruhig war, gab Magellan dem Ozean den Namen „mar pacifico“ (= ruhiges Meer: Pazifik).

Die Verluste dieser Weltumsegelung waren hoch: Magellan selbst starb am 27. April 1521 auf einer Insel der Philippinen; von den ehemals fünf Schiffen kehrte 1522 nur noch eines nach Spanien zurück.

1 *Nennt mithilfe der Karte 1 Namen und Fahrtrouten weiterer Entdecker.*

2 *Bildet Arbeitsgruppen. Jede Gruppe informiert sich in Lexika, Sachbüchern oder dem Internet über einen Entdecker und berichtet der Klasse darüber.*

Werkstatt Geschichte: Paradies Karibik?

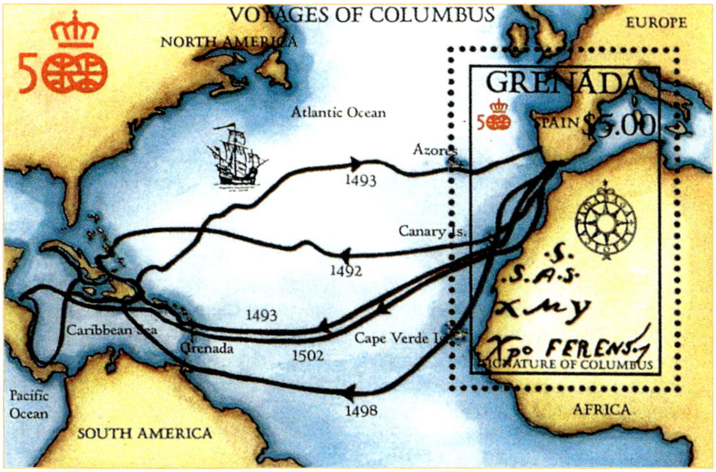

1 **Die Routen der vier Reisen des Kolumbus (links); Bildnis des Kolumbus, das dem Maler Ghirlandajo (1483–1561) zugeschrieben wird.** Aus einem Briefmarkenblock Grenadas, 1987.

Wo genau Kolumbus das erste Mal den Boden der „Neuen Welt" betrat, ist nicht genau bekannt. Einige meinen, es sei die Insel Guanahani gewesen, die später von den Spaniern in San Salvador umgetauft worden ist. Andere halten das 100 km südöstlich gelegene Samana Cay für wahrscheinlich.
Sicher ist nur, dass die vielen Inseln der Karibik noch heute mit dem großen Entdecker Kolumbus werben. Doch – sind die Inseln der karibischen See auch heute noch so paradiesisch, wie sie Kolumbus in seinem Bordbuch beschrieben hat? Bilder, wie wir sie aus Reiseprospekten kennen, und die tatsächliche wirtschaftliche und soziale Situation der Bewohner dieser Inselstaaten passen nicht so recht zusammen.

1 *Tragt Informationsmaterial über einzelne Karibikstaaten (z. B. St. Lucia, Grenada, Jamaika, Puerto Rico, Kuba) zusammen und versucht in Gruppen von drei bis vier Schülerinnen und Schülern Poster zu erstellen, welche die Licht- und Schattenseiten dieser Staaten aufzeigen.*

2 **Kinder auf Nahrungssuche.** Foto, 2003.

3 **Strand auf der Karibikinsel Aruba.** Foto, 2003.

Methode: Ein Referat halten

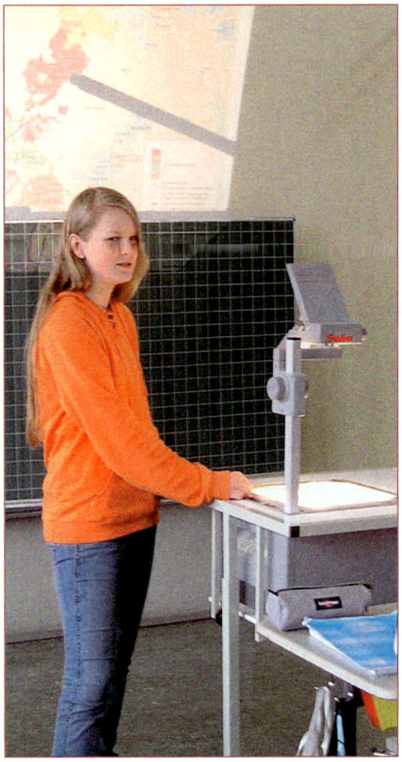

Um was geht es?

Im Unterricht habt ihr sicher schon oft erlebt, dass ein Referat vorgetragen wurde. Meistens wurde eine Arbeit vorgelesen. Dabei ist es oft schwierig, das mündlich Vorgetragene zu verstehen und zu behalten. Das Verstehen kann man den Zuhörern erleichtern, wenn eine Zusammenfassung oder eine Gliederung des Vortrages schriftlich vorliegt. Eingestreute Bilder, Karten, Tabellen oder Grafiken unterstützen die Aussagen des Vortrags und machen ihn interessanter. Um das Referat für die Zuhörer lebendiger werden zu lassen, kommt es auch auf die Redeweise an. Monotones Vorlesen des Textes lässt die Zuhörer ermüden. Ein Vortrag in möglichst freier Rede, in den auch spontane Gedanken eingeflochten werden können, stößt auf mehr Interesse.

Auf den Seiten davor habt ihr schon einiges über Entdeckungen und Erfindungen der Neuzeit erfahren. Sucht euch interessante Themen für ein Referat aus diesem Bereich.
Im Schulbuch findet ihr dazu schon Texte, Bilder, Karten und Tabellen. Aber für ein Referat reichen sie noch nicht aus. Denkt daran, dass die meisten Schülerinnen und Schüler ungefähr 70 Prozent ihrer Informationen über die Augen und nur etwa 30 Prozent mittels der Ohren aufnehmen. Ihr braucht also für die Referate viel anschauliches Material.
So könnt ihr vorgehen:

1. Schritt: Das Material sammeln und ordnen

Sucht in der Schul- und in der Stadtbibliothek unter bestimmten Stichwörtern nach Material. Achtet auf Bilder, Karten, Tabellen und Grafiken.
Notiert die Fundstellen und schreibt euch die Informationen auf. In vielen Bibliotheken stehen Kopiergeräte, dort könnt ihr eure Informationen kopieren. Selbstverständlich ist auch das Internet eine gute Informationsquelle.

2. Schritt: Das Material gliedern

Die gesammelten Materialien müssen geordnet werden. Dafür bietet es sich an, die Texte, Bilder, Karten und Tabellen auf einem großen Tisch auszubreiten und darüber nachzudenken, welche Materialien zusammengehören. Legt sie nach Unterthemen zusammen. Damit ergibt sich eine erste Ordnung. Diese müsst ihr dann so überarbeiten, dass eine Gliederung für den Vortrag entsteht. Dazu findet ihr Vorschläge auf der folgenden Seite.

3. Schritt: Eigene Texte formulieren

Die gesammelten und geordneten Materialien müssen dann durch eigene Texte verbunden werden. Achtet beim Formulieren darauf, dass die Sätze nicht zu lang, sondern klar und verständlich sind. Kurze Sätze sind nicht nur besser zu verstehen, auch das Sprechen fällt dabei leichter.

4. Schritt: Den Vortrag zusammenstellen

Stellt euren Vortrag in der richtigen Gliederung zusammen, ordnet die vorgesehenen Medien in der richtigen Reihenfolge und sorgt dafür, dass Geräte, die ihr braucht, auch zur Verfügung stehen.

5. Schritt: Den Vortrag üben

Sehr wichtig ist es, vor dem eigentlichen Vortrag das Referat laut und in freier Rede zu üben. Seht den fertigen Text durch und markiert die wichtigen Stellen. Schreibt euch dann für den freien Vortrag Stichworte auf einen Merkzettel. Am besten ist es, mehrmals für sich das Referat laut vorzutragen. Wenn ihr jemanden habt, der euch dabei zuhören kann, dann ist der Übungszweck noch größer. Laut, langsam und deutlich sprechen. Sprecht viel langsamer, als ihr gerne sprechen möchtet.

6. Schritt: Den Vortrag präsentieren

Sorgt vor dem Vortrag dafür, dass alle Materialien und Medien vorhanden und in der richtigen Ordnung sind. Vergesst nicht, das Thema und die Planung deutlich vorzustellen. Tragt dann möglichst ruhig euer Referat vor. Haltet dabei immer Blick-

Methode: Ein Referat halten

kontakt zu den Zuhörerinnen und Zuhörern und ermuntert sie, auch nachzufragen, wenn etwas unklar war.
Plant euer Referat so, dass nach dem Vortrag noch Zeit ist für Fragen oder zu einer Diskussion.

Gliederungsvorschlag 1

Hinführung zum Thema *Ordnet die Informationen so, dass die Zuhörerinnen und Zuhörer gut folgen können. Gebt eine Inhaltsübersicht und benutzt Zwischenüberschriften.*

Hauptteil *Überlegt, wie ihr bei den Zuhörerinnen und Zuhörern Interesse wecken könnt. Beginnt mit einem überraschenden Ergebnis eurer Arbeit oder nennt die wichtigste Leitfrage.*

Ergebnisse *Fasst die wichtigsten Ergebnisse zusammen. Gebt eure persönlichen Beurteilungen dazu.*
Nennt die Fragen, die aus eurer Sicht noch offen geblieben sind.

Gliederungsvorschlag 2

1. Die Seefahrt im 15. Jahrhundert
1.1 Die bis dahin bekannte Welt
1.2 Globus, Kompass u. Co.
2. Christoph Kolumbus
2.1 Der Mensch
2.2 Motive für Entdeckungsreisen
3. Die Entdeckungsfahrten
3.1 Der neue Kontinent
3.2 Die Ur-Einwohner

Eine indianische Hochkultur

1 **Tenochtitlán.** Breite Straßendämme verbinden die Hauptstadt der Azteken, angelegt in einem Salzsee, mit dem Festland. Moderne Rekonstruktion.

So stellten sich die Europäer die Bewohner in den unbekannten Ländern vor. Aus einem französischen Reisebuch des 14. Jahrhunderts.

Konquistadoren*: *Die spanischen und portugiesischen Eroberer Mittel- und Südamerikas im 16. Jahrhundert. Durch ihre Expeditionen wurden die indianischen Reiche, etwa der Inkas und Azteken, erobert, ausgeplündert und zerstört. Bekannteste Konquistadoren waren u. a. Hernando Cortez und Francisco Pizarro.*

Tenochtitlán: Hauptstadt der Azteken

Die Europäer entdeckten in der Neuen Welt zwei große und blühende Reiche: das Reich der Azteken im heutigen Mexiko und das Reich der Inkas im heutigen Peru.

Die Hauptstadt des Aztekenreiches hieß Tenochtitlán (siehe Abbildung 1), das heutige Mexiko City. Die Stadt lag in einer Höhe von 2260 m in einem Salzsee. Sie war durch Dämme mit dem Festland verbunden. Einige Süßwasserleitungen versorgten die ungefähr 300 000 Einwohner mit frischem Wasser.

Über diese Stadt berichtete der spanische Konquistador* Hernando Cortez 1520:

Q1 … Die Hauptstadt Tenochtitlán liegt in einem salzigen See. Sie hat vier Zugänge, alle über Steindämme führend, die von Menschenhand erbaut sind. Sie sind etwa zwei Lanzen breit. An einem der Dämme laufen zwei Röhren aus Mörtelwerk entlang, jede etwa zwei Schritte breit und eine Mannslänge hoch. Durch eine Röhre kommt ein Strom süßen Wassers bis in die Mitte der Stadt. Alle Menschen nehmen davon und trinken es. Die andere Röhre wird benutzt, wenn die erste gereinigt wird …

Die Stadt hat viele öffentliche Plätze, auf denen ständig Markt gehalten wird. Dann hat sie noch einen anderen Platz …, wo sich täglich mehr als 60 000 Einwohner treffen: Käufer und Verkäufer von Lebensmitteln, Kleinodien aus Gold, Silber, Blech … Außerdem verkauft man Steine, Bauholz, Kalk und Ziegelsteine …

… Es gibt Apotheken …, es gibt Häuser, wo man für Geld essen und trinken kann. Es gibt Leute zum Lasttragen …

Es gibt in dieser Stadt viele sehr gute und große Häuser, weil alle großen Herren des Landes … ihre Häuser in der Stadt haben …

An allen Eingängen der Stadt, wo die Kähne ausgeladen werden, also an den Stellen, durch die der größte Teil der Lebensmittel in die Stadt gelangt, sind Hütten gebaut. In ihnen halten sich Wachtposten auf, die eine Abgabe von allem erheben, was in die Stadt gebracht wird. Ich weiß aber nicht, ob diese Beträge für den Herrscher oder für die Stadt erhoben werden …

1 *Beschreibt die Abbildung 1 mithilfe von Q 1.*

2 *Hernando Cortez schildert eigentlich nichts Ungewöhnliches und dennoch ist er sehr beeindruckt. Wie ist das zu erklären?*

Die Azteken

2 **Gewürzmarkt von Tenochtitlán.** Rekonstruktion.

Der aztekische Staat

An der Spitze des aztekischen Staates stand ein mächtiger Herrscher. Er war Oberbefehlshaber der Armee und oberster Priester. Ihm zur Seite standen Adlige. Sie waren tätig als königliche Ratgeber, Richter, Offiziere oder Priester. Ihre Söhne lernten in den Priesterschulen Lesen, Schreiben, die Kalenderkunde und vor allem auch Geschichte. Zusammen mit den Jungen der übrigen Bevölkerung wurden sie zudem in Kampfsportarten unterrichtet. Außerdem gab es Architekten und Künstler, die für den religiösen Kult prachtvolle Pyramiden bauten.

Die große Mehrheit der Bevölkerung bestand aus Handwerkern, Bauern, Fischern oder Sklaven. Ihre Frauen mussten ebenso wie sie selbst hart arbeiten. Viele Stunden brachten die Frauen täglich damit zu, den Mais für die Tortillas zu mahlen. Die Kleidung für die ganze Familie stellten sie auf Webrahmen her. Außerdem wurden sie regelmäßig zu Arbeiten im Palast eines Adligen verpflichtet.

3 *Entwerft ein Schaubild, das die Rangordnung des Aztekenreiches zeigt. – Kennt ihr schon ähnliche Schaubilder?*

Kindererziehung

Für die Erziehung ihrer Kinder, ob adlig oder nicht, gab es bei den Azteken ganz klare Anweisungen, welche die Eltern ihren Kindern von frühester Jugend an immer wieder vorsprachen.

Q2 Anweisungen der Eltern für ihre Kinder:

… In Frieden mögest du mit anderen Leuten leben. Sei nicht unüberlegt, handle nicht überstürzt.

Habe Respekt und Ehrfurcht vor jedem anderen. Sei nicht anmaßend gegenüber anderen Menschen. Sei nicht unverschämt und verneige dich, wie du dich verneigen sollst.

Sei nicht hochmütig.

Widersprich den Leuten nicht.

Sei geduldig und beherrscht, denn dich sieht unser Herr, denn er wird dir zürnen, er wird sich rächen (wenn du diese Gebote nicht befolgst) …

4 *Stellt selber eine Liste mit Erziehungszielen zusammen, die euch bei der Kindererziehung wichtig erscheinen. – Vergleicht sie mit den Erziehungszielen bei den Azteken. Gibt es Unterschiede?*

Goldgierige Eroberer

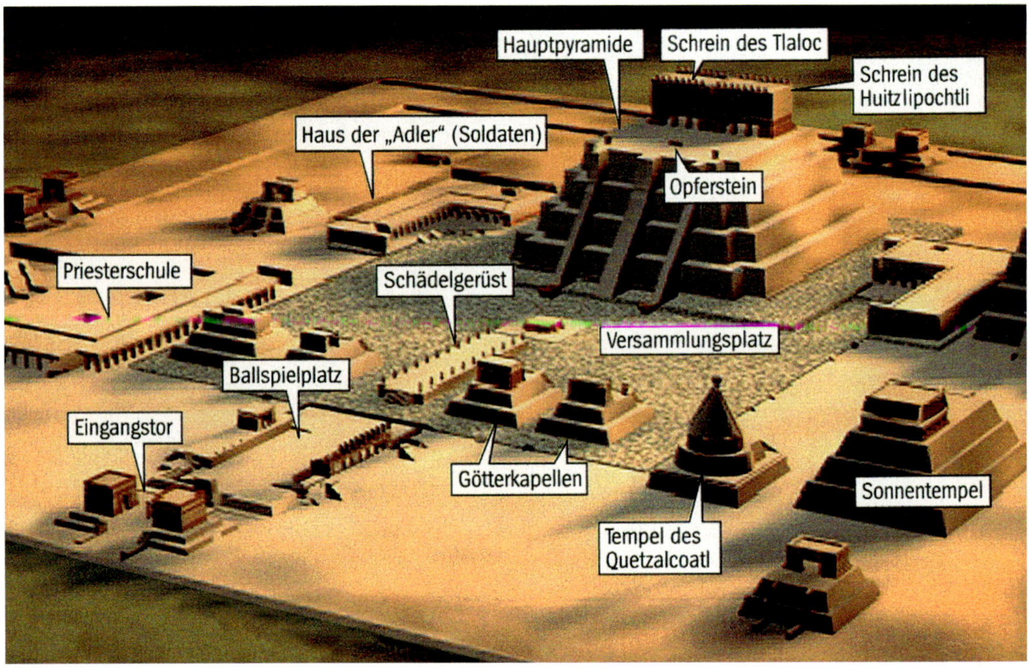

1 **Das religiöse, etwa 500 Meter lange Zentrum von Tenochtitlán.** Rekonstruktion.

Ankunft der „Götter"

Es gab bei den Azteken eine alte Sage von dem Gott Quetzalcoatl, der den Menschen den Ackerbau und das Handwerk gebracht hatte. Er lebte – so hieß es in der Überlieferung – vor einigen hundert Jahren als König der Azteken, bis er vertrieben wurde. „Am Tage der Wiederkehr meiner Geburt werde ich wiederkommen", so hatte er damals gesagt. Das konnte nach dem Kalender der Azteken nur das Jahr 1363, 1467 oder 1519 sein.
Es war das Jahr 1519, als ein einfacher Mann zu Moctezuma, dem König der Azteken, kam.

Er sagte zum König:

Q1 … Herr und König. Vergib mir meine Kühnheit … Als ich an die Küste des großen Meeres ging, schwamm da eine Reihe von Bergen mitten auf dem Wasser. Mein Herr, wir haben nie zuvor so etwas gesehen …

Die „Berge" waren die Schiffe des spanischen Eroberers Cortez. Er landete 1519 an der mexikanischen Küste. Von dort marschierte er mit 300 Soldaten nach Tenochtitlán. Moctezuma erschrak. Waren das die Boten des Gottes? Er schickte ihnen Gesandte entgegen, die sie zur Umkehr drängen sollten. Doch Cortez ließ sich nicht aufhalten. Wenige Tage später erreichte er Tenochtitlán.
Voller Ehrfurcht wurde er von Moctezuma begrüßt und nach seinen Wünschen gefragt. Cortez entgegnete ihm: „Ich und meine Gefährten leiden an einer Krankheit des Herzens, die nur mit Gold geheilt werden kann." Moctezuma führte sie zum Schatzhaus.
In einem aztekischen Bericht heißt es:

Q2 … Alles Gold rafften die Spanier zu einem Haufen … Das ganze Schatzhaus durchwühlten sie, drängten und fragten und griffen nach allem, was ihnen gefiel … Nur nach Gold hungerten und dürsteten sie. Gefräßig wurden sie in ihrem Hunger nach Gold, wie hungrige Schweine wühlten sie nach Gold …

1 *Warum verhielt sich Moctezuma gegenüber den Spaniern so ehrfurchtsvoll?*

1519:
Im Auftrag der spanischen Krone landet ***Hernando Cortez*** *im heutigen Mexiko. Im Landesinnern entdeckte er das mächtige Reich der Azteken, das er mit seinen Truppen innerhalb von zwei Jahren völlig zerstörte.*

Die Religion der Azteken

2 **Menschenopfer.** Illustration aus einer zeitgenössischen aztekischen Handschrift.

3 **Mönche stecken Götterfiguren der Azteken mit Fackeln in Brand.**

Menschenopfer

Mittelpunkt Tenochtitláns war aber nicht das Schatzhaus, sondern der große Tempel im Zentrum der Stadt. Die Religion spielte nämlich im Leben der Azteken eine sehr große Rolle. Sie glaubten an viele Götter, die in das Leben der Menschen immer wieder eingriffen. Der wichtigste Gott war der Sonnengott Huitzlipochtli; die Sonne galt den Azteken als Voraussetzung für alles Leben auf der Erde.

Eine Wissenschaftlerin schreibt:

M1 … Man stellte sich Huitzlipochtli als jungen Krieger vor, der von der Erdgöttin Coatlicue jeden Morgen geboren wird, aber jeden Abend stirbt und in der Erde verschwindet.
Als Krieger muss er täglich seine Brüder, die Sterne, und seine Schwester, den Mond, besiegen. Um den alltäglichen Kampf zu bestehen, musste er von den Menschen ausreichend ernährt werden, was ausschließlich mit „köstlicher Flüssigkeit", d.h. Menschenblut möglich war. …

Da auch die übrigen aztekischen Götter mit menschlichem Blut versorgt werden mussten, wurden jedes Jahr Tausende im „Großen Tempel" geopfert.

Tenochtitlán wird zerstört

Als die Spanier begannen, die aztekischen Götterbilder und Statuen zu zerstören, kam es im Jahr 1520 zum Aufstand. Cortez musste mit seinen Soldaten fliehen, er kam aber im folgenden Jahr schon zurück und schloss die Stadt ein. Die Belagerung dauerte 93 Tage. Dann wurde Tenochtitlán erstürmt und dem Erdboden gleichgemacht.
In einem Bericht heißt es:

Q3 … In den Häusern, im See und auf dem Land, in den Kanälen und auf vielen Plätzen lagen überall Leichen und Totenköpfe. Cortez selbst war übel geworden …
Die Luft war so verpestet, dass die Azteken darum baten, den Abzug sämtlicher Einwohner zu gestatten. Drei Tage und drei Nächte waren die Ausfallstraßen und die Dämme mit langen Zügen von erbärmlichen Gestalten bedeckt. Männer, Frauen und Kinder schleppten ihre entkräfteten Körper aus der Stadt, ein jammervoller Leichenzug …
Es hat wohl kaum ein Volk gegeben, das so viel Hunger, Durst und Kriegsnot ausstehen musste …

2 *Beschreibt, welche Gefühle die Abbildungen 2 und 3 bei den Spaniern bzw. den Azteken hervorgerufen haben könnten.*

Die ***Götter des Feuers und des Wassers*** *waren die ältesten Götter der Azteken. Der Gott des Feuers trug eine Schale für die Flammen auf seinem Rücken. Der Regengott Tlaloc war bei allen Völkern Mexikos ein übermächtiger Herr. Jeder Berg hatte seinen Tlaloc, der die Regenwolken einsammelte und sie über den Himmel verteilte.*

Moctezuma *wird als Gefangener in Eisen gelegt. Holzstich.*

Das spanische Weltreich

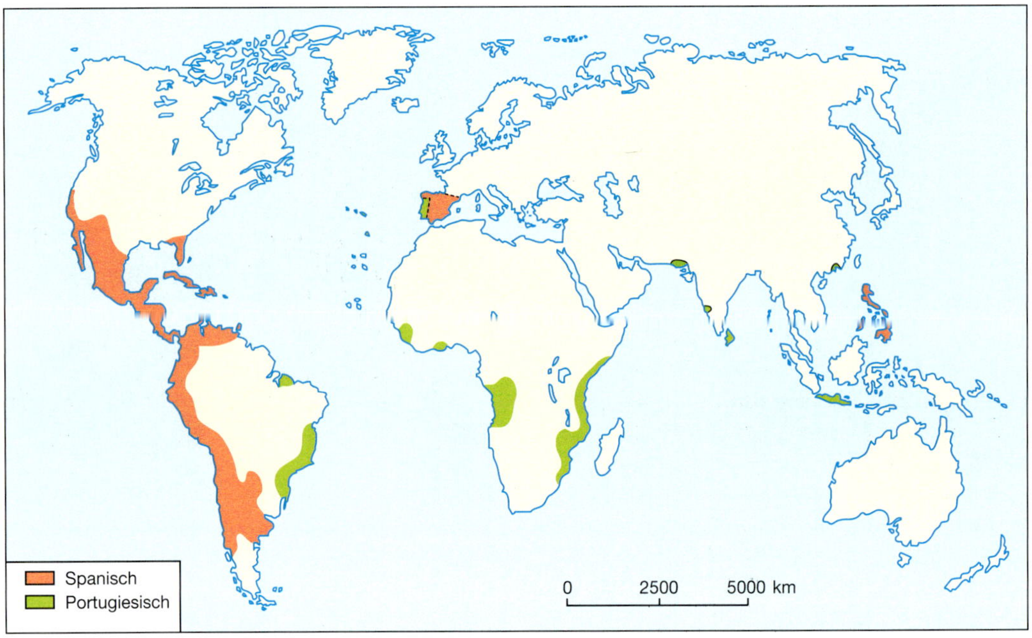

1 **Spanische und portugiesische Kolonien um 1550.**

Inkas:
Ein südamerikanisches Indianervolk; ursprünglich der Titel ihres Herrschers. Die Inkas eroberten von Peru aus im 15. Jahrhundert ein Reich, das von Kolumbien bis nach Chile reichte. Im Mittelpunkt ihrer Religion stand der Sonnenkult. Ihr Herrscher wurde als Sohn der Sonne und damit als Sohn Gottes verehrt. Die Kulturprodukte der Inkas zeugen von hoher Kunstfertigkeit. So dienten Knotenschnüre als Schriftersatz.
Das Inkareich wurde 1531 bis 1534 von den Spaniern unter Francisco Pizarro nach blutigen Kämpfen erobert.

Kolonien*/ Kolonialismus:
Die Eroberung zumeist überseeischer Gebiete durch militärisch überlegene Staaten (vor allem Europas) seit dem Ende des 15. Jahrhunderts bezeichnet man als Kolonialismus. Die Kolonialmächte errichteten in den unterworfenen Ländern Handelsstützpunkte und Siedlungskolonien. Sie verfolgten vor allem wirtschaftliche und militärische Ziele.

Kolonialreiche entstehen

Die Eroberung Mexikos ist nur ein Beispiel aus der langen Reihe der Eroberungen. Meist spielten List, Grausamkeit und Habgier eine Rolle. So brachten Spanien und Portugal die Länder unter ihre Herrschaft, die von den Seefahrern entdeckt worden waren. Die unterworfenen Gebiete wurden Kolonien* genannt und vom Mutterland aus verwaltet. Am spanischen Königshof war man der Auffassung, dass das eroberte Land in Amerika kein Ausland sei, sondern als „las Indias" ein neues Land der Krone.

In allen spanischen Kolonien gründeten die Eroberer nach ihrer Ankunft Städte. Von den Städten aus wurde das umliegende Land verwaltet und beherrscht. Seine Bewohner sollten freie Untertanen der Krone sein. Da man sich Heiden aber nicht als Untertanen vorstellen konnte, sollten sie zum christlichen Glauben erzogen werden. Mit den spanischen Eroberern kamen daher auch Mönche und Priester. Sie führten in allen Gebieten den christlichen Glauben ein und bekämpften den Glauben der Indios als Götzendienst.

Der Mönch Peter von Gent berichtete im Jahr 1529:

Q1 … In dieser Provinz Mexiko haben ich und ein anderer Mitbruder mehr als zweihunderttausend Menschen getauft. Jede Provinz, Ortschaft und Pfarrei hat ihre Kirche. Meine Aufgabe ist es, zu predigen und zu lehren. Während des Tages lehre ich Schreiben, Lesen und Singen. Nachts lese ich den christlichen Katechismus vor und predige …

Die spanischen Beamten förderten die Missionierung. Sie verfolgten damit aber andere Ziele. Durch den christlichen Glauben sollten die „wilden Indios" an die spanische Lebensweise gewöhnt und zu gehorsamen Untertanen erzogen werden. Diese Umerziehung wurde oft mit Gewalt gegen den Willen der Indios durchgeführt.

1 *Nennt die heutigen Gebiete, die von Spaniern oder Portugiesen erobert waren. Begründet, warum diese Gebiete erobert wurden.*

2 *Begründet die Missionsziele aus der Sicht der Indios und der Spanier.*

Kolumbus und die Folgen

Die Ausbeutung der Kolonien

Hauptziel der spanischen Herrschaft in Amerika war es, so viel wirtschaftlichen Gewinn wie möglich aus den Kolonien nach Spanien zu ziehen. Deshalb wurde die gesamte Wirtschaft, besonders der Handel, von Spanien aus gelenkt und kontrolliert. Überall, wo es Bodenschätze gab, wurden Bergwerke angelegt. Der König von Spanien bekam von allen gefundenen Edelmetallen (Gold, Silber) ein Fünftel als Steuer. Deswegen achteten die königlichen Beamten genau auf die Produktion. Die jährlichen Silberlieferungen nach Spanien stiegen von 17 500 Kilogramm im Jahr 1550 auf 270 000 Kilogramm im Jahr 1600. Reichen Gewinn erwirtschafteten die europäischen Eroberer auch in der Landwirtschaft. Nach der Eroberung wurden die Felder der Indios an die wenigen Eroberer verteilt. So entstanden große landwirtschaftliche Güter: Latifundien. Auf ihnen wurde vor allem angebaut, was man in Europa benötigte, also z. B. Zucker, Tabak, Baumwolle oder Mais. Die Plantagenbesitzer beschränkten sich meist auf die Anpflanzung eines Produkts. Bis heute sind diese Monokulturen charakteristisch für die Landwirtschaft Südamerikas.

Bartolomé de las Casas – Anwalt der Indios

Die Indios mussten unter den härtesten Bedingungen auf den Latifundien und in den Bergwerken Sklavenarbeit leisten. Der Dominikanermönch und spätere Bischof von Mexiko Bartolomé de las Casas (1484 bis 1566) schrieb mehrere Berichte an den spanischen König, in denen er das Verhalten der Kolonialherren gegenüber den Indios anprangerte.
In einem seiner Schreiben heißt es:

Q2 … Ein königlicher Beamter erhielt 300 Indios als Arbeitskräfte zugeteilt. Nach drei Monaten hatte er durch die Arbeiten in den Gruben 270 davon zu Tode gebracht, sodass ihm nur der zehnte Teil blieb. Danach gab man ihm wiederum dieselbe Zahl und noch mehr; doch er brachte sie wieder um, und je mehr man ihm gab, desto mehr mordete er … In drei oder vier Monaten starben in meinem Beisein mehr als 7000 Kinder, weil ihre Väter und Mütter in die Gruben geschickt wurden …

2 **Indios werden bestraft.** Illustration aus den Schriften des Bartolomé de las Casas.

Die Zahl der Indios, die in den spanischen Kolonien lebten, wurde immer geringer. Neben der Behandlung durch die Spanier waren eingeschleppte Krankheiten wie Typhus, Pest und Masern die Ursachen für den Tod vieler Indios. Die Bemühungen des Bartolomé de las Casas hatten Erfolg: In Spanien wurden neue Gesetze erlassen. Sie sollten die Indios schützen. Aber die gut gemeinten Gesetze konnten in den Kolonien nicht durchgesetzt werden. Die Spanier in Amerika richteten sich nicht nach ihnen. Als Bartolomé de las Casas einsehen musste, dass auf diesem Weg den Indios nicht zu helfen war, machte er den Vorschlag, schwarze Sklaven aus Afrika zu holen. So wollte er das Los der Indios erleichtern.

3 *Erläutert die Tabelle in der Randspalte.*

4 *Beschreibt und besprecht anhand des Textes und der Abbildung 2 das Verhalten der Spanier gegenüber den Indios.*

5 *Überlegt, worin nach eurer Meinung die Ursachen für die Handlungsweise der Spanier lagen.*

6 *Diskutiert über den Vorschlag des Bartolomé de las Casas.*

***Potosi**, im heutigen Bolivien gelegene spanische Kolonialstadt nahe dem mit mehr als 30 000 Stollen durchlöcherten Cerro Rico (4830 m), im 16./17. Jahrhundert mit 150 000 Einwohnern eine der größten Städte der Erde. Hunderttausende von Indios starben bei der Arbeit im „Silberberg", dem damals bedeutendsten Silbervorkommen der Erde. Über Potosi erfahrt ihr mehr auf der Homepage: **www.schaetze-der-welt.de** (Stichwort: Potosi eingeben). Foto.*

Geschätzte Einwohnerzahlen in Mittelamerika:

1519: *11 000 000 Menschen*

1540: *6 500 000 Menschen*

1560: *4 400 000 Menschen*

1597: *2 500 000 Menschen*

Die „Neue Welt“ verändert Europa

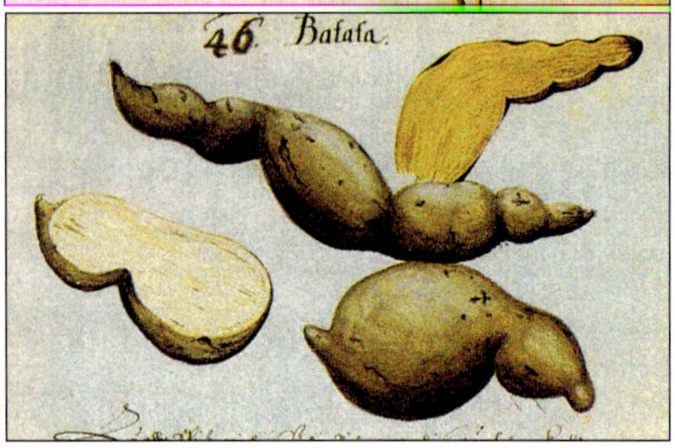

1 Bedeutsamer als Gold und Silber waren die Nahrungs- und Genussmittel, die bis zu den Entdeckungen in Europa unbekannt waren: Ananas, Banane, Kartoffel. Aus dem „Tierbuch“ des Z. Wagner, 1637.

Maisanbau, Pflege und Ernte durch die Azteken. *Aus dem Codex Florentino, 16. Jahrhundert.*

Kartoffel*:
Ursprünglich ein italienisches, kein indianisches Wort. „Tortufo“ = Trüffel, daraus „Tartofel“ → „Kartoffel“.

Nutzpflanzen aus der „Neuen Welt“

Die Entdeckungen veränderten die „Neue Welt“ grundlegend. Aber auch in Europa sind die Auswirkungen bis in die Gegenwart deutlich spürbar. So konnte durch den Anbau widerstandsfähiger Nutzpflanzen aus Amerika wie z. B. Mais und Kartoffel* die Gefahr von Hungersnöten verringert werden. Im 16. und 17. Jahrhundert wurde die Kartoffel zunächst nur in fürstlichen Gärten angebaut. Die ländliche Bevölkerung nannte sie „Unglückswurzel“, weil sie in der Bibel nicht erwähnt wurde. Später wurde in Notzeiten der Kartoffelanbau in Deutschland befohlen. Auch die Tomate, die Schokolade und der Tabak beeinflussten die Ess- und Lebensgewohnheiten der Europäer nachhaltig.

Gold und Silber aus Amerika – ein Segen für Europa?

Vor allem die Spanier und die Portugiesen brachten riesige Mengen Gold und Silber aus Übersee nach Europa. Sie erhofften sich von diesem neuen Reichtum eine enorme Ausdehnung des Handels, außerdem einen höheren Lebensstandard und Machtzuwachs. Letztendlich verursachte die Einfuhr der Edelmetalle aber eine schleichende Geldentwertung.

Als die Silbervorkommen in Südamerika allmählich erschöpft waren, hatte dies besonders für Spanien verheerende Folgen.
Die Regierung versuchte nämlich die finanziellen Einbußen durch Steuererhöhungen und riesige Staatskredite auszugleichen. Im Jahr 1649 sah sich die spanische Regierung gezwungen, zum dritten Mal den Staatsbankrott anzumelden, da sie nicht mehr in der Lage war, die Zinsen zu zahlen.
Durch die Verlagerung des Handels an den Atlantik und durch den wirtschaftlichen Niedergang Spaniens waren die Handelsplätze der Zukunft nun nicht mehr Lissabon, Sevilla, Istanbul, Venedig oder Genua, sondern London und Amsterdam.

1 *Folgende Wörter aus der Sprache der Ureinwohner Amerikas sind heute noch in Gebrauch: Agave, Ananas, Anorak, Avocado, Cayenne, Chinin, Coca, Hurrikan, Kajak, Kannibale, Kanu, Kautschuk, Lama, Mokassin, Potato, Poncho, Squaw, Tabak, Tipi, Truthahn. Erklärt die Wörter und schlagt dazu in einem Wörterbuch nach.*

Werkstatt Geschichte: Karteikarten

Aus alten Schulbüchern oder Zeitschriften könnt ihr prima Karteikarten für einen Karteikasten im Unterricht herstellen.

Dazu benötigt ihr

- Karteikarten
- Schere
- Kleber
- Schreibstifte
- alte Schulbücher
- alte Zeitschriften

1 *Schneidet Texte, Bilder und Illustrationen aus, die ihr auf eure Karteikarten kleben wollt.*

2 *Unterteilt die einzelnen Karteikarten in Epochen – Altertum, Mittelalter, Neuzeit – und diese noch einmal in Jahrhunderte, sodass ihr euer Material genau zuordnen könnt.*

3 *Nehmt eine DIN-A5-Karteikarte und schreibt darauf zunächst eine Überschrift.*

4 *Klebt dann den Text, das Bild oder die Illustration auf eure Karteikarte und schreibt dazu, woher ihr die Materialien habt.*

5 *Notiert auf der Rückseite der Karteikarte den dazugehörigen Infotext.*

6 *Ordnet zum Schluss eure Karteikarte in den Karteikasten ein.*

Somit habt ihr die Möglichkeit, Geschichtsdaten wie in einem Lexikon nachzuschlagen.

Werkstatt Geschichte: Wanderungen ...

1 **Hugenotten flüchten 1696 aus Frankreich.** Kupferstich von Jan Luyken.

Zu allen Zeiten gab es Menschen, die ihre Heimat verlassen mussten. Ganze Völker oder Gruppen wanderten aus und suchten in der Fremde eine neue Bleibe. Im 3. und 4. Jahrhundert n. Chr. waren es zahlreiche germanische Stämme, die sich auf den Weg machten nach neuen Siedlungsgebieten. Diese Zeit der Völkerwanderung habt ihr ja bereits kennen gelernt (siehe S. 34 ff.). Auch in der beginnenden Neuzeit – bis heute – gab und gibt es zahlreiche Wanderungsbewegungen. Auf dieser Doppelseite könnt ihr an Beispielen selbstständig erarbeiten, warum Menschen ihr Zuhause verlassen, unter welchen Umständen sie auswandern und welche Schwierigkeiten, aber auch Möglichkeiten sie in der neuen Heimat erwarten.

1 *Bildet Gruppen und wählt eines der vorgestellten Beispiele aus. Bearbeitet die dazugehörigen Fragen und stellt dann eure Ergebnisse in der Klasse vor.*

1. Beispiel: die Hugenotten

Als Hugenotten (= Eidgenossen) wurden in Frankreich im 16. Jahrhundert die Protestanten bezeichnet. Sie waren mit 10 Prozent eine religiöse Minderheit, 90 Prozent der Franzosen waren katholisch. Die Hugenotten waren zumeist tüchtige und erfolgreiche Handwerker, Bauern und Händler. Während der Herrschaft König Ludwigs XIV. (1643–1715) veränderte sich das Leben der Hugenotten grundlegend. Ab 1685 verließen bis zu 200 000 das Land.

2 *Recherchiert im Lexikon und im Internet (z. B. www.hugenotten museum.de) und versucht folgende Fragen zu beantworten:*

a) Aus welchen Gründen wanderten die Hugenotten aus?

b) Welche Fluchtmöglichkeiten gab es, was konnten die Hugenotten auf ihrer Flucht mitnehmen, was mussten sie zurücklassen. Seht euch auch Abbildung 1 dazu genau an.

c) In welche Länder wanderten sie aus? Fertigt eine Liste an. Welches Land nahm die meisten Hugenotten auf?

d) Wie wurden die Hugenotten in der neuen Heimat aufgenommen und welche Folgen hatte ihre Einwanderung für das Einwanderungsland?

2. Beispiel: Auswanderung in die USA

Vor allem im 19. Jahrhundert wanderten zahlreiche Menschen aus Europa in andere Länder aus. Amerika wurde zu einem besonderen Anziehungspunkt für Auswanderungswillige, darunter viele Deutsche. Es gab mehrere Auswanderungswellen in die USA, die zwei bedeutendsten in den 1850er- und 1880er-Jahren. Insgesamt wanderten in den Jahren zwischen 1815 und 1920 etwa 5 Millionen Deutsche aus.

Im Auftrag des württembergischen Königs wurden 1817 Auswanderer nach ihren Gründen gefragt:

Q1 … Michael Munz, verheiratet, sechs Kinder, ist ohne alles Vermögen: Ich weiß weiter keine Ursache anzugeben, weswegen ich auswandere, als dass ich bei dem gegenwärtigen schlechten Verdienst und bei der großen Teuerung meine Familie nicht erhalten kann. Ich habe Nachricht von Verwandten in Amerika, welche es dort gut haben.

Johannes Schäufele: Wenn in Schorndorf nicht bald eine Änderung gemacht wird, so wandert die halbe Stadt aus. Vom Oberamtmann bis auf den Bettelvogt drückt alles auf den Bürger und der Bürger darf nicht sprechen. Wenn man vor den Beamten kommt, so gibt es ein Donnerwetter über das andere. …

2 **Auswanderer setzen vom Festland auf ein Segelschiff über, das sie nach Amerika bringen soll.** Gemälde von Antonie Volkmar, 1860.

3 *Betrachtet Abbildung 2 und beschreibt die dargestellten Personen. Welche Hoffnungen, welche Ängste mögen sie gehabt haben? Überlegt auch, welche Gefahren es bei einer solchen Überfahrt gegeben haben könnte.*

4 *Schlagt in einem Lexikon nach oder recherchiert im Internet mithilfe von Suchmaschinen (gebt z. B. den Begriff ein: Auswanderung nach USA) und findet heraus:*

a) Welche Motive hatten die Menschen, ihre Heimat zu verlassen. Lest dazu auch Q1.

b) Wie verlief das Leben der Auswanderer in der neuen Heimat? Mit welchen Vorstellungen kamen sie an und wie war die Wirklichkeit?

5 *Recherchiert, ob und warum Menschen im 19. Jahrhundert aus eurem Ort nach Amerika ausgewandert sind. Hilfe findet ihr sicher in eurem Stadt- bzw. Gemeindearchiv.*

3. Beispiel: Aussiedler

Viele Deutsche wanderten im 18. und 19. Jahrhundert nicht nur nach Amerika aus, sondern auch nach Russland, Polen oder Rumänien. Doch in den vergangenen Jahrzehnten kehrten viele dieser Familien und ihre Nachfahren nach Deutschland zurück. Der Zusammenbruch des Ostblocks 1989/90 löste eine große Aussiedlungsbewegung aus der ehemaligen Sowjetunion aus; zwischen 1993 und 2001 kamen 1,3 Millionen nach Deutschland. Die Aussiedler werden in der Bundesrepublik in der Außenstelle Friedland des Bundesverwaltungsamts registriert und auf die Bundesländer verteilt. Der Anspruch auf die deutsche Staatsbürgerschaft kann dadurch nachgewiesen werden, dass jemand durch Geburt und Heirat mit einem/einer Deutschen verbunden ist und Grundkenntnisse der deutschen Sprache besitzt.

6 *Recherchiert im Internet (Begriff für Suchmaschinen z. B.: Aussiedler in Deutschland) oder einem Lexikon und stellt fest:*

a) Wie lebten die deutschen Einwanderer in der Sowjetunion und Polen als deutsche Minderheit? Aus welchen Gründen wollten Sie nach Deutschland zurückkehren?

b) Versucht herauszufinden, welche Hoffnungen die Aussiedler an ihre Rückkehr nach Deutschland knüpfen?

7 *Betrachtet die Wohnverhältnisse auf der Abbildung 3? Vermutet, wie sich die Aussiedlerfamilie in Deutschland fühlt.*

8 *Sammelt Informationsmaterial (z. B. Zeitungsartikel) zur Integration (Eingliederung) der Aussiedler bzw. Spätaussiedler in Deutschland und wertet es aus.*

3 **Eine siebenköpfige Spätaussiedlerfamilie in ihrem Wohnraum mit Doppelstockbetten im Durchgangslager Friedland in Niedersachsen.** Foto, 1999.

Zusammenfassung

Ostsiedlung und Deutscher Ordensstaat
Seit dem 11. Jahrhundert nahm die Bevölkerung in Westeuropa zu und das Ackerland wurde knapp. Viele deutsche Siedler zogen deshalb in die Gebiete jenseits der deutschen Ostgrenze. Sie gründeten hier Dörfer und Städte. Die Besiedlung östlich der Elbe geschah teilweise friedlich, aber auch mit kriegerischen Mitteln. Durch die Kolonisation kam es zu einem wirtschaftlichen und kulturellen Aufschwung, der lange Zeit von einem friedlichen Miteinander geprägt war.
Im Jahr 1225 erbat der polnische Herzog Hilfe bei der Missionierung der Pruzzen. Der Orden nutzte dies zur Gründung eines eigenen Staates, den er durch gewaltsame Eroberungen bis 1466 ausbaute. Zu Beginn des 16. Jahrhunderts musste er die Oberhoheit des polnischen Königs anerkennen, aus dem Ordensstaat wurde das weltliche Herzogtum Preußen.

Vertreibung der Juden
Osteuropa wurde auch zum rettenden Ufer für viele Juden, die als soziale Randgruppen in den mittelalterlichen Städten lebten. Hier wurden sie wegen ihrer wichtigen Rolle, die sie im Wirtschaftsleben spielten, lange Zeit geduldet. Eine Wende brachte die Kreuzzugsbewegung, die nach ihrem Scheitern in einen Kampf gegen die „Ungläubigen" im eigenen Land umschlug. In Gettos isoliert, wurden die Juden in Notzeiten immer wieder zu Sündenböcken gemacht und verfolgt. Den Überlebenden der Pogrome blieb oftmals nur die Möglichkeit der Flucht oder Auswanderung.

Kreuzzüge
Mit dem Aufruf Papst Urbans II. begann im Jahr 1096 der erste Kreuzzug, dem noch sechs weitere folgen sollten. Das Ziel der Kreuzfahrer war die Eroberung Jerusalems, das unter muslimischer Herrschaft stand. Zigtausende Menschen, sogar Kinder, zogen teils aus religiöser Überzeugung, teils aus handfesten eigenen Interessen ins Heilige Land, das vorübergehend erobert und beherrscht werden konnte. Nachdem sich die militärische Übermacht der Araber durchgesetzt hatte, konzentrierte sich der Kampf der Christen gegen die Muslime auf der Iberischen Halbinsel, die hier eine hoch stehende und blühende Kultur aufgebaut hatten, die der europäischen in vielen Bereichen überlegen war. Nach dem Fall des letzten maurischen Stützpunkts (Granada 1492) stand nun ganz Europa unter christlicher Herrschaft.

Seit 1200

Beginn der deutschen Ostsiedlung.

Seit dem 12. Jahrhundert

Vertreibung der Juden aus deutschen Städten.

1099

Eroberung Jerusalems durch die Kreuzritter.

1492

Eroberung Granadas durch christliche Heere.

Zusammenfassung

Die Wende zur Neuzeit
Das 15. Jahrhundert ist die Zeit, in der sich ein neues Denken durchsetzt. Bisher hatte man sich in naturwissenschaftlichen Fragen mit Antworten aus der Bibel zufrieden gegeben. Doch jetzt wollte man alles selber nachprüfen. So wurde das 15. Jahrhundert zu einer Zeit zahlreicher Entdeckungen und Erfindungen.
Weil man sich auf Werte der Antike zurückbesann, heißt die Epoche, die den Übergang vom Mittelalter zur Neuzeit darstellt, Renaissance. In den Mittelpunkt des Denkens rückte der Mensch. Diese geistige Grundhaltung bezeichnete man als Humanismus.

Entdeckungen und Erfindungen
Eine der wichtigsten Erfindungen dieser Zeit war der Buchdruck durch Johannes Gutenberg. Erfunden wurden auch ein seetüchtiger Kompass, die mechanische Uhr, der Jakobsstab und hochseetaugliche Schiffe. Dies waren die Voraussetzungen für die Entdeckung Amerikas durch Christoph Kolumbus im Jahr 1492.

Vernichtete Hochkulturen
In Mittel- und Südamerika gab es einige indianische Hochkulturen, z. B. bei den Azteken in Mexiko und den Inkas in Peru. Diese Hochkulturen wurden zu Beginn des 16. Jahrhunderts von den Spaniern auf ihrer Suche nach Gold und Reichtümern zerstört.
Die Bemühungen des Bischofs Bartolomé de las Casas, die Unterdrückung und Ausbeutung der Indianer zu beseitigen, hatten zunächst nur geringen Erfolg.
Um das Leben der Indios zu schonen, soll Bartolomé de las Casas vorgeschlagen haben, afrikanische Sklaven in die spanischen Kolonien zu holen. Zwischen 1550 und 1800 wurden vermutlich weit über 30 Millionen Menschen in die Sklaverei geführt.

Die „Neue Welt" wird europäisch
Dem Beispiel Spaniens und Portugals folgten bald noch weitere europäische Staaten wie Frankreich, die Niederlande und England. Ein Dreieckshandel, bei dem billige Waren nach Afrika gebracht wurden, Sklaven von dort nach Amerika und von Amerika wiederum wertvolle Edelmetalle und Rohstoffe nach Europa, brachte den europäischen Staaten hohe Gewinne. Auch Handel und Wirtschaft in den Kolonien wurden ganz auf die Bedürfnisse der „Mutterländer" abgestimmt. Schon bald hielt auch die europäische Lebensweise Einzug in die Kolonien – die „Neue Welt" wurde europäisch.

Seit 1400

Mit dem Humanismus und der Renaissance beginnt in Europa eine neue Art des Denkens.

Um 1450

Johannes Gutenberg erfindet den Buchdruck.

1492

Kolumbus entdeckt Amerika.

1519

Cortez erobert Mexiko. Die Europäer errichten ihre Herrschaft in den Kolonien.

Standard-Check: Das solltet ihr wissen

Arbeitsbegriffe

- ✓ Mobilität
- ✓ Deutsche Ostsiedlung
- ✓ Juden im Mittelalter
- ✓ Kreuzzüge
- ✓ Renaissance
- ✓ Buchdruck
- ✓ Globus
- ✓ Entdeckungsfahrten

Was wisst ihr noch?

1 Welche Folgen hatte die Missionierung der Slawen?

2 Wie kam es zur Errichtung des Deutschen Ordensstaats?

3 Warum rief Papst Urban II. 1095 zum Kreuzzug auf und welche Folgen hatte dieser Aufruf?

4 Führt Beispiele dafür an, dass der Mensch der Renaissance anders lebte und dachte als die Menschen im Mittelalter.

5 Welche Entdeckungen brachten der Seefahrt ganz neue Möglichkeiten?

6 Kolumbus nannte die Ureinwohner der Insel Guanahani „Indianer". Warum?

7 Erläutert die Folgen für die Ureinwohner in der „Neuen Welt", die nach der Landung der Europäer entstanden sind.

Tipps zum Weiterlesen

Federica DeCesco: Das Gold der Azteken. Arena, Würzburg 2002

Jürgen Gadow: Der Berg des Unheils. dtv, München 1999

Peter Gissy: 1492 – Das geheime Manuskript. Bertelsmann, München 2006

Albrecht Gralle: Der Gürtel des Leonardo. Bajazzo Verlag, Zürich 2002

Wolfgang Hohlbein: Der Ritter von Alexandria. Ein Abenteuer aus der Zeit der Kreuzzüge. Bastei Lübbe. Bergisch Gladbach 1994

Paul Kustermanns: Nur der Regenbogen. Eine Liebesgeschichte. Loewe, Bindlach 2002

L. R. Nougier: So lebten sie zur Zeit der Azteken. Tessloff, Nürnberg

Heinrich Pleticha: Kolumbus 1492. Südwest Verlag, München 1992

Hans Plischke: Vasco da Gama. Der Weg nach Ostindien. Lamuv, Göttingen 2001

Standard-Check: Das solltet ihr wissen

1 *Ergänzt die Erklärung oder den Begriff. Schreibt aber nicht ins Buch, sondern macht euch zuerst eine Kopie von dieser Seite.*

Begriff	Erklärung
Hermann von Salza	....
Pruzzen	....
....	Bischof, der sich für die Indianer einsetzte
Getto	....
Johannes Gutenberg	....
Kreuzfahrer	....
....	Krankheit durch Mangel an Vitamin C
....	umsegelte als Erster die Welt

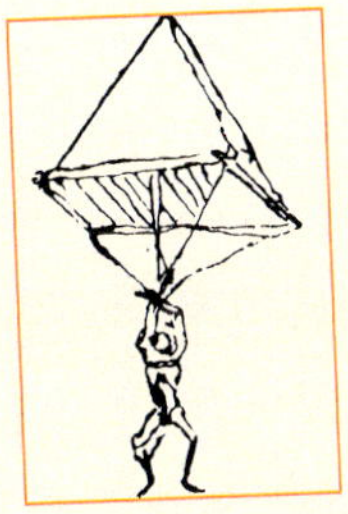

2 *Schreibt den folgenden Text in euer Heft ab. Da der Schreiber Linkshänder war, hat er in Spiegelschrift geschrieben.*

Wer bin ich?

Ich wurde 1452 in dem Dorf Vinci bei Florenz geboren. Mein Vater war ein erfolgreicher Notar, meine Mutter ein Bauernmädchen. Ich wuchs bei der Familie meines Vaters auf, da meine Eltern nicht verheiratet waren.

Ich habe nur die Grundschule besucht und war kein ausgesprochen guter Schüler. Ich hatte aber eine große künstlerische Begabung und ging bei dem Maler und Bildhauer Verrocchio in die Lehre.

Später war ich nicht nur Maler, sondern auch Forscher, Wissenschaftler, Ingenieur, Schriftsteller und Philosoph. Meine Erfindungen waren Flugmaschinen, Schleusen, Kugellager und Festungsanlagen. Großes Interesse hatte ich aber auch am Sezieren von Leichen, alle Ergebnisse hielt ich in Skizzen fest.

Mein berühmtestes Bild ist eine lächelnde Frau – weißt du ihren Namen? Dann ist dir mein Name sicher auch nicht unbekannt?

3 *Ihr habt einiges über das Leben der Indios erfahren. Stellt einen Cluster zusammen.*

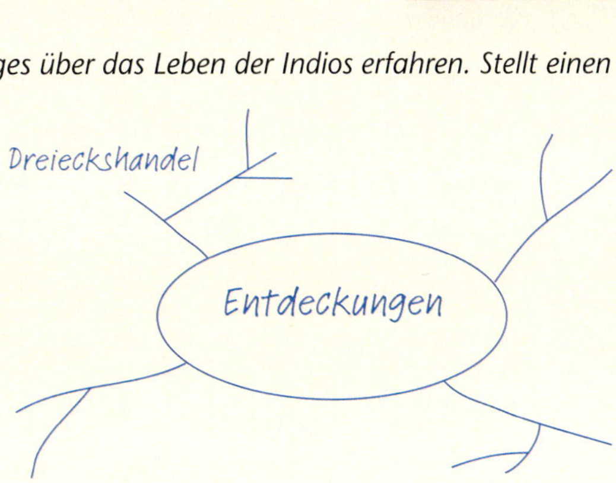

6. Reformation und Glaubenskriege

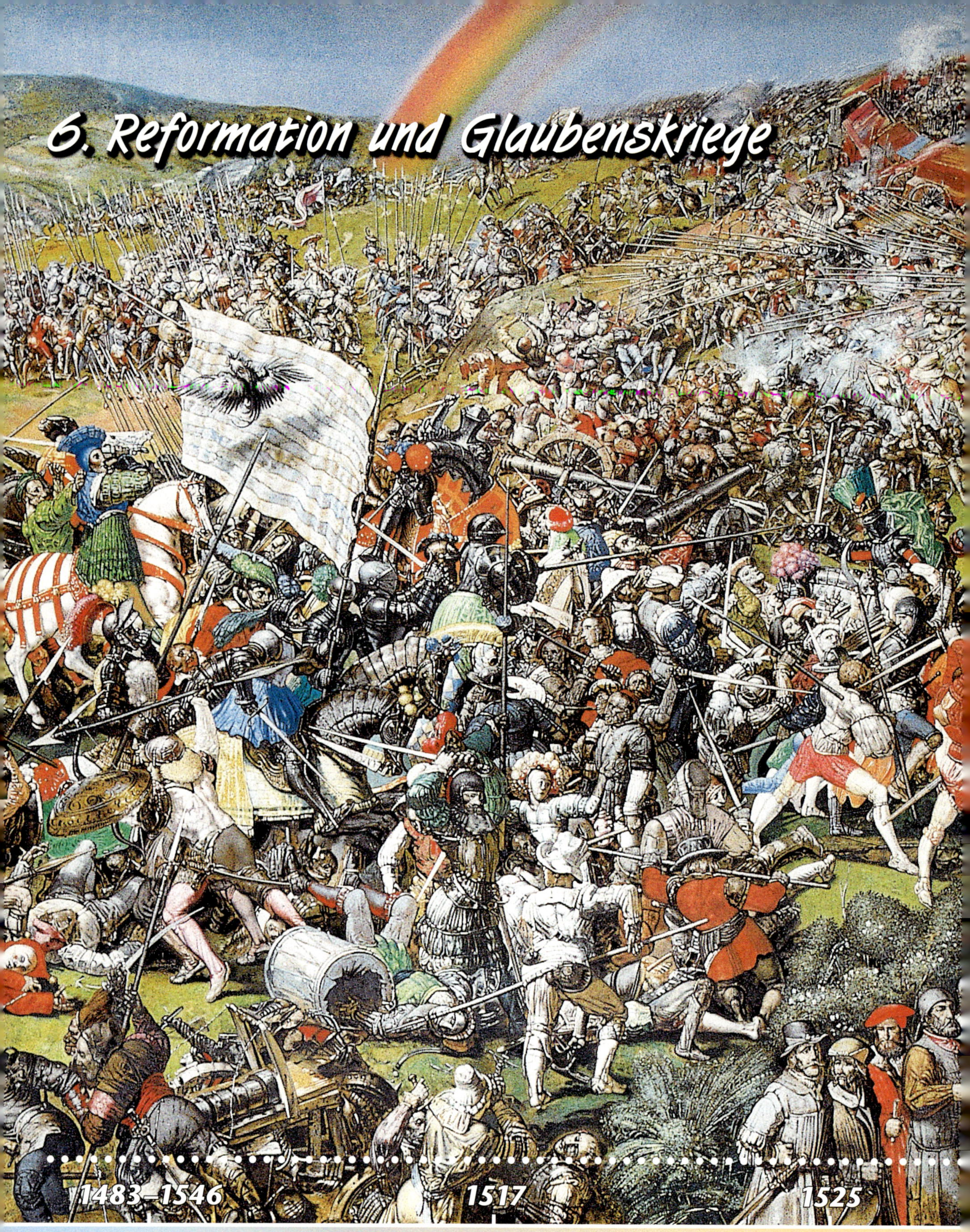

1483–1546 — MARTIN LUTHER

1517 — BEGINN DER REFORMATION

1525 — BAUERNKRIEG

Chaos und Durcheinander – diesen Eindruck vermittelt dieses Bild, das erst 1987 geschaffen wurde. Chaos herrschte tatsächlich in ganz Deutschland zu Beginn des 16. Jahrhunderts. Pest und Krieg bedrohten das Leben der Menschen und die Mehrheit der Bevölkerung litt unter Armut und besaß keine Rechte. Viele Menschen fragten sich, nach welchen Vorbildern sie sich überhaupt noch richten konnten. Sie protestierten gegen Missstände in der Kirche und die Forderung nach der Reformation (= Erneuerung) der alten Kirche war in aller Munde. Zur gleichen Zeit verschafften sich die Bauern Gehör; im ganzen Deutschen Reich kam es zum Aufstand des gemeinen Mannes gegen Unrecht und Leibeigenschaft. Die alte Welt, so schien es, war an ihr Ende gekommen …

1550–1650
HÖHEPUNKT DER HEXENVERFOLGUNG

1555
AUGSBURGER RELIGIONSFRIEDE

1618–1648
DREISSIGJÄHRIGER KRIEG

Am Vorabend der Reformation

1 Vorzeichen des Jüngsten Gerichts. Ausschnitte aus einem Altarbild von Wolfram Rinke aus der Liebfrauenkirche in Oberwesel, um 1500.

König Tod. *Darstellung aus einem Holzschnitt, um 1500.*

Höllenangst und Todesfurcht

Das 15. Jahrhundert war eine Zeit der Unsicherheit. Kriege, Pest, Seuchen und Hungersnöte bedrohten die Menschen mit dem baldigen Tod. Maler schufen zahlreiche Bilder vom Jüngsten Gericht*, wie es in der Bibel angekündigt ist. An vielen Orten traten Volksprediger auf. Sie verkündeten das Ende der Welt und forderten die Gläubigen zu Umkehr und Buße auf. Wer dem nicht folge, der habe schreckliche Höllenstrafen auszustehen.

In ihrer Not pilgerten die Menschen in großen Zügen zu den christlichen Wallfahrtsorten und beteten. Die Menschen glaubten, dass eine solche Wallfahrt zur Vergebung ihrer Sünden beitragen könne und ihnen möglicherweise einen Platz im Himmel verschaffen würde.

1 *Beschreibt die einzelnen Bilder von Abbildung 1. – Welche Ereignisse werden hier dargestellt? Beachtet auch die Reaktionen der Menschen. – Wovor fürchteten sie sich?*

Jüngstes Gericht*: *Begriff aus der Bibel für das Weltgericht Gottes. Es erfolgt am Ende der Welt mit der Auferstehung der Toten und der Vergeltung der guten und bösen Taten der Menschen.*

Am Vorabend der Reformation

2 **Nonnen und ein Abt überqueren auf dem Heimweg von einem Trinkgelage einen zugefrorenen See.** Auf dem Spruchband rechts oben steht: „Geschwollen und voll". Die Personen im Vordergrund fordern noch mehr zu trinken. Holzschnitt, um 1450.

Wallfahrer. *Rekonstruktionszeichnung.*

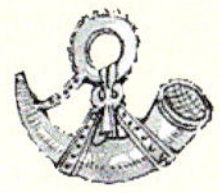

***Abzeichen aus Metall oder Stoff** kauften die Wallfahrer, wenn sie das Ziel ihrer Reise erreicht hatten. Sie wurden auf den Mantel genäht und bewiesen, dass der Pilger tatsächlich auf Wallfahrt gewesen war.*

Missstände in der Kirche

Trost, Hilfe und Hoffnung erwarteten die Menschen in ihrer Not und Angst von der Kirche. Doch viele Geistliche vernachlässigten ihre Aufgaben. Sie sorgten sich mehr um ihr eigenes Wohlergehen, kümmerten sich nicht um ihre Pflichten und führten ein ausschweifendes Leben.

Über diese Priester heißt es in einem Bericht:

Q1 … Vor allem die Bauern auf dem Lande drohen in aller Öffentlichkeit, sie wollten alle Pfaffen totschlagen. Sie sagen, dass die Priester so unpriesterlich und unordentlich leben, dass es wider den christlichen Glauben wäre, sie länger zu ertragen. Die Priester – so heißt es – liegen Tag und Nacht in den öffentlichen Wirtshäusern, trinken mit den Laien und lassen sich volllaufen. Sie machen dann Lärm, schlagen sich und raufen miteinander. Oftmals gehen sie nach solchem Trinken und Lärmen, ohne zu schlafen oder ins Bett zu gehen, zum Altar, um die Messe zu lesen …

Wie diese Priester, so kümmerten sich auch einige Bischöfe und Päpste mehr um weltliche Vergnügungen als um die Verkündigung des christlichen Glaubens.

In einer heutigen Darstellung über Papst Leo X. (1513–1521) heißt es:

Q2 … Leos Hofstaat mit 683 Menschen, vom Erzbischof bis zu den Hofnarren, erforderte Unsummen. Oft war Leo wochenlang auf Jagden, an denen bis zu 2000 Reiter teilnahmen, darunter Kardinäle, Spaßmacher und Hofschauspieler. Dauernd mussten bei ihm Komödien aufgeführt werden. Und im Karneval von 1521 wurden alle Regierungsgeschäfte überhaupt eingestellt, weil die Aufführung eines Balletts wichtiger war …

Zu der allgemeinen Lebensangst kam jetzt noch eine weitere Sorge hinzu: Konnte diese Kirche den Menschen überhaupt noch die Gnade Gottes vermitteln und für das Seelenheil sorgen? Der Ruf nach einer Reform der Kirche wurde immer stärker.

2 *Versetzt euch in die Situation der Menschen damals. Schreibt einen Brief an den Bischof, in dem ihr die Missstände in der Kirche benennt und außerdem sagt, welche Veränderungen ihr fordert.*

Ablasshandel: Geschäfte mit der Seele

1 Holzschnitt von Lucas Cranach zum Ablasshandel aus dem Jahr 1521. Der Text lautet: „Hier sitzt der Feind Christi, der Ablässe verkauft. Er befiehlt, seiner Stimme mehr zu gehorchen als der Stimme Gottes."

Buße*:
Das durch eigenes Verschulden gestörte Verhältnis zu Gott durch eine Strafe wieder gutmachen. In der Zeit des frühen Christentums war die auferlegte Buße oft sehr hart, z. B. mehrere Jahre lang bei Wasser und Brot fasten oder eine lange und anstrengende Wallfahrt auf sich nehmen.

Die Kirche handelt mit Ablassbriefen

Neben dem zügellosen Leben mancher Geistlichen, gab es auch noch zahlreiche andere Ärgernisse für die Gläubigen. So hatte man im Jahr 1506 in Rom mit dem Bau der Peterskirche begonnen. Sie sollte an Größe und Reichtum alle anderen Gebäude übertreffen. Um diesen Bau bezahlen zu können, schrieb der Papst einen Ablass aus. Mit einem Ablass werden nach katholischer Lehre die Strafen für begangene Sünden nachgelassen. Was aber bedeutet das?

Johann Tetzel *(1465–1519). Kupferstich.*

Ein Christ kann die Vergebung seiner Sünden erlangen, wenn er in der Beichte seine Sünden bekennt, aufrichtige Reue zeigt und bereit ist, Buße* zu tun.

Seit dem 11. Jahrhundert setzte sich der Brauch durch, an die Stelle dieser Buße eine bestimmte Geldsumme zu bezahlen. Wer diese Geldbuße leistete, erhielt den Ablassbrief. Damit wurde ihm der Nachlass der Sünden bestätigt.

Martin Luther *(1483–1546). Kupferstich.*

Johann Tetzel, ein Dominikanermönch, pries den Ablass mit den Worten:

Q1 … Du, Adliger, du, Kaufmann, du, Frau, du, Jungfrau, du, Braut, du, Jüngling, du, Greis! Wisse, dass ein jeder, der gebeichtet, bereut und Geld in den Kasten getan hat, eine volle Vergebung seiner Sünden haben wird. Habt ihr nicht die Stimmen eurer Verstorbenen gehört, die rufen: „Erbarmt euch, denn wir leiden unter harten Strafen und Foltern, von denen ihr uns gegen eine geringe Gabe loskaufen könnt." …

Bald hieß es im Volke nur noch: „Wenn das Geld im Kasten klingt, die Seele aus dem Fegefeuer springt."

1 *Seht euch Abbildung 1 an und erklärt die Darstellung.*

Martin Luther – Mönch und Theologe

Nicht alle Geistlichen waren mit den Reden Tetzels einverstanden. Zu den Gegnern Tetzels gehörte auch der Mönch und Theologieprofessor Martin Luther. Luther war im Jahr 1505 in das Kloster der Augustinermönche in Erfurt eingetreten. Immer wieder stellte er sich hier die Frage: Wird Gott mir Sünder gnädig sein? Gott, so hatte Luther als Kind gelernt, ist ein strenger und zorniger Richter über alle Sünder. Vor diesem Richter-Gott hatte er Angst.

In der folgenden Erzählung berichtet Luther von dieser Angst:

Q2 … Einmal dachte ich voll Schrecken daran, dass ich heimlich über Bruder Albertus gelacht hatte, der wieder während des Morgengebetes eingenickt war. In meiner Zelle kniete ich daraufhin nieder und bat Gott wegen dieser Sünde um Vergebung. Häufig geißelte ich mich, bis ich blutete, um Gott zu zeigen, wie ernst ich es meinte. Immer wieder tauchte das Bild über unserer Kirchentür auf und ich fragte mich voller Angst: Stünde ich jetzt vor Gottes Gericht, welche Strafe hätte ich wohl zu erwarten? …

2 *Arbeitet aus Q2 heraus, wie Luther versuchte, Gott gnädig zu stimmen.*

Wittenberger Thesen: Luther greift die Kirche an

2 Luthers Thesen gegen den Missbrauch des Ablasshandels werden an der Schlosskirche in Wittenberg angeschlagen. Lithografie, 1835.

Schlosskirche zu Wittenberg. *Holzschnitt von Lucas Cranach, 1509.*

Luther verurteilt den Ablasshandel

Seit 1512 lebte Luther in Wittenberg, hier hatte er eine Bibelprofessur an der Universität übernommen. In einer heutigen Darstellung heißt es:

M1 ... 1517 kamen etliche mit den gekauften Ablassbriefen zu Martin ... und beichteten. Als sie dabei aber sagten, dass sie weder von Ehebruch, Wucher noch unrechtem Gut und dergleichen Sünde und Bosheit ablassen wollten, da sprach sie Martin Luther nicht frei von ihren Sünden ... Da beriefen sie sich auf die Ablassbriefe. Diese wollte Luther nicht anerkennen. Er berief sich auf die Aussagen der Bibel: Wenn ihr eure Sünden nicht bereut und Buße tut, werdet ihr alle umkommen ...

3 *Vergleicht die Abbildungen in der Randspalte auf Seite 182. Erklärt, warum Tetzel den Geldkasten in der Hand hält, Luther die Bibel.*

Wittenberger Thesen

Am 31. Oktober 1517 veröffentlichte Luther in Wittenberg eine Schrift gegen den Missbrauch des Ablasses durch die Kirche:

Q3 ... 21. Es irren die Ablassprediger, die da sagen, dass durch des Papstes Ablässe der Mensch von aller Sündenstrafe losgesprochen und erlöst werde.

27. Eine falsche Lehre predigt man, wenn man sagt: Sobald das Geld im Kasten klingt, die Seele aus dem Fegfeuer springt.

32. Wer glaubt, durch Ablassbriefe das ewige Heil erlangen zu können, wird auf ewig verdammt werden samt seinen Lehrmeistern.

36. Jeder Christ, der wahrhaft Reue empfindet, hat einen Anspruch auf vollkommenen Erlass der Schuld auch ohne Ablassbrief.

43. Man soll die Christen lehren, dass, wer den Armen gibt und dem Bedürftigen leiht, besser tut, als wer Ablassbriefe kauft. ...

4 *Stellt eine Liste auf. Tragt in die linke Spalte ein, was Luther verurteilt, in die rechte, was er fordert.*

Luther wollte mit seinen 95 Thesen keine neue Glaubenslehre aufstellen, sondern Missstände aufdecken. Erst in den folgenden Streitgesprächen mit anderen Theologen zeigte sich, dass Luther nicht nur den Ablasshandel verwarf. Als man ihn aufforderte, die Autorität des Papstes in Glaubensdingen bedingungslos anzuerkennen, sagte er: Papst und Konzilien haben schon mehrfach geirrt. Für den Gläubigen verpflichtend ist allein das Wort Christi in der Heiligen Schrift. Der Papst kann keine endgültigen Entscheidungen in Glaubensfragen treffen.

Vor dem Reichstag in Worms: Luther wird angeklagt

1 Martin Luther vor dem Reichstag in Worms. Der Text auf dem unteren Bildrand lautet: „Hier stehe ich, ich kann nicht anders, Gott helfe mir. Amen." Kolorierter Holzschnitt, 1557.

Der Papst verhängt den Kirchenbann

Luthers Aussagen verbreiteten sich innerhalb kürzester Zeit in ganz Deutschland. Das war möglich, weil in vielen Orten neue Druckereien entstanden, die Luthers Schriften immer wieder nachdruckten.

Gegen diese Schriften wandte sich Papst Leo X. In einem Schreiben forderte er Luther auf, innerhalb von 60 Tagen seine Lehre zu widerrufen. Andernfalls werde über ihn der Kirchenbann verhängt.

Luther meinte dazu:

Q1 ... Was mich angeht, so sind die Würfel gefallen. Ich will nie und nimmer Versöhnung oder Gemeinschaft mit ihnen. Mögen sie meine Schriften verdammen und verbrennen, ich meinerseits werde das päpstliche Recht öffentlich verbrennen ...

Am 10. Dezember 1520 versammelten sich vor der Stadtmauer in Wittenberg Studenten und Professoren, unter ihnen auch Luther, um einen brennenden Scheiterhaufen. Sie verbrannten Bücher über das katholische Kirchenrecht und das Schreiben, in dem der Papst Luther mit dem Bann gedroht hatte.

1521 wurde Luther vom Papst gebannt. Der Kaiser war nun verpflichtet, über Luther die Reichsacht* zu verhängen. Auf Bitten seines Kurfürsten, Friedrichs des Weisen von Sachsen, erhielt Luther jedoch die Möglichkeit, sich vor dem Reichstag in Worms zu verteidigen.

„Hier stehe ich, ich kann nicht anders"

Die Reise nach Worms wurde für Luther zum Triumphzug. Überall winkten und jubelten ihm die Menschen zu. Am 18. April 1521 stand Luther schließlich vor dem Kaiser. Vor fast einhundert Fürsten des Reiches und weiteren einhundert Zuhörern ließ der Kaiser Luther auffordern, seine Schriften sofort zu widerrufen. Dieser bat um Bedenkzeit. Einen Tag später hielt er vor dem Kaiser eine Rede, in der er sich zu seinen Lehren bekannte und den Widerruf verweigerte. Unmittelbar nach dem Reichstag sprach der Kaiser die Reichsacht über Luther aus (Wormser Edikt vom 8. Mai 1521). Zudem wurde es ihm verboten, seine Lehren weiterhin öffentlich zu vertreten und zu verbreiten.

1 *Stellt Vermutungen darüber an, woher Luther die Sicherheit nahm, in Worms nicht zu widerrufen.*

Reichsacht*:
Bei schweren Verbrechen konnten der König oder ein vom König beauftragter Richter den Täter ächten. Dieser war damit aus der Gemeinschaft ausgestoßen und vogelfrei. Jeder hatte das Recht, ihn zu töten. Der Geächtete verlor seinen Besitz und wer ihn aufnahm, verfiel selbst der Reichsacht.

Eine neue Lehre entsteht

2 **Bild vom so genannten Reformationsaltar in Wittenberg.** Luther zeigt seiner Gemeinde die Grundlagen des neuen evangelischen Glaubens. Gemälde, 1547.

Entführung Luthers

Das kaiserliche Gebot hatte Luther freies Geleit für seine Rückkehr zugesichert. So gelangte er im Mai 1521 nach Möhra zu Verwandten. Dort wurde er auf Anweisung des sächsischen Kurfürsten Friedrich des Weisen zum Schein entführt und auf die Wartburg gebracht. Der Kurfürst wollte dadurch das Leben Luthers vor dem Papst und dem Kaiser schützen.

Junker Jörg übersetzt die Bibel

Luther lebte nun mehrere Monate unerkannt auf der Wartburg und wurde Junker Jörg genannt. Seinen Aufenthalt nutzte er, um einen Teil der Bibel, das Neue Testament, aus dem Lateinischen ins Deutsche zu übersetzen. Die Bibelübersetzung und die von Luther neu gedichteten Kirchenlieder sollten den evangelischen* Glauben allgemein verständlich machen. Doch noch gab es keine einheitliche deutsche Sprache, sondern nur verschiedene Mundarten. Luther gelang es, seine Übersetzung in eine Sprache zu fassen, die alle verstanden. Mithilfe des Buchdrucks wurde die Bibel zum meistgelesenen Buch in Deutschland.

Ausbreitung der Reformation

Das Wormser Edikt konnte die Reformation nicht aufhalten. Bücher, Flugblätter und Laienprediger verbreiteten Luthers Lehre. Überall dort, wo Luthers Anhänger den neuen Glauben predigten, waren Frauen unter den Zuhörern. Einige Frauen traten sogar öffentlich für die neue Lehre ein. Andere Frauen traten durch ihre Eheschließung mit Priestern und Mönchen für den neuen Glauben ein.
In den Heiratsurkunden über die Priesterehen werden diese Priester mit vollem Namen genannt, der Name der Frau fast nie oder nur ihr Vorname.

2 *Überlegt, welche Schlüsse man im Hinblick auf die Stellung der Frauen ziehen kann, wenn in den Heiratsurkunden ihr Name gar nicht oder nur der Vorname erwähnt wird.*

Evangelische Landeskirchen entstehen

Die deutschen Fürsten, die den neuen Glauben angenommen hatten, übernahmen in ihrem Gebiet die von Nonnen und Mönchen verlassenen Klöster und deren Grundbesitz. Luther forderte die Landesherren auf, sich um die evangelischen Gemeinden in ihrem Gebiet zu kümmern. Seiner Ansicht nach sollte der Landesherr auch Landesbischof sein. Seit dieser Zeit gibt es evangelische Landeskirchen. Ziele der neuen Landeskirchen waren: die Neugestaltung des kirchlichen Gottesdienstes, die Versorgung der Pfarreien mit ausgebildeten Pfarrern, die Verbesserung des Schulwesens und eine Erneuerung der Armenversorgung.

3 *Schildert, wie evangelische Landeskirchen entstanden und welche Ziele sie verfolgten.*

Luther als Junker Jörg. *Gemälde von Lucas Cranach, 1521.*

*Titelblatt des ersten Drucks der **Luther-Bibel**, 1534.*

evangelisch*:
Für Luthers Anhänger waren nicht der Papst und die Konzilien verpflichtend, sondern allein das Wort Christi in der Heiligen Schrift, dem Evangelium. Die Anhänger Luthers bezeichnete man daher als Evangelische.

Lesetipp:
Arnulf Zitelmann: „Widerrufen kann ich nicht". Die Lebensgeschichte des Martin Luther. Beltz & Gelberg, Weinheim 2004.

1 **Martin Luther unter der Taube.** Holzschnitt von Hans Baldung Grien, 1521.

„Eine fliegende Bilderwelt" – so werden in einer modernen Darstellung die Flugblätter genannt.

Und weiter heißt es hier:

M1 ... Flugblatt und Flugschrift sind die Vorgänger unserer Zeitungen und Illustrierten. Sie dienten, wie diese heute, seit dem Anfang des 16. Jahrhunderts der Information, der Propaganda, der Polemik, der Erbauung und Unterhaltung. Ihre Hersteller waren die Briefmaler, Formschneider und Kupferstecher. Unter einem Briefmaler verstand man ursprünglich einen Handwerker, der zu einem kurzen Text eine Zeichnung lieferte und diese kolorierte. An seine Stelle traten später der Formschneider, der die Vorzeichnung eines Künstlers auf einen Holzstock, und der Kupferstecher, der sie auf eine Metallplatte übertrug und auf diese Weise vervielfältigte. War die Flugschrift zum Lesen bestimmt, so war bei den Einblattdrucken der „fliegenden Blätter" das Bild meist die Hauptsache. Sie waren eine Art „Bild-Zeitungen", die auch der Analphabet mit einiger Nachhilfe zu „lesen" verstand. ...

Seit Beginn der Reformation wurden im Streit um den rechten Glauben zahllose Flugblätter eingesetzt. Manche kann man auch heute noch relativ gut verstehen, andere hingegen verwenden Hinweise oder auch Symbole, die wir erst entschlüsseln müssen.
Wie man dabei vorgehen kann, zeigen die folgenden Hinweise:

1. Schritt:
Von wem stammt das Flugblatt?

Um ein Flugblatt zeitlich einordnen zu können, müssen wir herausfinden, wer es verfasst oder wer den Holzschnitt auf dem Flugblatt angefertigt hat. Falls der Verfasser nicht bekannt ist, versuchen wir zu klären, wessen Interessen der Verfasser/Künstler vertrat: War er z. B. Protestant oder Katholik, Bauer oder Adliger, Kaiser oder Landesfürst?

Methode: Flugblätter als Propagandamittel

2. Schritt: Was ist das Thema des Flugblatts?

Diese Frage lässt sich bei einigen Flugblättern leicht mithilfe der Überschrift beantworten. Bei anderen müssen wir erst genauer den Bildinhalt oder, wenn vorhanden, den Text studieren und herausfinden, wer oder was gemeint war.

- Sind bekannte Personen zu erkennen?
- Ist ein Ort oder ein Ereignis dargestellt?
- Was ist in dem genannten Jahr geschehen?

3. Schritt: Wie ist das Flugblatt gestaltet?

Flugblätter waren teils sehr einfache und schnell gefertigte Blätter, die nur der sofortigen Information dienten. Andere wurden künstlerisch gestaltet und ihr Inhalt war tiefgründiger, manchmal spöttisch, manchmal entlarvend.

- Wie wurden die Personen dargestellt?
- Welche Symbole (z. B. Lorbeerkranz) wurden verwendet?
- Wurden Tiere benutzt, um menschliche Eigenschaften, Schwächen oder Stärken auszudrücken?
- Wie sind die Größenverhältnisse?
- Was soll groß und mächtig und was klein und hilflos oder unbedeutend wirken?
- Was geschieht im Hintergrund?

2 **Luthers Ketzerspiel.** Flugblatt mit Holzschnitt von einem unbekannten Künstler, 1520 oder etwas später.

4. Schritt: Welche Wirkung soll das Flugblatt erzielen?

Mit dem Druck von Flugblättern wurden auch politische Ziele verfolgt. Gerade in der Zeit der Reformation und des Dreißigjährigen Krieges sollte für die eigenen Interessen und Standpunkte geworben und der Gegner nach Möglichkeit bloßgestellt werden.

1 *Seht euch die beiden Flugblätter genau an. Beschreibt zunächst, was ihr seht, und versucht dann die Bilder zu erklären.*

2 *Versucht selbst ein Flugblatt zu entwerfen, entweder über die Reformation oder über ein Ereignis aus unserer Zeit.*

Von der Reformation zum Bauernkrieg

1 **Bauern beim Frondienst in der Scheuer (Scheune) eines Gutsherrn.** Kalenderbild für den Monat August von Hans Wertinger, um 1525.

Unruhe auf dem Land

Die Bauern fühlten sich durch den Erfolg der Reformation ermutigt, für bessere Lebensbedingungen zu kämpfen. Bereits 1520 hatte Luther eine Schrift veröffentlicht mit dem Titel: „Von der Freiheit eines Christenmenschen". Der Christ, so hatte Luther geschrieben, ist im Glauben nur an das Wort Gottes gebunden, sonst aber ein freier Herr und niemandem untertan. Die unterdrückten Bauern bezogen diese religiöse Aussage auf ihr Leben. Nicht nur die Kirche musste reformiert werden, auch ihr Leben sollte von Zwang und Willkür befreit werden.

Die Lage der Bauern

Im Deutschen Reich lebten zur Zeit Luthers etwa 16 Mio. Menschen, mehr als 12 Mio. davon waren Bauern. Ihre Situation hatte sich im 15. und 16. Jahrhundert drastisch verschlechtert. In einem Bericht aus dem Jahr 1520 heißt es über die Lage der Bauern:

Q1 … Landleute heißen die, die das Land von Dorf zu Dorf und Hof zu Hof bewohnen und bebauen. Sie führen ein elendes und hartes Leben. Jeder von ihnen lebt demütig für sich, von anderen getrennt, mit seiner Familie und seinem Vieh. Ihre Wohnungen sind aus Lehm und Holz errichtete und mit Stroh bedeckte Hütten, die nur wenig über dem Erdboden hervorragen.
Hausbrot, Haferbrei, gekochtes Gemüse sind ihre Speisen; Wasser und geronnene Milch ihre Getränke, ein leinener Kittel, ein Paar Stiefel, ein farbiger Hut ihre Kleidung. Die Leute stecken alle Zeit in Arbeit, Unruhe und Dreck. In die benachbarten Städte schleppen sie zum Verkauf, was sie von ihren Feldern und ihrem Vieh gewinnen. Sie selbst kaufen sich dort, was sie eben brauchen … Den Herren müssen die Bauern oftmals im Jahr dienen: Das Feld beackern, säen, ernten und die Frucht in die Scheuern bringen, Holz fällen, Häuser bauen, Gräben ausheben. Es gibt nichts, wovon die Herren nicht behaupten, dass das geknechtete und arme Volk es ihnen nicht schulde. Die Leute können auch nicht wagen, einen Befehl nicht auszuführen, da sie dann schwer bestraft werden …

1 *Beschreibt Tätigkeiten und Haltung der Bauern und des Grundherrn auf Abbildung 1. Überlegt, mit welchen Bedingungen die Bauern wohl besonders unzufrieden waren.*

Der Bauernkrieg

2 Aufrührerische Bauern umringen einen Ritter.
Holzschnitt.

1525:
Der Kürschnergeselle Sebastian Lotzer fasst die wichtigsten Forderungen der Bauern in zwölf Artikeln zusammen.

Der Sturm bricht los

Immer wieder war es im 15. Jahrhundert zu Bauernaufständen gekommen. Doch den Fürsten und Herren war es gelungen, die örtlich begrenzten Aufstände niederzuschlagen. Der offene Aufruhr der Bauern begann 1524 im Südwesten. Seit der Jahreswende 1525 dehnten sich die Aufstände über das Deutsche Reich aus. In „12 Artikeln" hat der Memminger Kürschnergeselle Sebastian Lotzer die Klageschriften der Bauern zusammengefasst:

Q2 … 1 Zum Ersten ist unser demütig Bitte und Begehr, dass in Zukunft jede Gemeinde ihren Pfarrer selbst wählen und auch wieder absetzen kann …

3 Zum Dritten ist es bisher Brauch gewesen, uns als Leibeigene zu halten, was zum Erbarmen ist … Es ergibt sich aus der Hl. Schrift, dass wir frei sind, und wir wollen es sein. Nicht, dass wir völlig frei sein und keine Obrigkeit haben wollen; das lehrt uns Gott nicht …

6 Die Frondienste müssen verringert werden.

11 Witwen und Waisen darf der Grundherr nichts von ihrem Erbe nehmen.

12 Sollte eine unserer Forderungen der Hl. Schrift widersprechen, wollen wir sie sofort fallen lassen …

2 *Der dritte und der letzte Artikel in Q2 zeigen den Einfluss Luthers. Erklärt diese Behauptung.*

Luther unterstützt die Herren

Da die adligen Herren nicht an Verhandlungen interessiert waren, griffen die Bauern zu den Waffen. In Schwaben, im Elsass, in Franken und Thüringen kam es zu blutigen Aufständen. Auf ihrer Seite, so glaubten die Bauern, stand Martin Luther mit seiner neuen Lehre. Im April 1525 äußerte sich Luther zu den „12 Artikeln":

Q3 … Die 12 Artikel handeln alle von weltlichen, zeitlichen Dingen. Ihr sagt, dass ihr nicht länger Unrecht leiden wollt. Das Evangelium handelt nicht von diesen weltlichen Dingen. Ihr Bauern habt gegen euch die Hl. Schrift und die Erfahrung, dass ein Aufruhr noch nie ein gutes Ende genommen hat. Denkt an das Wort der Bibel (Matth. 26, 52): Wer das Schwert nimmt, soll durch das Schwert umkommen …

3 *Arbeitet aus Q3 heraus, wie Luther seine ablehnende Haltung gegenüber den Bauern begründet.*

Die Niederlage der Bauern

Der Kampf zwischen Bauern und Herren dauerte nur wenige Wochen. Trotz verzweifelter Gegenwehr wurden die Bauern vernichtend geschlagen. Etwa 70 000 Bauern kamen ums Leben. Aus Sorge vor neuen Aufständen ließen die Herren die Forderungen der Bauern untersuchen und die schlimmsten Missstände abstellen.

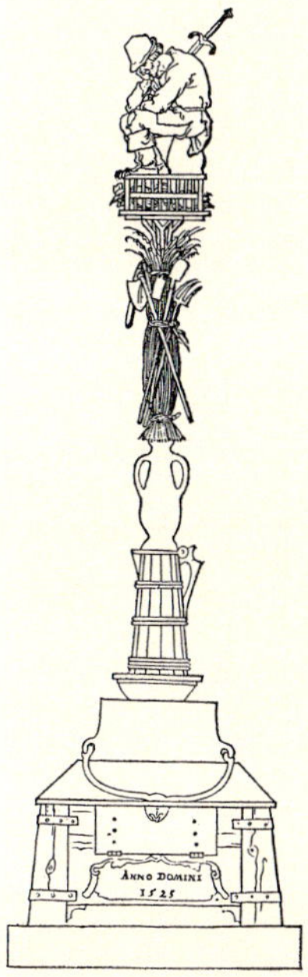

Bauernkriegssäule, *die Albrecht Dürer 1525 entwarf und mit der er die Niederlage der Bauern beklagte.*

Die Reformation breitet sich aus

1 **Titelblatt der Bibelübersetzung von Martin Luther.** Gedruckt von Hans Lufft in Wittenberg, 1541.

Das Konzil von Trient

Die Erfolge der Reformation veranlassten die katholische Kirche zu Gegenmaßnahmen. Der Papst berief deshalb 1545 eine große Kirchenversammlung, ein Konzil, nach Trient ein.

Zu Beginn des Konzils ließ der Papst durch seinen Gesandten eine Botschaft verlesen:

Q1 … Es werden, um es kurz und bündig zu sagen, für das Konzil folgende Aufgaben gestellt:
- die Ausrottung der kirchlichen Irrlehren,
- die Reform der kirchlichen Disziplin und Sitten, schließlich
- der ewige Friede der ganzen Kirche …

1 *Sagt mit eigenen Worten, welche Aufgaben das Konzil nach Meinung des Papstes haben sollte.*

Kaiser Karl V. hatte 1521 in Worms geschworen (s. S. 184), die Einheit der Kirche zu erhalten und gegen Luther und seine Lehre vorzugehen. Als sich die evangelischen Reichsfürsten weigerten, an dem Konzil teilzunehmen, entschloss sich der Kaiser zum militärischen Einschreiten. Bei Mühlberg in Sachsen konnte er sie zwar besiegen, doch die evangelischen Reichsfürsten lehnten eine Rückkehr zum katholischen Glauben auch weiterhin ab.

Auf dem Reichstag zu Augsburg 1555 wurde schließlich folgende Einigung erzielt:
- Das katholische und das lutherische Bekenntnis sind gleichgestellt.
- Jeder Landesherr kann frei wählen, ob er katholisch bleiben oder evangelisch werden möchte.
- Die Untertanen müssen den Glauben ihres Landesherrn annehmen.
- Untertanen, die nicht die Konfession* ihres Landesherrn annehmen wollen, müssen auswandern.

Karl V. hatte sein Ziel, die Einheit der Christenheit, nicht erreicht. 1556 dankte er ab.

2 *Erklärt die Folgen des Augsburger Religionsfriedens mithilfe der Karte 2. Überlegt, welche Schwierigkeiten dem Einzelnen durch die Augsburger Regelung entstehen konnten.*

3 *Sucht in eurem Atlas nach Staaten, in denen eine Religion vorherrscht.*

Konfession*: *Glaubensbekenntnis.*

Kaiser Karl V. *(1519–1556). Gemälde von Tizian, 1548.*

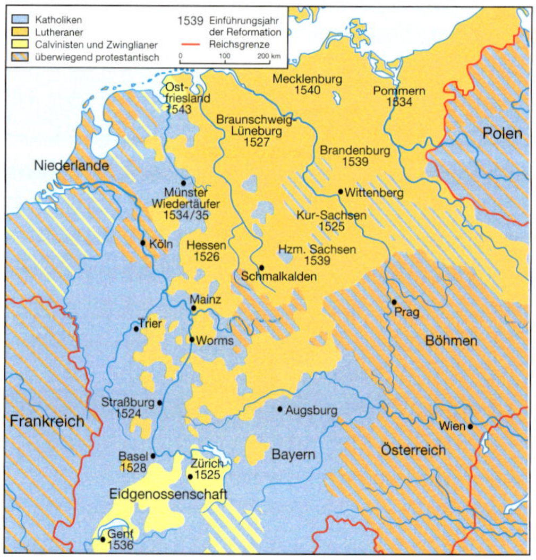

2 **Konfessionen in Deutschland und Mitteleuropa 1555.**

Die Reformation breitet sich aus

3 **Das Licht ist auf den Leuchter gestellt.** Holländischer Kupferstich, 1617. Um den Tisch sitzen neben Luther (E) und Johannes Calvin (H) noch weitere bedeutende Reformatoren.

Calvin und der Genfer Gottesstaat
Johannes Calvin (1509–1564) gilt als einer der großen Reformatoren in Europa. In Genf, das er zu einem „protestantischen Rom" machen wollte, führte er eine strenge Kirchenordnung ein. Verboten waren zum Beispiel Wirtshausbesuche und Tanzveranstaltungen, Würfel- und Kartenspiele. Ein Sittengericht überwachte die Einhaltung der Ordnung. Verstöße wurden hart bestraft.
Calvin fand in Westeuropa zahlreiche Anhänger. In Schottland und England nannten sie sich Puritaner, in Frankreich hießen sie Hugenotten, ein Wort, das zunächst Verachtung ausdrücken sollte.

4 *Was bedeutet der Satz auf Abbildung 3 „Das Licht ist auf den Leuchter gestellt"?*

Jesuiten: rechter Glaube durch Bildung
Die Aufgabe, ein weiteres Vordringen der Reformation zu verhindern, übernahm vor allem der Jesuitenorden, gegründet von dem spanischen Offizier Ignatius von Loyola. Seine Mitglieder bezeichneten sich als „Soldaten Christi".

Ignatius schrieb im Jahr 1545:
Q2 … Die Protestanten verstehen es, ihre falsche Lehre mundgerecht zu machen, indem sie ihre Lehren in den Schulen verkünden und kleine Heftchen unter das Volk bringen, die leicht zu verstehen sind. Somit wäre die Errichtung von Schulen … das beste Mittel, um der katholischen Kirche zu Hilfe zu kommen …

Wie erfolgreich ihr Wirken war, zeigt ein Brief des Statthalters in den Niederlanden an seinen König:
Q3 … Eure Majestät haben den Wunsch geäußert, dass ich in Maastricht eine Zitadelle* bauen lassen soll. Ich war der Meinung, dass eine Jesuitenkirche viel geeigneter sei zur Verteidigung der Einwohner gegen die Feinde des Altars und des Thrones. Deshalb habe ich eine Schule bauen lassen …

5 *Was meinte der Statthalter mit dem Hinweis, dass eine Schule zur Verteidigung gegen die Feinde des Altars und des Thrones viel geeigneter sei als eine Zitadelle?*

Ignatius von Loyola *(1491–1556) gründete 1540 den Jesuitenorden. Gemälde von Jacopino del Conte, 1556.*

Zitadelle*: *Festung innerhalb einer Stadt.*

24. August 1572: *In Paris wurden fast 20 000 Hugenotten bei der so genannten Pariser Bluthochzeit ermordet.*

Religiöse Intoleranz*: ...

Intoleranz*: *Unduldsamkeit gegenüber Andersdenkenden; andere Meinungen bzw. Haltungen nicht gelten lassen.*

1 **Hexereivorstellungen: Teufelsbuhlschaft, Wetterzauber, Hexensabbat.** Holzschnitt.

Glaube an Zauberei und Hexen

Seit jeher glaubten die Menschen an Zauberei und Hexen, an Geschichten von Wetterzauber, Liebestränken oder Heil- und Schadenszauber*.

Die Kirche des Mittelalters und nach der Reformation die verschiedenen christlichen Konfessionen verdammten diesen Aberglauben. Frauen und Männer, die für Hexen oder Zauberer gehalten wurden, wurden grausam verfolgt.

Schadenszauber*: *Ein Zauber, der Menschen oder Tieren Schaden zufügt.*

„Hexenhammer"

Die Kirche glaubte, Hexen hätten einen Vertrag mit dem Teufel geschlossen, um übernatürliche Kräfte zu bekommen. Um das Hexenwesen zu bekämpfen, beauftragte der Papst die Dominikanermönche Heinrich Kramer und Jacob Sprenger als Inquisitoren* für Deutschland.

1487 veröffentlichten sie ein Buch, den so genannten „Hexenhammer". Hier gaben sie ganz genaue Anweisungen zum Ablauf von Hexenprozessen. Der Hexenhammer stellte vor allem Frauen als Hauptverdächtige dar, denn, so behaupteten sie, Frauen seien von Natur aus schwach und würden daher schneller den wahren Glauben ableugnen.

Etymologie*: *Lehre vom Ursprung der Wörter.*

Inquisitor*: *Richter eines katholischen Gerichts, das gegen Ketzer (Abtrünnige) vorgeht.*

Im Hexenhammer wird über die Frauen gesagt:

Q1 … Bezüglich des ersten Punktes, warum in dem so gebrechlichen Geschlechte der Weiber eine größere Menge Hexen sich findet als unter den Männern …, können wir bei genauerer Prüfung der Ursache … sagen, dass, da sie in allen Kräften der Seele wie des Leibes, mangelhaft sind, es kein Wunder ist, wenn sie gegen die, mit denen sie wetteifern, mehr Schandtaten geschehen lassen …

Auch die Etymologie* des Wortes sagt: Das Wort „femina" nämlich kommt von „fe" und minus (fe = fides = Glaube, minus = weniger, also femina = die weniger Glauben hat). Also schlecht ist das Weib von Natur, da es schneller am Glauben zweifelt, auch schneller den Glauben ableugnet, was Grundlage für die Hexerei ist …

1 *Nennt Gründe der Hexenverfolgung.*

2 *Findet heraus, warum die Frauen der Meinung der Autoren nach anfälliger für die Hexerei sind.*

3 *Gebt an, wie die Verfasser die angebliche Schlechtigkeit der Frauen begründen.*

4 *Überlegt, woher diese Einstellung Frauen gegenüber kommen könnte.*

2 **Hexenverbrennung in Derneberg (Harz) 1555.** Kolorierter Stich, 16. Jahrhundert.

Hexenprozesse

Ein Hexenprozess kam schnell in Gang. Meist reichte schon eine anonyme Anzeige. Die Beschuldigten wurden sofort gefangen genommen und in den Kerker geworfen. Im Prozess wurden sie verhört. Stritten sie die Vorwürfe ab, wurden sie der Folter und Hexenproben* unterzogen. Unter den Qualen gestanden die meisten, Verbrechen begannen zu haben. Überstanden Angeklagte die Folter ohne Schuldbekenntnis, waren sie frei, alle anderen wurden zum Tod durch Verbrennen verurteilt.

Drei Viertel aller Hingerichteten waren Frauen. Besonders gefährdet waren ältere, arme Frauen. Gerade in Krisenzeiten wurden Personen, die niemanden hatten, der sie beschützte, schnell für Unglück und Leid verantwortlich gemacht und der Hexerei verdächtigt.

5 *Prüft, welche Chancen Angeklagte bei einem Hexenprozess hatten. Beachtet dabei auch die Hexenproben.*

Widerstand gegen Hexenprozesse

Der Jesuit Friedrich von Spee aus Kaiserswerth bei Düsseldorf kritisierte die Hexenprozesse. 1631 schrieb er:

Q2 … Häufig sind die Richter, denen die Hexenprozesse anvertraut werden, schamlose, niederträchtige Menschen; die Folter wird oft übermäßig und grausam angewandt; viele Indizien sind unzuverlässig und gefährlich … Man kann nicht alles Ärgernis aus der Welt schaffen, man muss vieles geschehen lassen, was sich nicht gut ändern lässt. Es ist besser, dreißig und noch mehr Schuldige laufen zu lassen, als auch nur einen Unschuldigen zu bestrafen … Die Gefolterten sagen zu allem ja, und weil sie dann nicht zu widerrufen wagen, müssen sie alles mit dem Tode besiegeln …

6 *Fasst die Gründe zusammen, die Friedrich von Spee gegen die Prozesse vorbringt.*

Friedrich von Spee trug dazu bei, dass die Hexenprozesse nach und nach eingestellt wurden. 1782 fand in der Schweiz die letzte Hexenverbrennung statt. Bis dahin waren in Europa etwa 40 000 bis 60 000 Menschen dem Hexenwahn zum Opfer gefallen, davon schätzungsweise 25 000 im Deutschen Reich.

Hexenproben*:

Wasserprobe:
Eine „Hexe" wird gefesselt ins Wasser geworfen. Wenn sie nicht untergeht, ist der Beweis erbracht, dass sie mit dem Teufel im Bunde ist.

Nadelprobe:
Alle Muttermale am Körper eines Angeklagten werden aufgestochen. Bluten sie nicht, hat er ein Hexenmal und ist schuldig. Bluten sie, wird ihm unterstellt, er hätte sich vom Teufel kein Hexenmal machen lassen.

Wiegeprobe:
Das Gewicht einer „Hexe" wird geschätzt, dann wird sie gewogen. Wenn sie deutlich leichter ist, ist sie des Verbrechens überführt.

Lesetipp:
Ingeborg Engelhardt: Hexen in der Stadt. dtv, München 1979.

Leif Esper Andersen: Hexenfieber. dtv, München 1979.

Der Dreißigjährige Krieg

1 **Der Prager Fenstersturz am 23. Mai 1618.** Gemälde von Wenzel v. Brozik, 1889.

1618: Prager Fenstersturz.
Er ging für die kaiserlichen Beamten zwar glimpflich aus, wurde aber zum zündenden Funken für den Dreißigjährigen Krieg.

Kriegsausbruch
Im Frieden von Augsburg (siehe S. 190) wurden Lutheraner und Katholiken als gleichberechtigt anerkannt. Doch das Misstrauen blieb auf beiden Seiten bestehen. Zur Verteidigung ihrer Interessen schlossen sich 1608 die evangelischen Fürsten in einem Bündnis, der Union, zusammen. Nur ein Jahr später bildeten die katholischen Fürsten ein Gegenbündnis: die Liga. Katholische und evangelische Fürsten standen sich nun, tief verfeindet, gegenüber.
Beide Bündnisse stellten Heere auf und suchten nach Verbündeten: Das katholische Frankreich unterstützte, aus Furcht vor dem deutschen Kaiser, die Union. Spanien, mit Frankreich verfeindet, unterstützte die Liga.
Im Jahr 1617 ereignete sich in Prag ein eigentlich eher belangloser Zwischenfall: Protestanten errichteten eine Kirche auf einem Grundstück, das Katholiken gehörte. Es kam zu einem Prozess, den die Protestanten verloren. Die Kirche musste 1618 wieder abgerissen werden.
Voller Empörung drangen protestantische Adlige in die königliche Burg, den Hradschin, ein und warfen voller Zorn zwei hohe Beamte und ihren Sekretär aus dem Fenster.
Dieser Vorfall heizte die ohnehin schon äußerst gespannte Stimmung im Reich noch weiter an. Es genügte jetzt nur noch ein kleiner Funke, um den Kriegsausbruch herbeizuführen. Nur ein Jahr später war es so weit. Kaiser Ferdinand II., zugleich auch König von Böhmen, schränkte die Glaubensfreiheit der protestantischen Adligen in Böhmen erheblich ein. Die böhmischen Adligen setzten Ferdinand daraufhin als König ab. An seiner Stelle wählten sie Kurfürst Friedrich von der Pfalz zu ihrem König. Kaiser Ferdinand, der um sein Ansehen und seine Macht fürchtete, gab die Parole aus: „Ich will lieber ein verwüstetes als ein verdammtes Land." Mit dem Kampf um die Vorherrschaft in Böhmen begann ein Krieg, der dreißig Jahre dauern sollte.

1 *Fertigt in den nächsten Wochen eine Wandzeitung für euer Klassenzimmer an mit dem Thema: „Religionskriege heute". – Erklärt mithilfe von Bildern und Texten, bei welchen Kriegen auch heute noch religiöse Fragen eine wichtige Rolle spielen.*

Werkstatt Geschichte: Stellungnahme zum Krieg

In den folgenden Materialien findet ihr Stellungnahmen zum Krieg. Sie drücken sinngemäß aus, was Wissenschaftler aus Quellen erarbeitet haben.

1 *Untersucht die Materialien 1 bis 7 und stellt fest, welches Kriegsziel jeweils genannt ist bzw. welche Einstellung zum Krieg der Sprecher äußert.*

2 *Versucht die Frage zu beantworten, ob es sich bei dem Dreißigjährigen Krieg um einen Glaubenskrieg handelt oder um politische Machtkämpfe.*

Ich kann nicht zulassen, dass die Fürsten immer mächtiger werden. Zuerst wollen sie über die Religion alleine bestimmen und demnächst wollen sie selbstständig sein. Da wird mein großes Reich, das ich von meinen Vätern geerbt habe, schnell auseinander fallen. Denen muss ich ein für allemal zeigen, dass der Kaiser das Sagen hat. Ein Kaiser – eine Religion!

1 Kaiser Ferdinand II.

Bisher war Ferdinand König von Böhmen. Aber der kümmerte sich nicht darum, dass die Adligen in Böhmen das Recht hatten, bei der Regierung kräftig mitzubestimmen. Er hat sogar die Bauern auf seinen Gütern gezwungen, den katholischen Glauben anzunehmen. Da haben die böhmischen Adligen mich zu ihrem König erwählt. Diese Chance lasse ich mir nicht entgehen.

2 Friedrich von der Pfalz, genannt der „Winterkönig"

Wir Schweden werden in den deutschen Krieg eingreifen. Schließlich müssen wir unsere Glaubensbrüder, die Protestanten, unterstützen. Und außerdem ist das eine gute Gelegenheit, ein Stück Land dazu zu bekommen. Wir sind an Norddeutschland interessiert.

3 König Gustav Adolf von Schweden

Dieser Krieg ist für Frankreich eine gute Gelegenheit, dafür zu sorgen, dass die Familie Ferdinands, die Habsburger, ihre Macht in Europa nicht noch weiter ausbauen. Für uns ist es günstig, wenn wir uns mit Schweden zusammentun. Der Gustav Adolf ist zwar Protestant, aber was soll's. Vielleicht können wir ja das Gebiet am Rhein erobern.

4 Kardinal Richelieu

Ich will keinen Krieg! Wir Bauern wollen nur in Ruhe unsere Felder bestellen. Die Soldaten nehmen uns alles, die Vorräte und das Vieh. Viele von uns verhungern. Der Krieg wird auf unseren Rücken ausgetragen. Wir sind es doch, die die Zeche der hohen Herren bezahlen müssen.

5 Ein Bauer

Mein Mann war Händler. Er ist auf dem Weg nach Koblenz von Soldaten totgeschlagen worden. Die Waren und seinen Geldbeutel haben sie mitgenommen. Ich stehe jetzt mit meinen sieben Kindern ganz alleine da und weiß nicht, wie es weitergehen soll.

6 Eine Bürgerin

Für mich ist es gut, wenn es Krieg gibt. Viele Eroberungen bedeuten viel Beute und deshalb gutes Einkommen. Schließlich muss der Krieg den Krieg ernähren. Ich bete nur immer, dass ich nicht verletzt werde, denn dann sorgt keiner für mich.

7 Ein Söldner

Der Dreißigjährige Krieg – ein europäischer Krieg?

Werbetrommler *lockten die Armen in die Söldnerarmeen.*

Musketier *mit Muskete und Stützgabel.*

1 **Söldner plündern einen Bauernhof.** Gemälde von Sebastian Vrancx, um 1620.

Kinderlieder aus dem Dreißigjährigen Krieg:

Maikäfer, flieg!
Dein Vater ist im Krieg.
Mutter ist im Pommerland,
Pommerland ist abgebrannt.
Maikäfer, flieg!
(norddeutsch)

Der Schwed is komme,
Hat alles mitgenomme,
Hat d'Fenster eingschlage
Und's Blei davontrage,
Hat Kugle draus gosse
und d'Bauer tot gschosse.
Bet, Kindle, bet,
Jetzund kommt der Schwed.
(badisch)

Krieg und Elend überziehen das Land

Fast 30 Jahre lang zogen deutsche, schwedische und französische Truppen durch Deutschland, plünderten, folterten und mordeten, steckten Dörfer und Städte in Brand. „Nehmen wir's nicht, so nimmt's der Feind" – nach dieser Devise handelten die Soldaten und verwüsteten, zerstörten oder schleppten hinweg, was immer sie bekommen konnten.
Durch die niedergebrannten Felder brach die Versorgung der Städte mit Lebensmitteln zusammen. Schnell breiteten sich Seuchen im Land aus.

Voller Verzweiflung heißt es in einem damaligen Bericht:

Q1 … Der wirtschaftliche Niedergang, ja Untergang der meisten deutschen Städte war aber nicht allein durch Brandschatzung, Plünderung und Brand hervorgerufen, sondern ebenso sehr, wenn nicht mehr, durch Hunger und Seuchen. Sie wüteten in ihren Mauern entsetzlicher als Kugel und Schwert. In Augsburg schoss man bei einer Belagerung 1634 jeden Vogel aus der Luft, der zur Stadt flog. Als alle gewöhnlichen Nahrungsmittel aufgezehrt waren, verkaufte man auf den öffentlichen Brücken Fleisch von Hunden, Pferden, Katzen. Die armen Leute, denen auch das noch zu kostbar war, kochten sich Leder, speisten Ratten und Mäuse. Der wütende Reiz des Hungers vertilgte zuletzt den Schauder vor faulendem Aas und die Gier verschmähte selbst das Fleisch menschlicher Leichname nicht. Es wandelten lebendige Gerippe in verblichener Menschengestalt auf den Gassen und priesen das Glück der Toten …

Man schätzt heute, dass auf dem Land etwa 40 Prozent der Dorfbewohner dem Krieg, Hunger und Seuchen zum Opfer fielen. In manchen Städten Südwestdeutschlands ging die Bevölkerungszahl gar um 70 bis 80 Prozent zurück.

1 *Beschreibt mithilfe von Text und Abbildung 1 die Leiden der Bevölkerung.*

2 *Erkundigt euch, ob es auch in eurem Heimatort Spuren des Dreißigjährigen Krieges gibt.*

Der Dreißigjährige Krieg – ein europäischer Krieg?

2 **Der Friedensbote von Münster.** Kolorierter Holzschnitt von Max Anton Hannas, 1648.

1648:
Der Westfälische Friede beendet den Dreißigjährigen Krieg.

Westfälischer Friede

Keine der am Krieg beteiligten Parteien konnte den Krieg auf den Schlachtfeldern gewinnen. Das Land war ausgeblutet, die Heere erschöpft. Im Jahr 1643 begannen endlich die Friedensverhandlungen. Doch erst fünf Jahre später wurde der Friedensvertrag unterzeichnet. Dieser Friede hatte für das Deutsche Reich tief greifende Folgen:

- Die Rechte des Kaisers wurden stark eingeschränkt. Wollte der Kaiser im Reich neue Gesetze erlassen oder Steuern erheben, brauchte er dazu die Zustimmung der Fürsten.
- Die Fürsten wurden politisch völlig selbstständig. Damit zerfiel das Deutsche Reich in 300 Einzelstaaten.
- Wechselte ein Fürst die Religion, mussten ihm die Untertanen nicht mehr folgen.

Die Nachricht von der Unterzeichnung des Friedensvertrages verbreitete sich wie ein Lauffeuer im Reich. Postreiter trugen sie von Ort zu Ort. Sie kündigten sich mit ihrem Horn an und machten den Zuhörern schon durch ihre Kleidung klar, dass sie im Auftrag des Kaisers unterwegs waren.

3 *Beschreibt detailliert die Abbildung 2. Was könnt ihr erkennen?*

Nachkriegszeit

Nach dreißig Jahren Krieg auf deutschem Boden wurde die Nachricht vom lang ersehnten Frieden mit Festen und Feuerwerken begrüßt. Der Westfälische Friede läutete eine Zeit des Friedens ein, die in Deutschland fast 150 Jahre dauerte. Das Deutsche Reich aber war durch die Aufsplitterung in zahlreiche Kleinstaaten handlungsunfähig geworden.

Ein ***Krüppel*** *der Nachkriegszeit.*

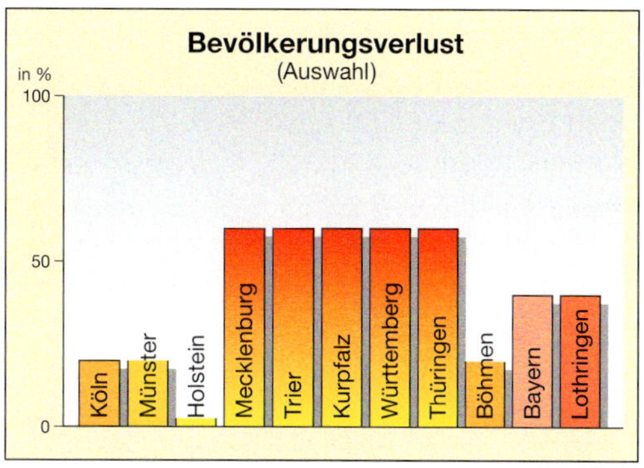

3 **Bevölkerungsverlust ausgewählter Territorien.**

4 *Sucht die in Abbildung 3 genannten Gebiete mit besonders hohen Verlusten im Atlas. Stellt Vermutungen über die längerfristigen Auswirkungen der Bevölkerungsverluste an.*

Geschichte vor Ort: Die „Friedensstädte" Münster …

1 **Einzug der Gesandten in die Stadt Münster.** Gemälde, 17. Jahrhundert.

Friedensverhandlungen

Am 24. Oktober 1648 wurden in den Städten Osnabrück und Münster die Abschlussverträge des Westfälischen Friedens unterzeichnet. Sie beendeten den Dreißigjährigen Krieg (vgl. S. 197). Beide Städte waren am 27. Mai 1643 für neutral und zu Verhandlungsstädten der verfeindeten Parteien erklärt worden. Schweden und Dänen bezogen im evangelischen Osnabrück Quartier. Im katholischen Münster verhandelten der Kaiser, Frankreich, Spanien und die Niederlande.

Bis der Friedensvertrag unterschrieben werden konnte, dauerte es fünf Jahre. Immer wieder mussten die Ergebnisse der Besprechungen nicht nur zwischen Osnabrück und Münster hin und her transportiert werden, sondern auch in die jeweiligen Hauptstädte. Der Weg nach Paris hin und zurück dauerte etwa 10 Tage, nach Madrid waren die Boten gar 40 Tage unterwegs.

Die Aufgaben, die Münster und Osnabrück in dieser Zeit bewältigen mussten, waren gar nicht so einfach. Etwa 150 Gesandtschaften kamen aus dem Reich und ganz Europa, mit zahlreichen Begleitern und Bediensteten. Sie alle mussten untergebracht und versorgt werden. Oft logierten sie in den prächtigsten Häusern. Da das regelmäßige Herbeischaffen von Lebensmitteln schwierig war, verteuerten sich bald die Lebensmittelpreise.

Die Anwesenheit der Gäste aus aller Welt prägte auch das gesellschaftliche Leben der Städte. Neben den Verhandlungen fanden viele glanzvolle Empfänge und Feste statt.

1 *Überlegt, welche Bedeutung die Friedensverhandlungen für die Städte Osnabrück und Münster hatten.*

2 **Die spanischen und niederländischen Gesandten beschwören im Rathaussaal zu Münster den Westfälischen Frieden.** Gemälde, 17. Jahrhundert.

3 **Der Osnabrücker Friedensvertrag von 1648. Er wird aufbewahrt in der Schatzkammer des Rathauses von Osnabrück.** Faksimile.

Der Friede als Verpflichtung

Bis heute pflegen beide Städte ihre Tradition als Friedensstädte. In Osnabrück findet z.B. alljährlich das Steckenpferdreiten statt, das an den Westfälischen Frieden erinnert. Und alle zwei Jahre wird der Preis des Westfälischen Friedens an eine Persönlichkeit verliehen, die sich für Einheit und Frieden in Europa eingesetzt hat.

Das 350-jährige Jubiläum des Westfälischen Friedens wurde in beiden Städten mit zahlreichen Veranstaltungen gefeiert. Höhepunkt war die Eröffnung einer Ausstellung. Dazu kamen am 24. Oktober 1998 zahlreiche Staatsoberhäupter aus den am Dreißigjährigen Krieg beteiligten Ländern nach Münster.

Der damalige Bundespräsident Roman Herzog sagte bei dieser Veranstaltung:

M1 ... Der Westfälische Friede beendete einen Krieg, der für die europäische und vor allem für die deutsche Geschichte verheerend war. An seinem Ende standen entvölkerte Länder, ruinierte Wirtschaften, kulturelle Verödung und ein moralischer Niedergang, der seinesgleichen sucht. Deutschland verlor ein Drittel seiner Bevölkerung. ... „Pax optima rerum" – der Frieden ist das höchste aller Güter. Aus dieser lateinischen Botschaft, die wir noch heute im historischen Friedenssaal des Münsteraner Rathauses lesen können, spricht die in dreißig Jahren furchtbaren Leidens gewonnene Erkenntnis, dass weder der Frieden noch die religiöse Wahrheit im Kriege gefunden werden können. Diese Einsicht war ... revolutionär. ...

2 *Informiert euch über den Preis des Westfälischen Friedens. Wer waren bisher die Preisträger? Warum haben sie den Preis bekommen (Tipp für Internetrecherche: **www.westfaelischer-friedenspreis.de**)?*

3 *Überlegt: Wie bewertet Roman Herzog in M1 den Westfälischen Frieden?*

Anlässlich des 350-jährigen Jubiläums wurden Münster und Osnabrück durch eine 115 Kilometer lange und markierte Fahrradroute miteinander verbunden. Sie folgt dem Weg der berittenen Postkuriere, die die Botschaften und Vertragsentwürfe der katholischen und protestantischen Lager hin und her transportierten.

4 **14 Gesandte des Westfälischen Friedens auf der Friedens-Briefmarke der Deutschen Post 1998.**

Zum Weiterlesen: In 300 Jahren vielleicht

Eggebusch im Oktober 1641: Hunger, Elend und Furcht bestimmen das Leben in dem kleinen Ort. Nur wenige Menschen können sich noch an die Zeit vor dem Krieg erinnern.

Wie eine schwarze Wunde klaffte das geöffnete Portal in dem gelblich verwitterten Mauerwerk der Kirche.
„Seid ihr so weit?", fragte eine Stimme gedämpft aus dem dunklen Innenraum.
Draußen – versteckt hinter einem Grabhügel – hatte sich Elsa Hobe zusammen mit ihrem Sohn niedergekauert. Jetzt huschten die beiden über den kleinen Vorplatz bis zum Kircheneingang hinüber. Hastig entrollte die hagere Frau ein engmaschiges Netz, das mit den Längsseiten an Holzstangen befestigt war.
„Nicht loslassen nachher, Tobias!", mahnte sie. Ihre Hände umschlossen zitternd die Haltestange.
Dem Vierzehnjährigen hatte die Angst den Mund ausgetrocknet und das Schlucken würgte ihn. Während er die schweißfeuchten Hände an seinem Kittel rieb, blickte er prüfend zu den Hütten und halb verfallenen Häusern hinüber. An diesem 3. Oktober des Jahres 1641 war es warm und windstill in Eggebusch. Das Licht der Mittagssonne trieb die Schatten der Linde vom niederen Brunnendach quer über den Dorfplatz bis zur Mauer des Friedhofs hin. Innerhalb des festen Steinwalls umlagerten die Gräber dicht gedrängt den flachen Kirchenhügel. Sie reichten bis an den Pfad, der vom Mauertor herauf zum Vorplatz des schmalen Gotteshauses führte. Niemand war am Brunnen und in der Nähe des Friedhofs zu entdecken. Tobias packte die Haltestange, presste die Lippen zusammen und nickte seiner Mutter zu.

1 Bildhafte Darstellung der Armut. Gemälde von Adriaen van de Venne (1589–1662).

Schnell richteten sich beide auf und spannten das Netz quer vor das offen stehende Portal.
„Jetzt, Mathias!", flüsterte Elsa Hobe in die Dunkelheit hinein. Scharf knackte ein Gewehrhahn. Tobias hielt den Atem an. Wie ein Donnerschlag dröhnte der Schuss durch den Kirchenraum.
Auf den Knall folgten erschrecktes Kreischen und Flügelschlagen. Die Vögel, die im Dachgebälk der Kirche ihre Nester hatten, flatterten dem hellen Ausgang zu und verfingen sich in den engen Maschen des Netzes. Ehe sie sich befreien konnten, sprang Tobias mitsamt der Netzstange zu seiner Mutter hinüber und schloss so die Falle. Gemeinsam legten sie die zappelnde Beute auf den Boden.
Hilflos schrien die Vögel. Elsa Hobe packte ein Tier nach dem anderen und riss ihnen die Köpfe ab.
„Mutter!", stammelte Tobias, sein Herz verkrampfte sich. Mit weit geöffneten Augen starrte er auf ihre Hände.
„Den Sack. Schnell, Junge, schnell!", keuchte Elsa Hobe. Benommen zog Tobias den Beutel aus der Tasche seines grauen Leinenkittels. Die Mutter zerrte die Öffnung auseinander und stopfte die blutenden Federkörper hinein. Vom Boden las sie die Köpfe auf und legte sie dazu.
„Wie viele sind es?" Mathias Hobe trat mit dem Gewehr in der Hand aus der Kirche ins Freie.
„Fünf. Wirklich, fünf." Elsa Hobe blickte ihren Mann an. Das dunkle Haar hatte sich gelöst und hing ihr strähnig über die Augen, Tränen rollten die eingefallenen Wangen hinunter und vermischten sich mit dem Zucken der Mundwinkel – sie versuchte zu lächeln.
Durch den Schuss alarmiert, kamen Menschen über den Dorfplatz gelaufen. Ihnen voran humpelte Veit. Trotz seines lahmen Beines war er schneller als die anderen. Noch bevor er die Kirchhofsmauer erreicht hatte, schrie er: „Küster! Was schießt du?"
Hastig raffte Elsa Hobe das Netz und den Beutel an sich, verschwand um die Ecke der Kirche und floh über den rückwärtigen Friedhof. Tobias drängte sich dicht an seinen Vater. Jetzt keuchte Veit den Pfad zwischen den Gräbern hinauf. Nur drei Frauen folgten ihm noch. Die anderen Dorfbewohner hatten schon auf dem Marktplatz gezögert, als sie den Küster so ruhig vor der Kirche stehen sahen.

Wie die Geschichte ausgeht, erfahrt ihr in dem Buch von Tilman Röhrig: In 300 Jahren vielleicht. Arena Verlag, 15. Aufl., Würzburg 2004.

Zusammenfassung

Reformation
In den Jahrzehnten vor der Reformation war das Lebensgefühl der Menschen von Angst geprägt. In ihrer Not erwarteten sie Trost und Hilfe von der Kirche. Doch viele Geistliche kümmerten sich nicht um die Sorgen der Menschen. Ihr zügelloses Leben und der Handel mit Ablassbriefen erbosten viele Gläubige. Die Kritik Martin Luthers, zunächst vor allem am Ablasshandel, leitete die Reformation ein.
In 95 Thesen machte Luther auf weitere Missstände in der Kirche aufmerksam. Im Jahr 1521 belegte ihn der Papst mit dem Kirchenbann, ein halbes Jahr später verhängte Kaiser Karl V. die Reichsacht über ihn.
Diese Maßnahmen konnten die Ausbreitung der neuen Lehre aber nicht verhindern: Der Gebrauch der deutschen Sprache im Gottesdienst und Luthers Übersetzung der Bibel ins Deutsche bewirkten, dass sich viele Menschen der Lehre Luthers anschlossen.

Bauernaufstände
Luthers Schrift „Von der Freiheit eines Christenmenschen" weckte bei den Bauern, die unter der Leibeigenschaft und hohen Abgaben an die Grundherren litten, die Hoffnung auf bessere Lebensbedingungen. Ihre Klagen und Forderungen fassten sie in zwölf Artikeln zusammen. Sie beriefen sich dabei auf die Bibel.
In Süddeutschland wie auch in anderen Gebieten des Reiches kam es zu blutigen Kämpfen zwischen bewaffneten Bauernhaufen und Söldnerheeren der Fürsten. Auch Luther, der zunächst Verständnis für die Forderungen der Bauern gezeigt hatte, verurteilte die Gewaltanwendung der Bauern. In wenigen Wochen wurden die Bauern vernichtend geschlagen.

Gegenreformation und Dreißigjähriger Krieg
Alle Anstrengungen Kaiser Karls V., die Einheit der Christen zu bewahren, scheiterten am Widerstand der Landesfürsten. Auf dem Reichstag zu Augsburg im Jahr 1555 wurde schließlich die Gleichberechtigung der katholischen und der lutherischen Konfession beschlossen. Außerdem legte man fest, dass die Untertanen den Glauben des jeweiligen Landesherrn annehmen oder das Land verlassen mussten.
Am Streit um die böhmische Königskrone entzündete sich der Dreißigjährige Krieg, der Deutschland weithin verwüstete und zur Zersplitterung des Deutschen Reiches führte. Der Westfälische Friede 1648 legte fest, dass jeder Gläubige selbst entscheiden durfte, welcher Konfession er angehören wollte.

1517

Luthers Wittenberger Thesen zur Kirchenreform lösen die Reformation aus.

1521

Der Kaiser verhängt die Reichsacht über Luther (Wormser Edikt).

1. Hälfte des 16. Jh.

Die Reformation verbreitet sich rasch in Europa.

1618–1648

Der Dreißigjährige Krieg wütet in ganz Europa.

Standard-Check: Das solltet ihr wissen

Arbeitsbegriffe

- ✓ Mobilität
- ✓ Martin Luther
- ✓ Reformation
- ✓ 15.–17. Jahrhundert

Was wisst ihr noch?

1 Welche Missstände gab es in der Kirche vor der Reformation?

2 Was ist ein Ablass und was sagte Luther zum Ablasshandel?

3 Erklärt den Begriff „Reichsacht". Wer hat sie über wen verhängt?

4 Nennt wichtige Forderungen der Bauern im deutschen Bauernkrieg.

5 Erläutert, wie es zu den Hexenverfolgungen kam.

6 Welche Folgen hatte der Dreißigjährige Krieg für das Deutsche Reich?

Tipps zum Weiterlesen

Günther Bentele: Wolfsjahre. Bertelsmann, München 1999

Manfred Mai/Gabriele Hafermaas: Nichts als die Freiheit. Der deutsche Bauernkrieg. dtv junior, München 2004

Inge Ott: Verrat. Erlebnisse eines Jungen im Dreißigjährigen Krieg. Verlag Freies Geistesleben, Stuttgart 1993

Wolfgang Tarnowski: Was ist was?, Bd. 97: Zauberer, Hexen, Magie. Tessloff, Nürnberg 2004

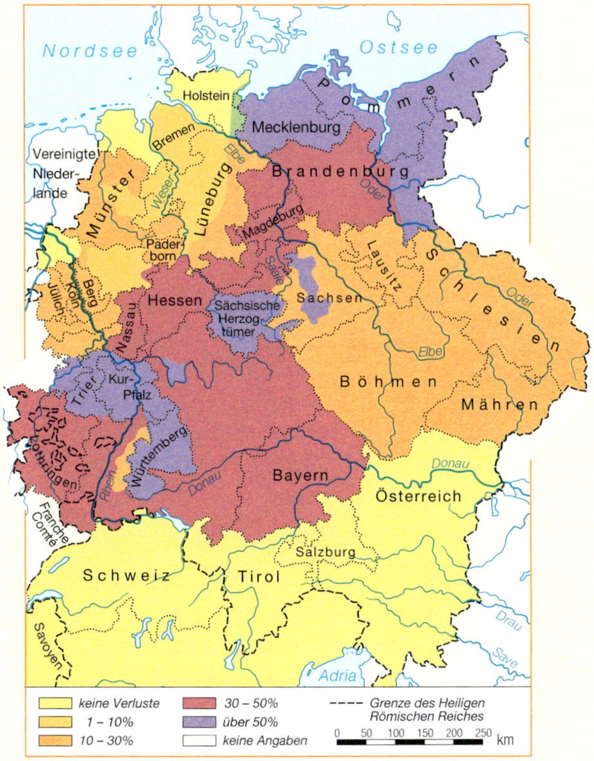

1 **Bevölkerungsverluste im Dreißigjährigen Krieg.**

2 **Plünderung bei den Bauern: Der Krieg ernährt den Krieg.** Gemälde von Pieter Codde (1599–1678).

3 **Soldaten überfallen Frauen.**
Stich von H. U. Frank, 1645.

4 **Überfall von Soldaten auf ein Dorf.**
Stich von H. U. Frank, 1645.

1 *Schreibt eine Erzählung über den Dreißigjährigen Krieg aus der Sicht einer der auf den Abbildungen 2 bis 4 dargestellten Personen. Beachtet dabei auch die Hinweise auf der Karte 1. Verwendet unter anderem folgende Wörter:*

feindliche Soldaten – eines Tages – plündern – foltern – töten – Hunger – Hunde- und Katzenfleisch – Krüppel – Tod – unser Ort hatte immer weniger Einwohner – Armut – Seuchen – verzweifelt – Westfälischer Friede – Hoffnungslosigkeit – brannte – 30 Jahre

Altsteinzeit

Altertum

Jungsteinzeit

Metallzeit

2 Millionen | 8000 v. Chr. | 3000 v. Chr.

vor ca. 4 Mio. Jahren erste Menschen
vor ca. 600 000 Jahren ältester Menschenfund in Deutschland
vor ca. 17 000 Jahren Frühmenschen in der Höhle von Lascaux

In der gesamten Altsteinzeit lebten die Menschen als Jäger und Sammler.

10 000 v. Chr. erster Getreideanbau und erste Viehzucht im Vorderen Orient
7000 v. Chr. erste stadtähnliche Siedlung in Jericho

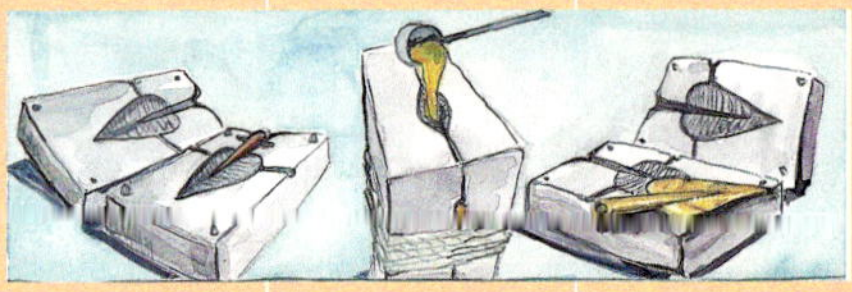

Bronzezeit / Eisenzeit
um 3000 v. Chr. erste Bronzeverarbeitung im Vorderen Orient
um 2000 v. Chr. Ausdehnung der Bronzetechnik bis Mitteleuropa
um 1300 v. Chr. erste Eisenverarbeitung in Kleinasien
um 500 v. Chr. Eisenzeit in Deutschland

Ägypten

3000 v. Chr. Staatsgründung in Ägypten
1900 v. Chr. Ägypten wird Großmacht
1000 v. Chr. Ägyptens Großreich zerfällt
30 v. Chr. Ägypten wird römische Provinz

Griechenland

776 v. Chr. erste Olympische Spiele
750–550 v. Chr. griechische Kolonisation
490–449 v. Chr. Blütezeit Athen

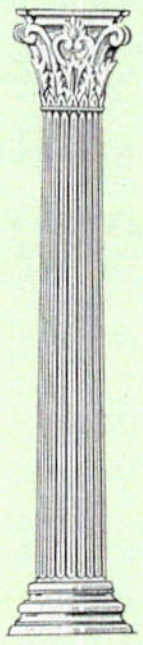

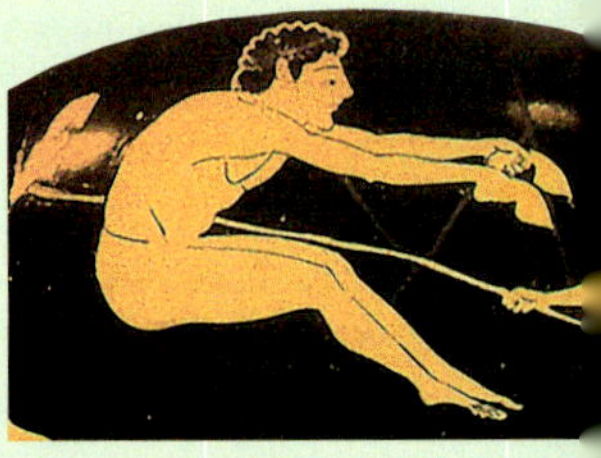

00 v. Chr. | Christi Geburt | 200 | 400

Rom

753 v. Chr.	Gründung Roms (Sage)
500 v. Chr.	Beginn der römischen Republik
um 250 v. Chr.	Rom ist stärkste Landmacht im Mittelmeerraum
44 v. Chr.	Ermordung Caesars

31 v. – 14 n. Chr.	Herrschaft des Kaisers Augustus
2. Jh.	Größte Ausdehnung des Römischen Reiches
476 n. Chr.	Der letzte weströmische Kaiser wird von den Germanen abgesetzt
1453 n. Chr.	Ende des Oströmischen Reiches

Germanen

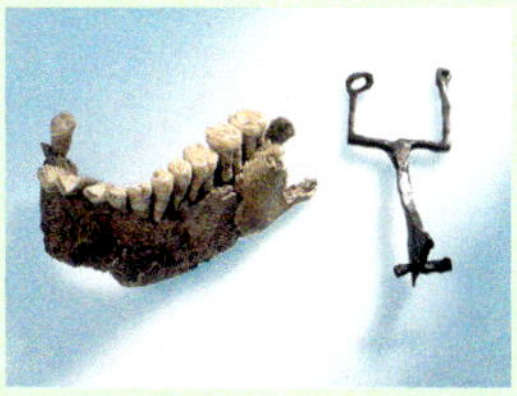

9 n. Chr.	Schlacht im Teutoburger Wald
1.–3. Jh. n. Chr.	Errichtung des Limes
3. Jh.	Beginn der Völkerwanderung
ab 4./5. Jh.	Germanische Reiche auf dem Gebiet des Römischen Reiches

Mittelalter

400 500 600 700 800 900 1000

Judentum

1000 v. Chr.	König David
70 n. Chr.	Zerstörung des Tempels und Diaspora
321 n. Chr.	Erste Judengemeinde in Köln

Islam

570	Geburt Mohammeds in Mekka
622	Mohammed flieht nach Medina
630	Mohammed erobert Mekka
632	Tod Mohammeds
632–715	Ausbreitung des Islam bis Indien und Europa
711	Araber dringen in Europa (Spanien) ein
11. Jh.	Zerfall des islamischen Reiches in Spanien

Christentum

ca. 7. v. Chr.	Jesus wird geboren
391 n. Chr.	Christentum wird Staatsreligion des Römischen Reiches
496	Übertritt des Frankenkönigs Chlodwig zum Christentum
754	Märtyrertod des Germanenmissionars Bonifatius

Vom Frankenreich zum Deutschen Reich

768	Karl der Große wird König der Franken
722–804	Sachsenkriege
800	Kaiserkrönung Karls des Großen
919	Wahl des Sachsenherzogs Heinrichs I. zum ersten deutschen König
936–973	Otto I.
955	Sieg über die Ungarn auf dem Lechfeld

1056–1106	Kaiser Heinrich IV.
1075	Beginn des Investiturstreits
1077	Heinrich IV. in Canossa
1122	Wormser Konkordat

Neuzeit

1200 1300 1400 1500 1600 1700 1800

Alltag im Mittelalter

seit 4. Jh.	Ausbreitung des christlichen Einsiedlertums
529	Benedikt von Nursia gründet ein Kloster auf dem Monte Cassino
Seit 9. Jh.	Zunehmender Verlust der bäuerlichen Freiheit; Übergang in die Abhängigkeit
Seit 12./13. Jh.	Dreifelderwirtschaft
seit 8. Jh.	Erstes Auftreten von Reiterkriegern
12. Jh.	Endgültige Ausbildung des Ritterstands
ab 17. Jh.	Funktionsverlust des Rittertums durch Aufkommen der Feuerwaffen

Städte in Europa

12.–15. Jh.	Städteboom in Europa
seit 1300	Gotische Kirchen werden in ganz Europa errichtet
1300–1400	Zünfte erkämpfen sich in zahlreichen Städten ein Mitspracherecht
14. Jh.	Die Hanse beherrscht Nordeuropa

Vom Mittelalter zur Neuzeit

11. Jh.	Beginn der deutschen Ostsiedlung
1096	1. Kreuzzug; Vernichtung vieler jüdischer Gemeinden in Deutschland
1099	Eroberung Jerusalems
14./15. Jh.	Beginn eines neuen Denkens: Humanismus und Renaissance
1348	Judenverfolgung in der Pestzeit
um 1450	Gutenberg erfindet den Buchdruck
1492	Kolumbus sucht den Westweg nach Indien und entdeckt Amerika
1519	Cortez erobert Mexiko; die Europäer errichten ihre Kolonialreiche

Reformation und Glaubenskriege

1483–1546	Martin Luther
1517	Veröffentlichung der Wittenberger Thesen gegen den Ablass; Beginn der Reformation
1521	Reichstag zu Worms; der Kaiser verhängt die Reichsacht über Luther (Wormser Edikt)
1525	Bauernkrieg
1555	Augsburger Religionsfriede
1545–1563	Konzil von Trient
1618–1648	Dreißigjähriger Krieg

Gewusst wie …

Schaubild

Schaubilder stellen komplizierte Zusammenhänge vereinfacht dar.

… und so wird's gemacht:

1. Was ist dargestellt?

- Inhalt feststellen (Um was geht es?)
- Symbole entschlüsseln (Bedeutung von Farben, Form der Elemente, Pfeile …)

2. Wie ist die Darstellung aufgebaut?

- Aufbau und Ablauf erkunden (Wo ist der „Einstieg", läuft alles in eine Richtung? Gibt es Verzweigungen, soll ein Kreislauf angedeutet werden?)
- Zusammenhänge herstellen (Wo sind z.B. Ursachen, wo ergeben sich Folgen?)

3. Auswertung

- Gesamtaussage erkennen (Wie könnte man die Aussage des Schaubildes mit wenigen Worten wiedergeben?)
- Kritisch überprüfen (Was fehlt, was wird zu einfach dargestellt oder übertrieben …?)

Statistiken und Grafiken

Die bei Umfragen erhobenen Daten sollten ausgewertet und grafisch aufbereitet werden. Wenn ihr die dafür notwendigen Schritte einmal selber gemacht habt, fällt euch die Deutung und Beurteilung fremder Statistik viel leichter.

… und so wird's gemacht:

1. Fragebögen auswerten

Strichlisten zu den einzelnen Antworten anlegen, Teilergebnisse zusammenfassen, eine Tabelle mit dem Gesamtergebnis aufstellen – das sind die notwendigen Vorarbeiten für eine grafische Aufbereitung von erhobenen Daten.

2. Art der Grafik wählen

Diagramme sollen übersichtlich und aussagekräftig sein. Der ausgewählte Typ muss zum Inhalt passen.

3. Grafik anlegen

Hierfür ist es manchmal günstig, die absoluten Zahlenwerte in Prozente umzurechnen.

4. Interpretation

Hierzu werden die Grafiken „gelesen" und in Worte übersetzt.

5. Kritik

Ihr werdet schnell feststellen, dass man durch die Art der Darstellung Dinge übertreiben oder abschwächen kann. Da hilft bei fremden Statistiken nur ein kritischer Blick auf die zugrunde liegenden Zahlenwerte. Eine seriöse Statistik muss nämlich nachvollziehbar und damit überprüfbar sein.

Exkursion

Ihr könnt auch einen Schauplatz aufsuchen, an dem ihr Spuren der Geschichte findet. Das nennt man eine Exkursion.

… und so wird's gemacht:

1. Informationen beschaffen, Termin festlegen

Zuerst beschafft ihr euch per Post oder Telefon Informationen über euer Ziel. Legt einen Termin fest und erkundigt euch nach Fahrmöglichkeiten.

2. Vorbereitung in der Schule

Sichtet das Informationsmaterial, erarbeitet Fragen, einigt euch auf Schwerpunkte. Bildet arbeitsteilige Gruppen.

3. Gemeinsamer Rundgang am Ziel

Gemeinsam verschafft ihr euch einen ersten Überblick. Beim Rundgang informieren die einzelnen Gruppen die anderen als Experten.

4. Selbstständiges Entdecken und Erforschen

Jede Gruppe kann dann ihr Thema vertiefen. Sucht die eurem Schwerpunkt entsprechenden Spuren auf. Haltet alle Ergebnisse stichwortartig fest, fotografiert und zeichnet.

5. Vortrag der Arbeitsergebnisse in der Schule

Dies kann in Textform, mit Bildern und Postkarten geschehen. Unterstützt euren Vortrag mit Anschauungsmaterial und erzählt von persönlichen Erlebnissen. Die Ergebnisse sollten dokumentiert werden.

... arbeiten mit Methode

Mueumsbesuch

Museen sammeln und bewahren Gegenstände aus der Vergangenheit, erforschen sie und stellen sie für die Öffentlichkeit aus. In einem Freilichtmuseum z. B. werden verschiedene Wohnanlagen aus der Vergangenheit im Freien aufgebaut und die Häuser so eingerichtet, wie sie früher ausgesehen haben.

... und so wird's gemacht:

1. Den Museumsbesuch vorbereiten

Klärt, welches Museum erkundet werden soll, vereinbart einen Termin und bereitet euch mit Fragen (Fragebogen), am besten in Gruppen, darauf vor. Vergesst nicht Notizblock, Schreibzeug, Fotoapparat (Videokamera).

2. Den Museumsbesuch durchführen

Stellt eure Fragen, macht Notizen, haltet auch Beobachtungen fest, die nicht in eurem Fragenkatalog stehen.

3. Die Ergebnisse auswerten und dokumentieren

Das gesammelte Material zunächst sichten, ordnen und durch weitere Informationen aus Büchern ergänzen. Entscheidet dann, wie ihr eure Ergebnisse darstellen wollt, z.B. in einer kleinen Ausstellung, einer Wandzeitung, einem Erkundungsbericht.

Informationsvermittlung: Beispiel Wandzeitung

Eine Wandzeitung schaut der Betrachter im Stehen oder im Vorbeigehen an. Also: Wenige, überschaubare Texte, dazu einige, möglichst großformatige Abbildungen!

... und so wird's gemacht:

1. Informationen auswählen

Was ist wichtig, was kann weggelassen werden? Was soll als Text, was im Bild, Schaubild oder in einer Tabelle dargestellt weden?

2. Gestaltung

Wie soll die Schrift aussehen? Welche Bilder sind geeignet und wo werden sie angeordnet? Welche Zeichnungen, Tabellen oder Schaubilder sollen angefertigt werden und wohin sollen sie kommen?

3. Material

Welches Material wird benötigt (Tapete, Pappe, Stifte, Kleber, Heftzwecken, Stecknadeln, Scheren, Lineal usw.)? Wer besorgt es?

4. Arbeit verteilen und durchführen

Wer möchte Texte schreiben, Bilder ausschneiden und beschriften, Zeichnungen, Tabellen anfertigen usw.? Bilder, Texte usw. nicht sofort festkleben, sondern erst alles lose auflegen!

5. Präsentation

Wandzeitung aufhängen und den anderen Gruppen vorstellen (präsentieren).

Geschichtskarten

Im Geschichtsunterricht arbeitet ihr mit Geschichtskarten. Sie stellen ein Thema aus der Geschichte dar. Das kann eine bestimmte Situation sein. Es kann auch die Entwicklung über einen längeren Zeitraum hinweg sein. Bei der Arbeit mit Geschichtskarten helfen folgende Arbeitsschritte weiter:

1. Thema und Zeitraum bestimmen

Antwort gibt meist der Titel der Karte. Er ist in diesem Buch über den Karten abgedruckt. Wenn der Zeitraum im Titel nicht zu erkennen ist, muss man einen Blick in die Legende werfen oder auf der Karte eingetragene Jahreszahlen sammeln.

2. Das dargestellte Gebiet bestimmen

Sicher könnt ihr nur sein, wenn ihr euch am Kartenbild orientiert habt. In diesem Buch hilft euch oft der kleine Kartenausschnitt.

3. Farben und Zeichen erklären

Fast jede Karte hat eine Zeichenerklärung, die so genannte Legende. Dort findet ihr die Erklärungen, die nicht in der Karte stehen.

4. Aussagen der Karte zusammenfassen

Wenn ihr Schwierigkeiten habt, versucht ihr am besten zu der Karte eine kurze Geschichte zu erzählen. Was passierte in welcher Reihenfolge?

Gewusst wie ...

Recherche im Internet

Um über ein Thema etwas in Erfahrung zu bringen, kann man das Internet nutzen. Wie eine riesige Bibliothek bietet es eine Fülle von Informationen.

... und so wird's gemacht:

1. Schlagwort finden
Überlegt euch zu einem Thema, über das ihr mehr erfahren wollt, verschiedene passende Schlagwörter.

2. Suchmaschine benutzen
Im Internet gibt es mehrere Anbieter von Suchmaschinen, bei denen ihr euer Stichwort nur eingeben müsst, dann durchforstet die Suchmaschine für euch alle Internetseiten. Ihr erhaltet eine Liste der passenden Internetseiten zu eurem Stichwort. Bekannte Suchmaschinen sind:
www.google.de, *www.yahoo.de*, *www.lycos.de*.

3. Stichwort eingeben
Bei der Eingabe des Stichworts müsst ihr verschiedene Dinge beachten: Überprüft die Rechtschreibung, ist ein Wort falsch geschrieben, kann die Suchmaschine nichts finden. Findet die Suchmaschine unter einem Stichwort nichts, dann müsst ihr euch ein anderes überlegen. Ist das Stichwort zu allgemein formuliert, dann bekommt ihr zu viele Einträge.

4. Ergebnisse sichten und auswählen
Die Einträge müsst ihr nun sichten und auswählen. Sortiert die Seiten aus, bei denen es nicht um die Informationen geht, die ihr gesucht habt. Aber Vorsicht: Achtet immer darauf, wer der Anbieter der Informationen ist. Bei anerkannten Institutionen (Ministerium, Universität, Museum) könnt ihr euch auf die Richtigkeit der Informationen verlassen. Bei privaten Anbietern müsst ihr die Information eventuell noch mal mithilfe eines Lexikons überprüfen.

Ein Referat halten

Referate sind eine der häufigsten Formen der Informationsvermittlung. Sie eignen sich vor allem dazu, Informationen eines Einzelnen an ein Publikum weiterzugeben:

... und so wird's gemacht:

1. Material sammeln und ordnen
Sucht in der Schul- und in der Stadtbibliothek unter bestimmten Stichwörtern nach Material zu eurem Thema. Notiert die Fundstellen und schreibt euch die Informationen auf oder kopiert die Seiten.

2. Materialien gliedern
Breitet euer Material auf einem großen Tisch aus; überlegt, welche Materialien zusammengehören und ordnet sie nach Unterthemen. Erarbeitet daraus eine Gliederung für den Vortrag.

3. Eigene Texte formulieren
Verbindet nun die geordneten Materialien durch eigene Texte. Achtet darauf, dass eure Sätze klar und verständlich sind.

4. Vortrag zusammenstellen und Medien bereitstellen
Stellt dann euren Vortrag mit den Medien in der richtigen Reihenfolge zusammen. Sorgt für die technischen Medien, die ihr benötigt.

5. Vortrag üben
Übt das Referat laut und in freier Rede. Markiert im fertigen Text die wichtigen Stellen. Für den freien Vortrag schreibt euch Stichworte auf einen Merkzettel. Laut, langsam und deutlich sprechen.

6. Präsentation
Stellt als Erstes das Thema und die Planung vor. Haltet dann – möglichst ruhig – euer Referat. Haltet dabei Blickkontakt zu den Zuhörerinnen und Zuhörern. Plant noch Zeit für Fragen oder eine Diskussion ein.

Flugblätter entschlüsseln

Flugblätter gibt es seit Beginn des 16. Jahrhunderts. Man bezeichnet sie auch als Vorgänger unserer Zeitungen. Sie dienten, wie heute auch noch, der Information, Propaganda oder der Unterhaltung. Manche Flugblätter kann man gut verstehen, andere verwenden Hinweise oder auch Symbole, die wir erst entschlüsseln müssen.

... und so wird's gemacht:

1. Wer ist der Verfasser?
Um ein Flugblatt zeitlich einordnen zu können, müssen wir wissen, wer es verfasst hat oder wer den Holzschnitt auf dem Flugblatt angefertigt hat. Falls der Verfasser nicht bekannt ist, versuchen wir zu klären, wessen Interessen der Verfasser/Künstler vertrat.

2. Fragen zum Thema
Die Frage nach dem Thema lässt sich bei einigen Flugblättern mithilfe der Überschrift beantworten. Bei anderen muss der Bildinhalt oder der Text genau studiert werden: Sind bekannte Personen zu erkennen? Ist ein Ort oder ein Ereignis dargestellt? Was ist in dem genannten Jahr geschehen?

3. Fragen zur Gestaltung
Die Gestaltung genau untersuchen: Wie werden die Personen dargestellt? Welche Symbole werden verwendet? Wie sind die Größenverhältnisse der dargestellten Personen oder Dinge? Was soll groß und mächtig, was klein und unbedeutend wirken? Was geschieht im Hintergrund?

4. Fragen zur Wirkung
Was will der Verfasser/Künstler mit dem Flugblatt ausdrücken? Verfolgt er politische Ziele? Welchen Standpunkt vertritt er bei einem bestimmten Thema?

Jugend- und Sachbücher

Judentum – Christentum – Islam

- Becker, A.: *Meine Religion – deine Religion.* dtv, München 1984.
- Hess, Robert: *Die Geschichte der Juden.* Otto Maier Verlag, Ravensburg 1993.
- Hohlbein, Wolfgang: *Das Siegel.* Verlag Ueberreuter, Wien 1994.
- Rechlin, Eva: *Die Nacht der Zugvögel.* Loewe Verlag, Bindlach 1983.
- Moktefti, Mokhtar: *So lebten sie in den ersten Jahrhunderten des Islam.* Tessloff, Hamburg 1986.

Vom Frankenreich zum Deutschen Reich

- Geschichte mit Pfiff: Heft 8/1982
- *Karl der Große und sein Reich. Als Europa einig war.*
- Winston, Richard: *Karl der Große.* Reutlingen 1969.

Alltag im Mittelalter

- Corbishley, Mike: *Die Welt aus der wir kommen. Das Buch vom europäischen Mittelalter.* 2. Aufl., Tessloff Verlag, Hamburg 1992.
- Fussenegger, Gertrud / Singer, Elisabeth: *Elisabeth von Thüringen.* Tyrolia Verlag, Innsbruck 2004.
- Gronett, Christopher: *Ritter.* Gerstenberg Verlag, Hildesheim 1993.
- Parigger, Harald: *Der schwarze Mönch.* dtv, München 1998.
- Peschke, Hans Peter von: *Gertrud und Michael. Auf den Spuren der Entführer.* Aare-Verlag, Solothurn.
- Pierce, Tamora: *Die schwarze Stadt.* Arena Verlag, Würzburg 1994.
- Pleticha, Heinrich: *Ritter, Bürger, Bauersmann.* Arena Verlag, Würzburg 1985.
- Sancha, Sheila: *Das Dorf.* Gerstenberg Verlag, Hildesheim 1988.
- Wright, Rachel: *Ritter.* Schneider Verlag, München 1992 (mit Anleitungen zum Spielen und Basteln).

Städte im Mittelalter

- Hernandez, Xavier / Bollonga, Jordi: *Hambeck – eine Hansestadt im Norden.* Tessloff, Hamburg.
- Lornsen, Boy: *Klaus Störtebeker.* Carlsen Verlag, Hamburg 2005.
- Macdonald, Fiona: *Eine Kathedrale im Mittelalter.* Tessloff Verlag, Nürnberg 1992.

Vom Mittelalter zur Neuzeit

- Baumann, Hans: *Der Sohn des Kolumbus.* dtv-junior. Der 13-jährige Sohn des Kolumbus begleitet seinen Vater auf dessen vierter Entdeckungsreise.
- Baumann, Hans: *Die Barke der Brüder.* Verlag Freies Geistesleben, Stuttgart. Spannende Erzählung der Entdeckung der afrikanischen Westküste durch portugiesische Seefahrer.
- Kleberger, Ilse: *Pietro und die goldene Stadt.* Erika Klopp Verlag, Berlin 1993. Florenz 1484. Pietro, ein Bauernjunge aus der Toskana, flieht aus der Armut nach Florenz, wo ihn der Maler Sandro Botticelli entdeckt und als Lehrjungen aufnimmt.
- Marc, Pierre: *Marco Polos wunderbare Reise.* Bohem Press Zürich. Lebendige Darstellung von bedeutsamen Entdeckungs- und Forschungsreisen mit guten Illustrationen.
- Merino, José Maria: *Das Gold der Träume.* Arena Verlag, Würzburg 1994. Einfühlsame Darstellung über das Leben des 15-jährigen Miguel, Sohn eines Eroberers aus dem Gefolge des Hernando Cortez und einer indianischen Mutter.
- Thadden, Wiebke von: *Thomas und die schwarze Kunst.* Beltz & Gelberg, Weinheim 2001. Ein Abenteuerroman aus der frühen Zeit der Buchdruckerkunst, historisch gut fundiert.
- Wood, Tim: *Die Renaissance. Blick in die Geschichte.* Karl Müller Verlag, Erlangen 1993. Das Sachbuch zeigt die Blütezeit der Künste, bahnbrechende Fortschritte in Medizin und Technik zur Zeit der Renaissance. Auf vier transparenten Bildfolien erhält man Einblick in die „Santa Maria", das Flaggschiff des Kolumbus, in einen Palast in Florenz, in eine Druckerei und in die Peterskirche.

Reformation und Glaubenskriege

- Haß, Ulrike: *Teufelstanz.* Rowohlt, Hamburg 2002.
- Mai, Manfred / Hafermaas, Gabriele: *Der deutsche Bauernkrieg.* Eine kurze Darstellung des Bauernkrieges, die aber durch ihre lebendige Schilderung und das Bildmaterial fesselt.
- Ott, Inge: *Verrat.* Verlag Freies Geistesleben, Stuttgart 1993. Erlebnisse eines Jungen in den Wirren des Dreißigjährigen Krieges.
- Pleticha, H.: *Landsknecht, Bundschuh, Söldner.* Würzburg 1974.
- Selber, Martin: *Ich bin ein kleiner König.* Heinrich und die Revolution. Rotfuchs 1988. Heinrich, Sohn eines Hauswebers, lebt in Magdeburg. Während der Revolution wird sein Vater verhaftet, die Familie muss nach Amerika auswandern.

Lexikon

Abendland Als Land der untergehenden Sonne ist damit der Westen gemeint. Bezeichnung für die europäischen Völker, die durch Antike und Christentum kulturell verbunden waren; Gegensatz zum Morgenland, dem Orient, und seinem Kulturkreis.
Abt Der von Mönchen gewählte Vorsteher eines Klosters. Die von Nonnen gewählte Vorsteherin eines Frauenklosters wurde Äbtissin genannt.
Adlige Die Edlen – Angehörige einer in der Gesellschaft hervorgehobenen Gruppe, eines Standes, ausgestattet mit erblichen Vorrechten. Adliger konnte man von Geburt aus sein (Geburtsadel); Adliger konnte man aber auch werden, indem man im Dienst des Königs tätig war (Amts- oder Dienstadel).
Allah Das Wort kommt aus dem Arabischen und heißt Gott.
Anatomie Wissenschaft, die sich mit dem Bau und der Form des menschlichen Körpers befasst.
Antike (lat. antiquus = alt). Bezeichnung für die alte, griechische und römische Geschichte von etwa 1000 v. bis 500 n. Chr.
Apostel (griech. = Sendbote). Bezeichnung für die von Jesus zur Verkündigung des Christentums ausgewählten Jünger.
Armada (bewaffnete Macht). Spanische Großflotte mit 130 Schiffen. 1588 wurde sie gegen die Engländer ausgesandt, erlitt jedoch eine vernichtende Niederlage. Daraufhin verloren die Spanier ihre Vormachtstellung als Seemacht.
Astronomie (griech. astron = Stern). Stern-, Himmelskunde als exakte Wissenschaft.
Azteken Indianervolk, das zur Zeit der spanischen Eroberung Gebiete Süd- und Zentralamerikas beherrschte. Mithilfe benachbarter Völker unterwarfen die Spanier unter der Führung Hernando Cortez' zwischen 1519 und 1521 das aztekische Reich.

Basilika Bei den Römern Markt- und Gerichtshalle. Später wurde diese Bauform auch für Kirchen verwendet. Die Basilika ist rechteckig und mehrschiffig; am Mittelschiff befindet sich eine Vorhalle (Apsis).
Benediktiner Mönche, die nach der Regel des heiligen Benedikt von Nursia leben. Die Benediktsregel war seit der Zeit der Karolinger die bestimmende Mönchsregel in Europa gewesen.
Bibel (griech. biblia = Bücher). Die Heilige Schrift; gegliedert in das Alte und das Neue Testament.
Binnenkolonisation Urbarmachung von landwirtschaftlichen Nutzflächen im eigenen Land.
Bischof (weibl.: Bischöfin). In der christlichen Kirche der oder die leitende Geistliche eines größeren Bezirks. In der katholischen Kirche gibt es keine weiblichen Bischöfe.
Bistum Verwaltungsbezirk der katholischen Kirche, der von einem Bischof geleitet wird.
Buße Das durch eigenes Verschulden gestörte Verhältnis zu Gott durch eine Strafe wieder gutmachen. In der Zeit des frühen Christentums war die auferlegte Buße oft sehr hart, z. B. mehrere Jahre lang bei Wasser und Brot fasten oder eine lange, anstrengende Wallfahrt auf sich nehmen.

Diaspora (griech. = Zerstreuung). Auf die Juden bezogen bedeutet Diaspora die Zerstreuung durch Krieg und Verfolgung.
Diskriminierung Benachteiligung.
Dominikaner Bettelmönche, die nach der Regel des Ordensgründers Dominikus leben.
Dynastie Adelsgeschlecht.

Eremit (= Einsiedler). Die frühmittelalterliche Eremitenbewegung war eine Vorstufe des mittelalterlichen Mönchtums.
Evangelisch / Evangelium Für Luthers Anhänger waren nicht der Papst und die Konzile verpflichtend, sondern allein das Wort Christi in der Heiligen Schrift, dem Evangelium. Die Anhänger Luthers bezeichnete man daher als Evangelische.
Exodus (griechisch-lateinisch = Auszug) Begriff für den Auszug des Volkes Israel aus der Sklaverei in Ägypten um 1200 v. Chr.

Franken Westgermanischer Stamm zur Zeit Chlodwigs. In seiner Blütezeit ansässig in dem Gebiet des Rheins bis an die Küste des Atlantischen Ozeans.
Frondienst (althochdeutsch: fron = Herr). Dienste, die hörige Bauern ihrem Grundherrn unentgeltlich leisten mussten, wie z. B. säen, ernten, pflügen.
Fronhof Herrenhof, Mittelpunkt einer Grundherrschaft.

Gegenreformation Bezeichnung für die Maßnahmen der katholischen Kirche, die für eine Zurückdrängung der Reformation sorgen sollten. Die Bezeichnung ist erst später von der Geschichts- und Religionswissenschaft eingeführt worden.
Getto Judenviertel. Der Name stammt aus dem Italienischen und war der Name des Judenviertels von Venedig.
Gilden siehe Zünfte.

Lexikon

Gotik Sie folgt im 13. Jahrhundert auf die Romanik und endet zu Beginn des 16. Jahrhunderts. In der Gotik streben die Kirchen in die Höhe, die Pfeiler werden zu Bündelpfeilern und die Fenster haben keinen Rund-, sondern einen Spitzbogen.
Grundherrschaft Herrschaft über das Land und die Menschen, die auf ihm wohnten. Bauern erhielten vom Grundherrn Land, mussten dafür Abgaben entrichten und Dienste leisten.

Hanse Kaufleute aus verschiedenen Städten, die sich zu ihrem Schutz ab dem 12. Jahrhundert zu Fahrtengenossenschaften zusammenschlossen.
Hedschra (arab. = Auswanderung). Bezeichnung für die Flucht Mohammeds und seiner Anhänger aus Mekka (622).
Heiliges Römisches Reich Bezeichnung für das Deutsche Reich seit der Kaiserkrönung Otto I. 962 in Rom.
Hexenproben Methoden, mit deren Hilfe man bei Hexenprozessen herauszufinden glaubte, ob es sich bei der Angeklagten um eine Hexe handelte. Es gab z. B. eine Wasser-, Nadel- und Wiegeprobe.
Höriger Ein von seinem Grundherrn abhängiger Bauer. Er erhielt vom Grundherrn Land zur Bewirtschaftung und musste dafür Abgaben und Dienste leisten. Hörige waren an das ihnen übergebene Land gebunden und konnten zusammen damit verkauft oder verschenkt werden.
Hospiz Von Mönchen errichtete Unterkunft für Reisende oder wandernde Mönche.
Hostienfrevel Eine verleumderische Behauptung, dass Juden Hostien durchbohrten, die dann als der lebendige Leib Christi zu bluten begännen.
Hugenotten Anhänger des evangelischen Glaubens in Frankreich. Die Protestanten gehörten in Frankreich zu einer verfolgten Minderheit, da der König um die Einheit des Landes fürchtete. Die Bartholomäusnacht (Pariser Bluthochzeit) stellte den Höhepunkt der blutigen Verfolgung dar. Erst durch die Verfassung der Französischen Revolution erlangten die Protestanten völlige Gleichberechtigung.
Humanismus Geistige Bewegung, die sich während der Renaissance von Italien aus in ganz Europa verbreitete. Die Humanisten waren überzeugt, dass die Menschen durch das Studium der antiken Vorbilder vollkommener würden.

Inka Größtes amerikanisches Indianerreich (um 1200). Die Inkakultur baute auf älteren zentralandischen Hochkulturen auf. Sie erreichte ihren Höhepunkt im 15. Jahrhundert.
Investitur (lat.: investitura = Einkleidung). Die Einsetzung in ein geistliches Amt. Im Mittelalter stritten Kaiser und Papst um das Recht zur Investitur von Bischöfen und Äbten.
Inquisitor Richter eines katholischen Gerichts, das gegen Ketzer (Abtrünnige) vorgeht.
Islam Im 7. Jahrhundert vom Propheten Mohammed gegründete Weltreligion.

Jüngstes Gericht Biblischer Begriff für das Weltgericht Gottes. Es erfolgt am Ende der Welt mit der Auferstehung der Toten und der Vergeltung der guten und bösen Taten der Menschen.

Kaiser Herrschertitel für einen „König der Könige". Das Wort leitet sich ab vom Ehrentitel „Caesar" der römischen Kaiser der Antike.
Kalif (arab. = Stellvertreter). Bezeichnung der Nachfolger und Stellvertreter des Propheten Mohammed. Der Kalif war geistliches Oberhaupt aller Muslime und zugleich weltlicher Herrscher des arabischen Weltreiches.
Karolinger Name eines fränkischen Herrschergeschlechts. Bis zur Mitte des 8. Jahrhunderts konnten sie ihre Macht ausbauen und verdrängten schließlich die Merowinger vom Königsthron.
Karolingisches Reich Reich, das nach dem karolingischen Adelsgeschlecht Karls des Großen benannt wurde. Es entstand aus dem Fränkischen Reich.
Kartografie Lehre und Technik, Karten herzustellen. Die ersten aussagekräftigen Karten stammen von den Griechen aus der Antike. Mit den Entdeckungsfahrten des 15. und 16. Jahrhunderts erlebte die Kartografie einen neuen Aufschwung.
Ketzer Menschen, die der amtlichen Kirchenlehre widersprechen.
Kiddusch (hebr. kadosch = heilig). Gemeint ist damit: Segen, Segensspruch. Der Kiddusch am Schabbat heißt: „Gedenke des Schabbattages, dass du ihn heiligst."
Kiewer Rus Bezeichnung für das Reich Wladimirs; daher leitet sich die Bezeichnung für die Bewohner ab: Russen. Ursprünglich stammt das Wort „Rus" aus dem Frühslawischen und bedeutet „Ruderer". Es bezieht sich auf die skandinavischen Wikinger, die seit dem 8. Jahrhundert in das ostslawische Siedlungsgebiet vordrangen und sogar das erste russische Herrschergeschlecht begründet haben sollen.

Lexikon

Kirchenbann Durch den Kirchenbann wurde eine Person aus der Kirche ausgeschlossen. Einem Gebannten war es z. B. verboten, eine Kirche zu betreten, und er konnte auch nicht kirchlich bestattet werden. Kein Christ durfte mit einem Gebannten sprechen, Geschäfte betreiben usw. Nach auferlegter Buße konnte der Kirchenbann wieder aufgehoben werden.
Knappe siehe Page.
Kolonien / Kolonialismus Die Eroberung zumeist überseeischer Gebiete durch militärisch überlegene Staaten (vor allem Europas) seit dem Ende des 15. Jahrhunderts bezeichnet man als Kolonialismus. Die Kolonialmächte errichteten in den unterworfenen Ländern Handelsstützpunkte und Siedlungskolonien. Sie verfolgten vor allem wirtschaftliche und militärische Ziele.
Konfession Gruppe von Christen mit einem gemeinsamen Glaubensbekenntnis.
Konkordat Bezeichnung für einen Vertrag zwischen dem katholischen Kirchenstaat (Vatikan) und einem anderen Staat.
Konquistadoren Offiziere in spanischen Diensten. Sie unterwarfen im 16. Jahrhundert Mittel- und Südamerika. Mit der Eroberung dieser Landstriche ging eine weitgehende Vernichtung der Eingeborenen durch die Eroberer einher.
Konzil Versammlung hoher Geistlicher der christlichen, vor allem der katholischen Kirche. Auf den Konzilen wird über Glaubens- und Kirchenorganisationsfragen beraten.
Koran (arabisch = Lesung, Vortrag). Die heilige Schrift des Islam. Sie enthält Glaubenssätze und Verhaltensregeln für Muslime.
Kreuzzüge Von der Kirche im Mittelalter geförderter Kriegszug gegen Andersgläubige. Es gab zwischen 1096 und 1270 insgesamt sieben Kreuzzüge.

Laien Die nicht zum Priester geweihten Gläubigen einer Kirche; heute auch allgemein gebraucht für „Nichtfachleute".
Lehen (= Geliehenes). Im Mittelalter das Nutzungsrecht an einer Sache (Grundbesitz, Rechte, Ämter); es wird vom Eigentümer (Lehnsherrn) an einen Lehnsmann übertragen. Der Lehnsmann verspricht dem Lehnsherrn dafür die Treue und bestimmte Leistungen.
Leibeigene Bauern, die in völliger Abhängigkeit von ihrem Herrn lebten. Leibeigene durften ohne Genehmigung des Lehnsherrn weder wegziehen noch heiraten.
Lokatoren (lat. locus = Ort, Stelle). Unternehmer, die im Auftrag des Landes- und Grundherren Dorf- oder Städtegründungen im Zuge der Ostkolonisation durchführten, Siedler anwarben und die Grundstücke verteilten; sie wurden meist mit doppeltem Landanteil und besonderen Ämtern und Rechten entlohnt.

Märtyrer Ein Mensch, der für seine Glaubensüberzeugung sein Leben geopfert hat in der Hoffnung auf ein besseres Leben nach dem Tod.
Markgrafen Marken waren Gebiete an den Grenzen des Reiches (nach dem altgermanischen Wort „marka" = Grenzland). Für die Verwaltung dieser Gebiete und zur Sicherung der Grenzen ernannte der König Markgrafen, die über besondere Rechte verfügten.
Markt Handelsplatz, der mit dem Marktrecht ausgestattet war und eine eigene Rechtsordnung besaß. Der Marktherr (König, Bischof oder Fürst) garantierte den Marktfrieden und die Sicherheit. Streitigkeiten wurden vor einem eigenen Marktgericht verhandelt. Aus Marktplätzen entwickelten sich häufig mittelalterliche Städte.
Marsch Flaches Schwemmland am Meer mit fruchtbarem Boden, das als Weide oder Acker genutzt wird.
Merowinger Name einer fränkischen Adelsfamilie, abgeleitet von „Merowech", der einer Sage nach ihr Vorfahre war.
Minarett Turm einer Moschee.
Miniatur Kleinformatige Malerei auf Holz, Metall, Seide, Porzellan und Elfenbein.
Minnesang / Minnesänger Minne ist das mittelalterliche Wort für Liebe. Im Minnesang wurde die Liebe zur adligen Frau durch Troubadoure besungen. Die Künstler verbanden die Dichtung mit musikalischem Können.
Missionare (lat. missio = Auftrag, Sendung). Bezeichnung für Glaubensboten, die im Auftrag der Kirche den christlichen Glauben unter Nichtchristen verkündeten.
Mittelalter Die Zeit zwischen Altertum und Neuzeit. Sie beginnt mit der Auflösung des Römischen Reiches (4. Jh.) und endet mit den Entdeckungen (um 1500).
Mobilität Beweglichkeit
Mönch (griech. monachos = allein, abgeschieden lebend). Angehöriger eines Männerklosters.
Muezzin Ausrufer, der die Muslime vom Minarett aus zum Gebet aufruft.
Muslime Angehörige des islamischen Glaubens.

Orden Gemeinschaft von Männern oder Frauen, die sich feierlich durch ein Gelübde verpflichten, ihr Leben in den Dienst Gottes zu stellen. Sie geloben Armut, ein eheloses Leben und Gehorsam gegenüber dem Abt bzw. der Äbtissin. Mönche und

Nonnen leben nach festen Regeln, zurückgezogen von der Welt in einem eigens dazu errichteten Gebäude, dem Kloster. Es gibt Klöster für Männer (= Mönche) oder Frauen (= Nonnen). Ihnen steht ein Abt oder eine Äbtissin vor.
Oströmisches Reich (auch Byzantinisches Reich). Aus dem östlichen Teil des Römischen Reiches entstandenes Reich. Seine Blütezeit war im 6. Jahrhundert.

Page / Knappe Ein Page war ein Junge von vornehmer, adliger Herkunft, der an einem Fürstenhof erzogen wurde. Mit Eintritt in das 14. Lebensjahr wurde aus dem Pagen ein Knappe. Damit begann die letzte Phase der Ausbildung zum Ritter als direkter Begleiter seines Lehrmeisters.
Papst (lat. papa = Vater). Oberhaupt der katholischen Kirche.
Patrizier Wohlhabender Bürger einer Stadt mit besonderen Vorrechten bei der Stadtregierung.
Pfalz (lat. palatium = Palast). Königliches Gut, in dem die Könige mit ihrem Gefolge auf Reisen untergebracht wurden. Die wenigsten Pfalzen waren Paläste, sondern große und gut befestigte Höfe. Sie dienten den Königen und ihrem Gefolge auch als Verwaltungssitze und Gerichtsorte.
Pogrom Ausschreitungen gegen nationale oder religiöse Minderheiten.
Privilegien Sonderrechte, Vorrechte.
Prophet Ein Mensch, der sich von Gott dazu berufen fühlt, den göttlichen Willen zu verkünden und zukünftige Ereignisse vorauszusagen. Propheten gibt es in allen Religionen.
Protestanten Seit dem Reichstag von Speyer im Jahr 1525 wurden die Anhänger Luthers auch als Protestanten bezeichnet. Unter dem Vorsitz des Kaisers wurde in Speyer beschlossen, gegen die Reformation energisch vorzugehen. Dagegen „protestierten" fünf Landesherren und 14 Reichsstädte.

Rabbiner Jüdischer Schriftgelehrter, Religionsdiener. Zu seinen Aufgaben gehören die Überwachung der Einhaltung von religiösen Vorschriften und die Seelsorge.
Reconquista (span. = Rückeroberung). Zwischen dem 8. und dem 15. Jahrhundert eroberten die Spanier alle von den Mauren (spanische Bezeichnung für Muslime) beherrschten Gebiete zurück.
Reformation (lat. = Umgestaltung). Die von Martin Luther ausgelöste kritische Auseinandersetzung mit der katholischen Kirche. Sie führte zur Auflösung der religiösen Einheit des Abendlandes.
Reichsacht Bei schweren Verbrechen konnten der König oder ein königlicher Richter den Täter ächten. Dieser war damit aus der Gemeinschaft ausgestoßen und vogelfrei. Jeder hatte das Recht, ihn zu töten. Der Geächtete verlor seinen Besitz und wer ihn aufnahm, verfiel selbst der Reichsacht.
Reichsinsignien Schmuckstücke, die die deutschen Kaiser bis 1806 bei ihrer Krönung trugen. Dazu gehörten u. a. die goldene Krone und das vergoldete Zepter.
Reliquien Überreste von Heiligen. Dazu zählten Skelette, Schädel, Knochen, Knochensplitter und andere Körperteile. Diese wurden in kunstvollen Behältnissen aufbewahrt und bei Prozessionen herumgetragen.
Renaissance (ital. rinascita = Wiedergeburt). Begriff für die Wiederentdeckung der Antike durch Gelehrte, Künstler und Architekten.
Ritterorden Orden sind Gemeinschaften von Männern oder Frauen, die sich feierlich verpflichten, ihr Leben in den Dienst Gottes zu stellen. Am bekanntesten sind die Orden von Mönchen oder Nonnen. Bei den Ritterorden gehörte zum gottgeweihten Leben der Krieg gegen die Heiden.
Ritualmord Juden wurden beschuldigt, Kinder ermordet zu haben, um aus ihrem Blut Heiltränke herzustellen.
Romanik Mittelalterliche Stilepoche vom 10. bis zum 13. Jahrhundert. Sie übernahm die römische Bauweise wie Rundbögen, Gewölbe und Säulen.

Sachsen Germanischer Stamm zur Zeit Karls des Großen. Ansässig im heutigen Gebiet von Westfalen und Niedersachsen.
Scharia Sammlung von religiösen Gesetzen des Islam für alle Lebensbereiche.
Schöffe Ausgewähltes Mitglied der Dorfgemeinschaft, der zusammen mit dem Schultheiß die Tat eines Angeklagten bei Gericht beurteilt und die Strafe festlegt. Das Amt des Schöffen gibt es auch heute noch bei deutschen Gerichten.
Schrein Ein Behälter aus Holz, ähnlich einer Truhe oder einem Schrank, zum Aufbewahren von kostbaren Dingen.
Schultheiß Er vertrat in einem Dorf den Grundherrn und war zuständig für das Einziehen der Abgaben. Da er gleichzeitig über einen großen Hof verfügte, war er einer der wichtigsten Personen in der Dorfgemeinschaft und meist auch Leiter des Dorfgerichts.
Simonie Der Kauf oder Verkauf von kirchlichen Ämtern. Seit Otto I. wur-

den geistliche Ämter nur gegen die Zahlung entsprechender Geldsummen vergeben.

Slawen Völkergruppe, die ursprünglich aus der Gegend nordöstlich des Karpatengebirges kommt. Im 5. und 6. Jahrhundert wanderten die Slawen nach Südosteuropa und nach Westen bis an die Elbe.

Staatsreligion Eine Staatsreligion gilt als offizielle Religion eines Staates. Dies kann bedeuten, dass andere Religionen benachteiligt werden.

Stadt Größere Siedlung von Händlern und Handwerkern mit eigenen Stadtrechten, z. B. Markt- und Münzrecht, eigener Gerichtsbarkeit und Recht der Selbstverwaltung.

Stadtmauer Mauer, die zum Schutz der Stadt errichtet wurde. Für ihren Bau und Erhalt erhob der Rat der Stadt eine Steuer.

Stadtrecht Besondere Rechte einer Stadt, z. B. das Recht, sich eine Mauer zu bauen, das Recht, Münzen zu prägen oder das Recht, sich selbst zu verwalten.

Stände Gesellschaftliche Gruppen, die sich voneinander durch Herkunft, Beruf und eigene Rechte abgrenzen. Im Mittelalter unterschied man vier Stände: Geistlichkeit, Adel, Bauern und Bürger.

Sultan Arabischer Herrschertitel für islamische Fürsten, vergleichbar mit dem europäischen Königstitel.

Sunna Sammlung von Berichten über das Leben Mohammeds und Aufzeichnungen seiner Reden.

Talmud Sammlung von Gesetzen und religiösen Überlieferungen des Judentums aus der Zeit nach der babylonischen Gefangenschaft.

Vasall (keltisch = Knecht). Bezeichnung für einen Lehnsmann, der von einem Lehnsherrn abhängig ist. Es wird noch unterschieden zwischen Kron- und Untervasallen.

Völkerwanderung Wanderzüge germanischer Völker im 3.–6. Jahrhundert. Bedroht von Hunger, schlechtem Klima und feindlichen Eindringlingen, wurden viele Stämme gezwungen, ihre Siedlungsräume zu verlassen.

Wappen Wappenzeichen auf den Schilden halfen den Rittern sich zu orientieren, wenn sie mit geschlossenen Visieren kämpften. Heiratete ein Ritter, so wurden die Wappen beider Familien auf dem Schild abgebildet. Heirateten die Nachkommen, wurde das Wappen viergeteilt usw.

Weistümer Gesetzessammlungen von mündlich überlieferten Gewohnheitsrechten.

Zehnt Regelmäßige Abgabe der Bauern an die Grundherren. Ursprünglich musste ein Zehntel des landwirtschaftlichen Ertrages (Getreide, Vieh, Wein, Früchte) abgegeben werden.

Zisterzienser Orden reformierter Benediktiner, der aus dem 1098 gegründeten Kloster Cîteaux hervorgegangen ist.

Zitadelle Festung innerhalb einer Stadt.

Zünfte Zusammenschlüsse von Handwerkern einer Berufsrichtung in den mittelalterlichen Städten. Es galt der Zunftzwang, d. h. kein Meister durfte ohne Mitgliedschaft in einer Zunft seinen Beruf ausüben. Die Zünfte kümmerten sich auch um private Belange ihrer Mitglieder, z. B. um die Ausbildung der Kinder.

Register

Register

Register

Quellenverzeichnis

Textquellen

S. 14: Herbert Gutschera / Jörgen Thierfelder (Hrsg.), Brennpunkte der Kirchengeschichte. Schöningh, Paderborn 1976, o. S. – **S. 15:** Zit. nach: Geschichte in Quellen, Bd. 1. BSV, München 1970, bearb. von Walter Arend – **S. 17:** (Q1) Orientierungen, Heft 7 / 1986, S. 78; (M1) B. Brooten, in: E. Moltmann-Wendel (Hrsg.), Frauenbefreiung. Biblische und theologische Argumente. München / Mainz 1988, S. 150: (M2) zit. nach: Süddeutsche Zeitung vom 7. / 8.12.1991 – **S. 20:** Zit. nach: GiQ, Bd. 2. BSV, München 1965, bearb. von Wolfgang Lautemann – **S. 21:** Ibn Ishaq, Das Leben des Propheten. Erdmann, Tübingen 1976, S. 111 f., übers. von Gernot Rotter – **S. 22:** Zit. nach: GiQ, Bd. 2. BSV, München 1965, bearb. von Wolfgang Lautemann; Sigrid Hunke, Allahs Sonne über dem Abendland. DVA, Stuttgart 1976, S. 184 – **S. 23:** Bernhard Heinloth, Geschichte 2, Ausgabe B. Econ Ullstein List Gruppe, 1986, S. 31 – **S. 25:** Zit. nach: Süddeutsche Zeitung vom 27.12.2005 – **S. 34:** Zit. nach: GiQ, Bd. 1. BSV, München 1970, bearb. von Walter Arend – **S. 36:** Wolfgang Seyfarth, Ammianus Marcellinus 31. Akademie Verlag, Berlin o. J., S. 3 f.; Zit. nach: GiQ, Bd. 1. BSV, München 1970, bearb. von Walter Arend – **S. 38:** Zit. nach: GiQ, Bd. 2. BSV, München 1975, bearb. von Wolfgang Lautemann – **S. 39:** Johannes Bühler, Das Frankenreich. Insel, Frankfurt / M. 1923, S. 415 f. – **S. 40:** Johannes Bühler, a.a.O., S. 393 f. – **S. 45:** Johannes Bühler, a.a.O., S. 370 f. – **S. 46:** Zit. nach: Einhard, Vita Karoli Magni. Reclam, Stuttgart 1968, o. S., übers. von Evelyn Scherabon-Coleman – **S. 48:** Reinhold Rau (Hrsg.), Quellen zur karolingischen Reichsgeschichte. Wissenschaftlich Buchgesellschaft, Darmstadt 1968, S. 179 f. – **S. 50:** Zit. nach: GiQ, Bd. 2, a.a.O., bearb. von Wolfgang Lautemann – **S. 51:** Zit. nach: GiQ, Bd. 2, a.a.O., bearb. von Wolfgang Lautemann – **S. 52:** Zit. nach: GiQ, Bd. 2, a.a.O., bearb. von Wolfgang Lautemann – **S. 54:** Zit. nach: GiQ, Bd. 2, a.a.O., bearb. von Wolfgang Lautemann – **S. 55:** Zit. nach: GiQ, Bd. 2, a.a.O., bearb. von Wolfgang Lautemann – **S. 57:** Zit. nach: Hans K. Schulze, Hegemoniales Kaisertum (Deutsche Geschichte, Bd. 3, Siedler, Berlin 1991, S. 266 f. – **S. 58:** Wiebke von Thadden, Brun – Geisel des Königs. dtv junior 7929, München o. J. – **S. 65:** Zit. nach: Fischer Weltgeschichte, Bd. 27. S. Fischer, Frankfurt / M. 1965, S. 27, bearb. von Sigrid Metken; Günther Franz, Der Bauernstand im Mittelalter. Wissenschaftliche Buchgesellschaft, Darmstadt 1967, S. 135 f. – **S. 67:** Günther Franz, a.a.O., S. 83 ff. – **S. 69:** Hans Werner Götz, Leben im Mittelalter. C. H. Beck, München 1986, S. 157 – **S. 70:** Otto Borst, Alltagsleben im Mittelalter. Insel, Frankfurt / M. 1965, S. 213 f. – **S. 71:** Otto Borst, a.a.O., S. 318 ff. – **S. 75:** Pierre Miquel, So lebten sie zur Zeit der Ritter und Burgen 1250–1350. Tessloff, Hamburg 1979 – **S. 78:** Thomas Perry Thornton, Höfische Tischzuchten, Bd. 4. E. Schmidt Verlag, Berlin 1957, S. 38 ff. – **S. 85:** Heinrich Pleticha, Ritter, Burgen und Turniere. Arena, Würzburg 1963, S. 32 ff. – **S. 86:** Heinrich Pleticha, a.a.O. – **S. 87:** Pierre Knaak, Rund um die Wasserburg, in: *www.ruhr-guide.de* – **S. 91:** Franz Fässler (Hrsg.), Die großen Ordensregeln. Johannes Verlag, Einsiedeln 1994, S. 149 f. – **S. 92:** Otto Zierer, Bilder der Jahrhunderte. C. Bertelsmann, München 1969, S. 73 f. – **S. 102:** Paul Ackermann, Wurzeln unserer Gegenwart, Bd. 2. Ehrenwirth, München 1987, S. 46 – **S. 103:** Heinrich Pleticha, Bürger, Bauern und Bettelmann, Arena, Würzburg 1976 – **S. 104:** Heinrich Pleticha, a.a.O.; Heinrich Pleticha (Hrsg.), Deutsche Geschichte, Bd. 2. C. Bertelsmann, München 1982, S. 213 – **S. 105:** Friedrich Keutgen (Hrsg.), Urkunden zur städtischen Verfassungsgeschichte Berlin. Scientia, Aalen 1965, S. 133 – **S. 110:** J. Wiedemann (Hrsg.), Regensburger Urkundenbuch, UV 1912 – **S. 112:** Ingeborg Seltmann, Frauenleben – Frauenarbeit, in: Praxis Geschichte, 2 / 1994, S. 37 – **S. 113:** Arno Borst, Lebensformen im Mittelalter. Ullstein, Berlin 1979, S. 66 – **S. 114:** Anita Siegfried, Auf der Gasse und hinter dem Ofen. Sauerländer, Düsseldorf 1995, S. 40 – **S. 115:** Wolfgang Lautemann (Hrsg.), Weltgeschichte im Aufriss, Bd. 2. Diesterweg, Frankfurt / M. 1971, S. 73 f. – **S. 116:** Otto Borst, a.a.O. – **S. 117:** Zit. nach: GiQ, Bd. 2, a.a.O., bearb. von Wolfgang Lautemann – **S. 119:** Philippe Dollinger, Die Hanse. Kröner, Stuttgart 1981, S. 526, übers. von Marga und Hans Krabusch – **S. 124:** Fabian Lenk, Fluch über dem Dom. Loewe, Bindlach 2004 – **S. 132:** Heinrich Pleticha, Kreuz und Halbmond. Bertelsmann Lexikon Verlag, Gütersloh 1989, S. 178 – **S. 134:** Zit. nach: GiQ, Bd. 2, a.a.O., bearb. von Wolfgang Lautemann – **S. 135:** Wolfgang Kleinknecht / Herbert Krieger (Hrsg.), Handbuch des Geschichtsunterrichts, Bd. 3. Diesterweg, Frankfurt / M. 1978, S. 149 f. – **S. 136:** Zit. nach: GiQ, Bd. 2, a.a.O., bearb. von Wolfgang Lautemann – **S. 137:** Heinrich Pleticha, a.a.O.; Valentin Gitermann, Geschichte Russlands. EVA, Stuttgart o. J., S. 396 – **S. 140:** Wolfgang Kleinknecht /Herbert Krieger (Hrsg.)., a.a.O. – **S. 142:** Arno Borst, a.a.O. – **S. 143:** Arno Borst, Idee und Wirklichkeit der Kreuzzüge. Stahlmann, Germering 1965, S. 19 – **S. 144:** Zit. nach: GiQ, Bd. 2, a.a.O., bearb. von Wolfgang Lautemann – **S. 145:** Peter Milger, Die Kreuzzüge. C. Bertelsmann, München 1988, S. 223 – **S. 147:** Arno Borst, Lebensformen im Mittelalter. Ullstein, Berlin 1979, S. 318 f. – **S. 148:** Peter G. Thielen, Der Mensch und seine Welt. Dümmler, Troisdorf 1974, S. 105 – **S. 149:** Bertolt Brecht, Leben des Galilei. Suhrkamp, Frankfurt / M. 1998, S. 63 – **S. 150:** Jostein Gaarder, Sofies Welt. Hanser, München 1993, übers. von Gabriele Haefs – **S. 151:** Anna Maria Brizio, Leonardos Worte. Belser, Stuttgart 1985, S. 133 f. – **S. 152:** Zit. nach: Brevis Germaniae Descripto. Wissenschaftliche Buchgesellschaft,

Quellenverzeichnis / Bildquellenverzeichnis

Darmstadt 1976, S. 91, bearb. von Karl Langosch – **S. 154:** Gottfried Guggenbühl, Quellen zur Allgemeinen Geschichte, Bd. 2. Schulthess, Zürich 1954, S. 264 – **S. 155:** Ingrid Kästner, Johannes Gutenberg. Teubner, Wiesbaden 1978, S. 58 – **S. 156:** Eberhard Schmitt (Hrsg.), Dokumente zur Geschichte der Europäischen Expansion, Bd. 2. C. H. Beck, München 1984, S. 113 – **S. 157:** Christoph Kolumbus, Das Bordbuch 1492. Erdmann, Tübingen 1978, S. 86, übers. von Robert Grün – **S. 162:** Hermann Homann, Die Eroberung Mexikos. Erdmann, Tübingen 1976, S. 50 – **S. 164:** Rede von Bernal Diaz del Castillo, in: Georg A. Narciss (Hrsg.), Wahrhaftige Geschichte der Eroberung und Entdeckung Mexikos. Steingrüben, 1965, S. 240; Portilla Miguel Leon, Rückkehr der Götter. Middelhauve, 1962, S. 46 – **S. 165:** Zit. nach: Glanz und Untergang des alten Mexiko. Philipp von Zabern, Mainz 1986, S. 120; zit. nach Glanz und Untergang des alten Mexiko, a.a.O., S. 184 – **S. 166:** Eberhard Schmitt (Hrsg.), a.a.O., S. 503 – **S. 167:** Zit. nach: GiQ, Bd. 3. BSV, München 1970, bearb. von Fritz Dickmann – **S. 168:** Urs Bitterli, Die Entdeckung und Eroberung der Welt, Bd. 1. C. H. Beck, München 1980, S. 67 – **S. 172:** Günter Moltmann (Hrsg.), Aufbruch nach Amerika. Wunderlich, Tübingen 1979, S. 134, 162 – **S. 181:** Helmar Junghans / Franz Lau, Die Reformation in Augenzeugenberichten. Rauch, Düsseldorf o. J., S. 43 f.; Hans Kühner (Hrsg.), Neues Papstlexikon. S. Fischer, Frankfurt / M. 1973, S. 43 f. – **S. 182:** Hans Kühner (Hrsg.), a.a.O. – **S. 183:** Heinrich Fausel (Hrsg.), Martin Luther. Siebenstern, 1967, S. 188, S. 191; Helmar Junghans / Franz Lau, a.a.O., S. 43 – **S. 188:** Helmar Junghans / Franz Lau (Hrsg.), a.a.O., S. 269 ff. – S. 189: Zit. nach: GiQ, Bd. 3, a.a.O., S. 144 f.; Karin Bornkamm (Hrsg.), Martin Luther, Ausgewählte Werke, Bd. 4. Insel, Frankfurt / M. 1982, S. 133 ff. – **S. 190:** Herbert Gutschera / Jörgen Thierfelder (Hrsg.), a.a.O., S. 147 – **S. 191:** Hans J. Hillerbrand / Gottfried Brakemeier (Hrsg.), Brennpunkte der Reformation. Vandenhoeck&Ruprecht, Göttingen 1967, S. 359 f.; Herbert Gutschera / Jörgen Thierfelder (Hrsg.), a.a.O., S. 151 – **S. 193:** Wolfgang Behringer (Hrsg.), Hexen und Hexenprozesse in Deutschland. dtv, München 1933, S. 95 f. – **S. 196:** Albrecht Sachs, Deutsches Leben in der Vergangenheit. UV, o. J., S. 398 – **S. 200:** Tilman Röhrig, In 300 Jahren vielleicht. Arena, Würzburg 2004, o. S.

Bildquellen

© Allen Memorial Art Museum, Oberlin Collage, Ohio (Mrs. F.F. Prentiss Fund, 1960): S. 200 (3 Wdh.)
American Museum of Natural History: S. 170 (177.e Wdh.)
Archiv für Kunst und Geschichte / akg-images, Berlin: S. 18.1, 19.2, 19.3, 19.R, 32 / 33 (4 Wdh.), 39 (61 Wdh.), 44.2, 47.2, 47.3, 51.3, 51.4, 53.2, 56.1, 57.1, 60.1, 78.1, 82.1, 82.2, 82.3, 82.R, 83.4, 95.3, 107.4, 110.1, 115.R, 118.1 (127 Wdh.), 128 / 129 (British Library), 130.1, 151.2, 151.3, 151.Rb, 152.2, 157.2 (175 Wdh.), 173.3, 177 (Mona Lisa), 183.2 (201 Wdh.), 184.1 (201 Wdh.), 185.2, 185.R (202 Wdh.), 194.1 (201 Wdh.), 195.3, 195.4, 195.5, 195.6, 195.7, 196.1 (202 Wdh.), 198.2
Bavaria Bildagentur, Gauting: S. 6 / 7 (4 Wdh.), 23.2
Bayerische Staatsbibliothek, München: S. 69.2, 69.3
Biblioteca Nazionale Marcania, Venedig: S. 69.4
Bibliotheque Municipale, Dijon: S. 92.2, 92.3
Bibliothèque Nationale, Paris: S. 50.1, 142.1, 144.1, 162.R (freigestellt)
Bibliothèque publique et universitaire, Genf: S. 201.c
Bildarchiv Bruckmann, München: S. 150.1
Bildarchiv Foto Marburg: S. 105.R
Bildarchiv Hansmann, Stockdorf: S. 193.2
Bildarchiv Preußischer Kulturbesitz / bpk, Berlin: S. 11.3 (29.2 Wdh.), 82.3, 83.5, 83.R, 107.5, 117.2, 119.R (125, 127 Wdh.), 149.3, 154.R, 165.2, 167.2, 175.d, 189.2, 190.R, 195.1, 195.2
British Museum, London: S. 67.2 (97 Wdh.), 92.R, 147.1
Brüdern, Jutta, Braunschweig: S. 96.1, 96.2
Castor Film, Oberwesel: S. 180.1
CESA, Kölbe: S. 122.1, 123.5
Cornelsen-Archiv, Berlin: S. 155.R
Christian-Albrecht-Universität, Schleswig: S. 35.2 (59, 61 Wdh.)
Dagli: S. 47.4 (G. Orti)
Deutsches Historisches Museum / DHM, Berlin: S. 79.3, 141.3, 173.2
Deutsches Hugenottenmuseum, Bad Karlshafen: S. 172.1
Deutsches Museum, München: S. 152.1
dpa Picture-Alliance GmbH, Frankfurt / M.: S. 10.1, 12, 13.3 (KNA-Bild), 24.1 (31 Wdh.), 105.3, 149.R (akg)
Focus, Hamburg: S. 145.2
foto-present, Essen: S. 12.2, 28.1
Fürstliche Hauptverwaltung. Schloss Wolfsegg: S. 20.1
Galas, Elisabeth, Köln: S. 141.2
Germanisches Nationalmuseum, Nürnberg: S. 152.3, 186.1, 188.1
Gidal-Bildarchiv im Steinheimmuseum Salomon Ludwig für deutsch-jüdische Geschichte, Duisburg: S. 141.1
Giraudon, Paris: S. 108.1, 108.2, 109.3, 109.4
Gothaer Kultur- und Fremdenverkehrsbetrieb / Schlossmuseum: S. 197.2
Graphische Sammlung, München: S. 203.3, 203.4
Graphische Sammlung Albertina, Wien: S. 181.2
Hamburger Verlagskontor: S. 131.b
Heimatverein Greven e.V. / Liesel Drexler, Greven: S. 43.2, 43.3

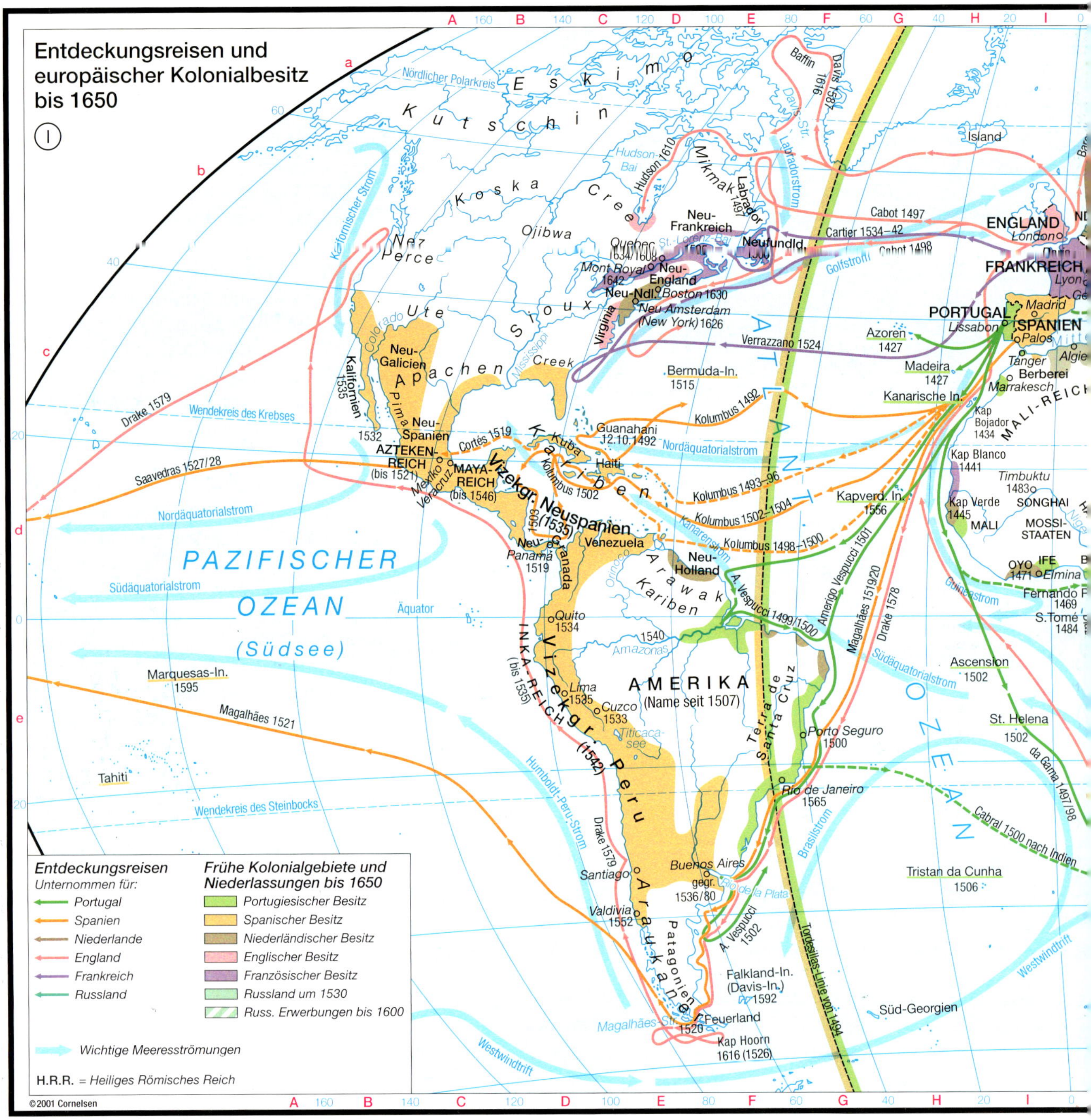
Entdeckungsreisen und
europäischer Kolonialbesitz
bis 1650
I
Entdeckungsreisen
Unternommen für:
Portugal
Spanien
Niederlande
England
Frankreich
Russland
Frühe Kolonialgebiete und
Niederlassungen bis 1650
Portugiesischer Besitz
Spanischer Besitz
Niederländischer Besitz
Englischer Besitz
Französischer Besitz
Russland um 1530
Russ. Erwerbungen bis 1600
Wichtige Meeresströmungen
H.R.R. = Heiliges Römisches Reich
©2001 Cornelsen
PAZIFISCHER
OZEAN
(Südsee)
AMERIKA
(Name seit 1507)
ENGLAND
FRANKREICH
PORTUGAL
SPANIEN
Nördlicher Polarkreis
Wendekreis des Krebses
Wendekreis des Steinbocks
Äquator
Nordäquatorialstrom
Südäquatorialstrom
Kalifornischer Strom
Humboldt-Peru-Strom
Golfstrom
Labradorstrom
Brasilstrom
Westwindtrift
Guineastrom
Tordesillas-Linie von 1494
Eskimo
Kutschin
Koska
Cree
Ojibwa
Mikmak
Nez Percé
Ute
Sioux
Apachen
Creek
Pima
Kariben
Arawak
Araukaner
Hudson-Bai
Hudson 1610
Baffin 1616
Davis 1587
Davis-Str.
Labrador 1497
Island
Cabot 1497
Cartier 1534–42
Cabot 1498
Neu-Frankreich
Neufundld.
Quebec 1634/1608
Mont Royal 1642
Neu-England
Boston 1630
Neu-Ndl.
Neu Amsterdam (New York) 1626
Virginia
Verrazzano 1524
Bermuda-In. 1515
Azoren 1427
Madeira 1427
Kanarische In.
Lissabon
Palos
Madrid
London
Lyon
Tanger
Berberei
Marrakesch
Algier
Kap Bojador 1434
Kap Blanco 1441
Timbuktu 1483
SONGHAI
MALI-REICH
MALI
Kap Verde 1445
MOSSI-STAATEN
OYO
IFE
Elmina 1471
Fernando Po 1469
S.Tomé 1484
Kapverd. In. 1556
Ascension 1502
St. Helena 1502
Tristan da Cunha 1506
Süd-Georgien
da Gama 1497/98
Cabral 1500 nach Indien
Neu-Galicien
Kalifornien 1535
Colorado
Mississippi
Neu-Spanien 1532
AZTEKEN-REICH (bis 1521)
Mexiko
Veracruz
Cortés 1519
MAYA-REICH (bis 1546)
Kuba
Haiti
Guanahani 12.10.1492
Kolumbus 1492
Kolumbus 1493–96
Kolumbus 1502–1504
Kolumbus 1498–1500
Kolumbus 1502
Kanarenstrom
Vizekgr. Neuspanien (1535)
Neu-Granada
Panamá 1519
Venezuela
Neu-Holland
Orinoco
Amazonas
1540
Quito 1534
INKA-REICH (bis 1535)
Vizekgr. Peru (1542)
Lima 1535
Cuzco 1533
Titicaca-see
A. Vespucci 1499/1500
Amerigo Vespucci 1501
Magalhães 1519/20
Drake 1578
Terra de Santa Cruz
Porto Seguro 1500
Rio de Janeiro 1565
Buenos Aires gegr. 1536/80
Río de la Plata
A. Vespucci 1502
Santiago
Valdivia 1552
Drake 1579
Patagonien
Falkland-In. (Davis-In.) 1592
Feuerland
Magalhães-Str. 1520
Kap Hoorn 1616 (1526)
Drake 1579
Saavedras 1527/28
Magalhães 1521
Marquesas-In. 1595
Tahiti
A 160 B 140 C 120 D 100 E 80 F 60 G 40 H 20 I 0
a
b
c
d
e
60
40
20
0
20